JN427486

한국어로 내려온
New Bible

새로운
성 경

제108권　　7부 | 총10부

하얀마음

하나님 말씀 중에서

1. 사랑의 하나님

- 세상을 창조하신 하나님은 모두를 사랑하신다. 인간만 특별히 더 사랑하지 않고, 우주 만물을 다 똑같이 사랑하신다. 그러니 하나님이 창조하신 천지 만물과 화친하고, 미물까지도 소중히 대하라.

- 하나님은 특정 종파나 민족만을 더 사랑하지 않으신다. 자기 자신만 구원받겠다는 욕심을 버리고, 자기 종파만 구원받는다는 편협한 교리에서 벗어나야 한다. 종파를 초월해서, 모두를 사랑하라.

- 원수까지 사랑하라 했으니, 이 세상에 사랑하지 못할 자가 누가 있겠는가? 종파가 다르다고 해서 부모 형제와 원수처럼 지내는 자는 인간의 근본을 모르는 자다. 가장 가까운 가족부터 사랑할 때 남도 진심으로 사랑할 수 있다.

- 한 사람을 원수같이 생각하던 마음에서 사랑하는 마음으로 돌리면, 자기 자신의 마음이 가장 기쁘고 행복하다. 하나님께서는 인간의 마음속에 무거움이 없이 기쁘고 행복한 삶을 살기를 바라신다.

- 이웃을 "내 몸처럼" 사랑하라 했으니, 마지막 한 장 남은 천국의 티켓도 이웃에게 양보하라. 자기 중심적인 신앙에서 벗어나서 남을 위해 살아야 한다.

- 독초도, 약초도, 이단도 사탄도 천사도 다 필요하기에 존재한다. 독초일지라도 극소량을 사용해서 생명을 살릴 수 있고, 약초라 하더라도 남용하면 생명을 잃을 수 있다.

- 세상 모든 것을 명약으로 활용하는 것은 인간의 지혜에 달렸다. 어떤 것이든 어떤 사람이든 적재적소에 꼭 필요한 명약으로 승화시키라.

- 사탄도 이단도 천사도 모두 하나님의 주관하에 존재한다. 진정한 하나님의 백성은 사탄과 마귀까지도 감화시켜서 천사로 거듭나게 한다.

2. 기도

- 하나님은 인간의 생각까지 모두를 다 알고 계신다. 우리의 소원도 이미 알고 계시기에, 소원의 기도를 할 필요가 없다. 우리가 받을 자격이 되면 내려 주신다.

- 죄를 짓고 아무리 회개를 해도 용서받지 못한다. 도둑질한 자는 용서해 달라고 기도하고, 도둑맞은 자는 도둑을 잡게 해 달라고 기도하면, 공의의 하나님은 누구의 편에 서시겠는가?

- 자기가 잘못한 것은 그 사람에게 직접 갚고 용서를 구하라. 그가 용서하면 하나님도 용서하신다. 땅에서 매면 하늘에서도 매이고, 땅에서 풀리면 하늘에서도 풀리는 이치다.

- "회당에서 기도하지 말고 골방에서 기도하라" 했다. 눈에 보이는 골방이 아니라, 골방과 같이 고요한 마음이다. 잡념을 버리고 하나님을 향해 마음을 집중하며, 사랑하고 용서하는 아름다운 생각만 나오도록 하라.

- "두드리면 열릴 것이다." 하는 것은 육의 소원을 위해 두드리라는 것이 아니라, 진리의 깨달음을 얻기 위해 두드리라는 것이다.

- 기도하는 방법: 생활 속에서 수시로 기도하는 삶을 살아야 한다.

- "저의 죄를 용서하여 주옵소서." 하는 회개의 기도를 하라.
- 범사에 "하나님! 감사합니다." 하라. 현재 가진 것에 감사하며, 과욕하지 말라. 자기 노력 이상의 것을 더 갖고자 기도하는 것은 도둑놈심보다. 공의의 하나님은 각자 노력한 만큼 주신다.
- "하나님 뜻대로 살아가겠나이다." 하며 마음의 각오를 다지라.

- 기도는 하나님의 말씀을 받아서 "행하는 것"이다. 하나님이 계심을 굳건히 믿고, 하늘을 향하여 한 점 부끄럼 없이 사는 삶 자체가 가장 위대한 기도이며, 삶이 곧 예배다.

3. 지도자

- 똑같이 사랑한다는 말을 해도, 순수하게 하는 말은 천사의 말이지만, 사기 쳐서 재산을 가로채려고 하는 말은 사탄의 말이다.

- 종교 지도자가 아무리 훌륭한 설교를 해도, 신도의 재물을 거둬서 더 큰 교회를 짓고 자기의 부귀영화를 바라며 설교하면 사탄의 가르침이 된다.

- "저희 교회는 만원사례요, 믿음은 다 같으니 이웃의 개척 교회에 가서 예배를 드리시오." 하며, 이웃 교회의 부흥을 먼저 생각하여 제 신도를 보내는 종교 지도자가 있다면 그를 따르라. 그가 하나님의 사랑을 실천하는 자다.

- "부자가 천국에 들어가는 것은 낙타가 바늘구멍을 통과하는 것보다 더 힘들다" 하였거늘, 지금의 교회에서는 부자가 되기만을 기도하고 소원하니, 이는 곧 천국을 포기하고 지옥 행 열차의 티켓을 사는 것과 같다.

- 예수는 빈손이었다. 종교 지도자가 예수보다 더 호화롭고 편안하게 살아간다면 잘못된 것이다. 부귀영화와 명예를 바라는 자는 절대로 갈 수 없는 좁고 협착한 길이 종교 지도자의 길이다.

- 종교 지도자는 유리로 비춰 봐 한 점의 부끄러움이 없이 살아야 한다. 의식주도 직접 일해서 해결하고, 예수의 가르침과 행함을 그대로 따라야 한다.

- 종말은 없다. 지금의 잘못 가는 종교 집단에게만 종말이 있다. 보이지 않는 하나님은 보이는 육의 종말은 관여하지 않으신다. 환경 파괴로 인간이 스스로 멸망을 자초하는 것이다. 종파끼리 싸우기 전에, 무너진 인성을 바로잡고 지구의 몸살을 해결하는 데 뜻을 모으는 게 급선무다.

4. 성전이란

- 이 세상 자체가 하나님께서 만드신 성전이다. 자연보다 더 아름다운 성전이 있는가? 보이는 건물이 성전이 아니라, 성스러운 마음가짐이 성전이다.

- 반석 위에 교회를 지으라 했다. 지상의 단단한 돌은 인간이 쪼갤 수 있으나, 마음속의 굳은 결의는 세상 무엇으로도 쪼갤 수 없다. 바르고 굳건한 믿음으로 성경의 가르침을 실천하는 것이 마음의 반석 위에 교회를 짓는 것이다.

- 손으로 지은 건물의 교회에 모여서 복음을 전하는 것이 아니라, 교회를 개인과 가정에 심어 주어야 한다. 무너지고 부서지는 건물을 짓지 말고, 마음속에 영원히 불변하는 참진리의 교회를 지으라.

5. 십계명

- 십계명은 인간이 죽어서 반드시 통과해야만 하는 열 개의 관문이다.

- 부모를 공경하지 아니한 자는 "네 부모를 공경하라." 하는 제5계명의 관문이 열리지 않으니 구원받을 수 없다.
- 살인, 간음, 거짓, 우상 등의 나머지 계명도 마찬가지다.

- 십계명은 하나님의 친필이다. 모기소리만 한 하나님의 음성이라도 들어 보겠다고 여기저기 찾아 헤매지 말고, 십계명부터 암송하고 지키라.

- 십계명은 영혼을 구원하는 양식이며, 십계명을 지키는 것이 구원을 받는 길이다. 인간이기에 지키고자 노력하고 또 노력한다면 지킬 수 있다.

- 십계명을 지키고 천사처럼 아름답게 살아가는 그 마음 하나면 세상에 이루어지지 않는 것이 없다.

6. 보물

- 하나님은 재물이 아니라 우리의 마음을 받으신다. 사랑을 실천하며 천사처럼 변하는 마음이 하나님께 바치는 보물이다.

- 보이지 않는 하나님께 재물을 바치려 하지 말고, 너희를 길러 준 부모에게 용돈 드리고, 찾아뵙고, 효성을 다하라. 그것이 하나님께 효도하는 것이다.

- 하늘에는 선과 악의 창고가 있다. 자기 창고에 선이 많으면 천국으로 구원을 받고, 악이 많으면 심판받아 지옥으로 간다. 그것이 바로 "선한 일을 행한 자는 생명의 부활로, 악한 일을 행한 자는 심판의 부활로" 나오는 것이다.

- "선악과를 따먹지 말라"는 것은 양심을 지키라는 것이다. 선과 악을 구분할 수 있는 양심을 최초에 인간에게 주셨다. 선한 열매는 취하고, 악한 열매는 버리며, 양심에 비추어 부끄럼 없는 삶을 살아가라.

- 가장 작은 거짓말을 하지 않고, 가장 작은 죄를 짓지 않으며, 가장 작은 선행을 하고, 가장 작은 악행을 멀리하는 것이 율법의 일점 일획도 빠뜨리지 말고 다 지키는 삶을 사는 것이다.

7. 우상

- 박물관에 있는 불상은 하나의 예술품이다. 그 조각품에 대고 제 소원을 빌 때 우상숭배가 된다. 십자가라 하여도 그 앞에서 소원을 빈다면 우상숭배하는 것이며, 하나님께 소원을 빈다면 하나님을 우상으로 전락시키는 것이다.

- 지금 기복신앙에 젖어 있는 모든 사람이 우상 앞에 절을 하고 있다. 조각품을 우상이라며 파괴하지 말고, 네 마음속에 있는 욕심의 우상을 무너트리라.

- 생수를 약초가 먹으면 약을 만들고 독사가 먹으면 독을 만든다. 같은 성경을 봐도 선한 지도자는 신도를 천사로 만드는 데 활용한다. 그러나 욕심이 가득한 지도자는 재물을 거두어들여 제가 부귀영화를 누리는 데 악용한다. 그가 바로 성경을 우상숭배의 도구로 전락시키는 거짓 선지자다.

- 성경을 한 획도 빼거나 더하지 말라는 것은, 그 가르침을 빠트리지 말고 온전히 지키라는 것이다. 성경 속에서 자기에게 유리한 구절만 보는 것은, 자기에게 불리한 구절들을 빼 버리는 것이다. 믿음이 제일이요, 행함은 구원과는 관계없다는 것은 자신에게 유리한 쪽으로 성경을 악용하는 것이다.

- 진정한 종교 지도자는 종파에 관계없이 어떤 종파든 어떤 책이든 접하고 보고 깨우쳐 견문을 넓히도록 인도한다. 참진리를 모르고 자신이 없는 자가 남을 이단이라며 배척하고, 신도들의 눈과 귀를 가린다.

8. 예수

- 예수의 재림은 없다. 예수가 다시 온다 해도, 과연 누가 그를 예수라고 믿겠는가? 예수와 같은 삶의 행함이 곧 예수의 재림이다. 각자 모두가 "재림 예수"가 되는, 차원 높은 믿음으로 가야 한다.

- 예수는 "주여 주여 하지 말고, 아버지의 뜻대로 행하라"고 했다. 예수가 전한 하나님의 뜻이 곧 "길이요, 진리요, 생명"이며, 그 가르침이 예수의 보혈처럼 소중한 것이다. 예수를 믿는 것은, 예수의 가르침을 믿고 따르는 것이다.

- 예수는 낮은 자로서 만백성을 섬기고자 했다. 만나는 모든 사람을 다 하나님이라 생각하라. 돈을 벌수록 겸손하고, 높은 지위를 얻을수록 낮아지라.

- 예수는 종파를 만들지 않았다. 인간이 만든 종교와 인간의 교리를 따르지 말고, 예수를 통해 전한 하나님의 참진리를 연구하고 따르라.

- 예수가 2천 년 전에 만백성을 위해 죽었으니, 지금 이 땅에는 예수의 가르침대로 사는 천사만 존재해야 한다. 예수가 죽어 가면서 바란 것은 만백성이 천사가 되어 예수의 자리를 채워 주는 것이지, 지금과 같이 재물을 바치면서 중언부언 제 소원만을 비는 백성들을 바란 것이 아니다.

9. 구원

- 천사가 사는 천국에는 천사만 갈 수 있으니, 천사 같은 마음을 길러야 한다.

- "천국 열쇠를 네게 주리니 땅에서 무엇이든지 매면 하늘에서도 매일 것이라" 했다. 땅에서 천사같이 사는 자가 하늘에서도 천사가 되어 천국에 들어간다. 모든 사람에게 천사같다는 말을 듣는 삶을 살아야 한다.

- 천사의 곱고 아름다운 마음은 부모를 공경하고 어른을 어른으로 대접하는 데에서 출발한다. 효도하는 자는 형제와 화목하게 지내기에 가정이 화목해지고, 이웃과 화목해지고, 국가가 화목해지고, 온 인류가 화목해진다.

- 그러므로 지상의 아름다운 소왕국은 가정에서부터 이루어야 한다.

- 선택된 14만 명만 구원받는 것이 아니라, 천사처럼 변하고자 하는 14만 명을 기초로 온 인류가 천사처럼 거듭나는 영적인 개혁이 시작되는 것이다.

- 천 년에 걸쳐서 하늘에서 이루어진 것같이 이 세상을 낙원으로 만들어, 만백성이 지상의 천국에서 살다가 죽어서 그대로 하늘의 천국으로 들어가는, 영원한 지상 낙원을 건설하는 것이 하나님의 계획이다.

- **이것이 구약과 신약에 이어 "새로운 성경"으로 역사하시는 하나님의 창조의 완성이다.**

- 지금의 믿음으로 구원받을 수 있다면 그 길을 가라. 그러나 자신이 없다면 하나님께서 직접 내리신 160권의 "새로운 성경"을 읽고 구원의 길을 보라!

하나님 머리말씀

이 새로운 성경을 읽는 너희 모두는
이 율법에 따라 행하면 영원히 구원받을 것이니라.

너희 인간이 수년, 수십 년, 평생
성서를 공부하고 기도하는 것은
하늘나라 나의 곁으로 오고 싶은 소망일진대,

몇천 년 전의 너희 인성과 생각이
지금의 너희와는 판이하게 다르니,

꺾여 가고 병들어 가는 너희를 고칠 수 있는 길은,
오늘 내가 선지자에게 내리는 새로운 성경과 같이
너희가 변화되는 것뿐이니라.

나의 예수가 태어난 것처럼
내가 아들 선지자를 선택하여
나의 새로운 성경을 온 세계에 전하고자 하니,

묵은 것은 버리고 새로운 것은 취하여,
너희 모두는
'여호와 하나님! 저의 죄를 용서하여 주옵소서.'
하는 기도문으로 기도하고, 죄를 뉘우치라.

이 새로운 성경은
수천 년간 내려온 성서를 요약한 것이니,
너희는 이 책을 정독하여 쉽게 깨달음을 얻고,
이대로 실천하여 하늘에 오르라.

대역자 머리말

■ 하나님의 율법을 지키는 선지자로 선택을 받도다.

저는 남들처럼 그저 열심히 살아온 평범한 사람이었습니다. 그러나 50대 중반에 사업에 실패하여 많은 부채에 시달렸으며, 건강도 악화되어 눈이 잘 안 보이고, 걷기도 어렵고, 두통이 심해서 잠을 이룰 수 없는 고통의 나날을 보냈습니다. 그때 제가 선택할 수 있는 것은 육의 삶을 끝내는 길뿐이었습니다.

죽기 직전에 그동안에 죄를 지은 이들에게 용서를 빌고 인생을 끝내기로 작정하였습니다. 어려서부터 지은 죄를 빌고 빌다 보니 끝이 없었고, 죽음으로도 그 많은 죄를 용서받을 길이 없다는 생각에 하염없이 눈물이 흘렀습니다. 그 순간 '재래식 화장실의 구더기는 죄를 짓지 않는데, 나는 인간으로서 구더기만도 못한 삶을 살았구나.' 하는 생각이 들면서 괴로움에 몸부림칠 때, 갑자기 하나님의 음성이 들렸습니다.

"나는 여호와 하나님이니라. 너는 십계명을 암송하고 내가 내려 주는 메시지를 받아 책으로 만들어 만백성을 구하라." 하시며, 제 눈을 손으로 문지르게 하시고, 아픈 머리와 다리를 손으로 두드리게 하셨습니다. 그러고 나니 눈도 잘 보이고 걸을 수 있었으며 머리의 통증도 말끔히 낫게 되었습니다. 그때부터 십계명을 암송하고 나면 들려주시는 말씀을 기록하였고, 1999년 8월부터 2004년 7월까지 권당 288쪽, 총 160권을 받아서 "새로운 성경"이라는 책으로 펴내게 되었습니다.

그러한 저에게 죽기보다도 힘든 길이 시작되었습니다. 모든 교인들이 저에게 사탄이요, 이단이요, 악마요, 마지막 시대에 온 거짓 선지자라 하면서 공격하였고, 저를 짐승을 보듯이 대하는가 하면, 편협한 종교 지도자들의 선동으로 신도들이 이 책을 직접 읽어 보고 평가할 기회마저 막아 버렸습니다. 그래서 하나님의 말씀을 세상에 내는 데 많은 어려움을 겪으며, 피를 토하는 심정으로 책을 전하고 있습니다.

그러나 아무리 인간의 힘으로 막으려 해도, 하나님의 뜻이 세상에 전해지는 위대한 역사는 계속될 것입니다. 책으로 전해지는 "하나님의 말씀"은 세상 끝날까지 항상 우리와 함께하실 것입니다. 사람은 죽어도, 책에 기록된 말씀은 영원히 남으니까요.

■ 따뜻한 실천

하나님께서는 어려운 사람들에게 삶의 터전을 마련해 주고, 미래를 열어 주는 것을 기뻐하십니다. 어려운 이웃이 스스로 자립할 수 있도록 이끌어 주는 것이 진정으로 이웃을 돕는 것이라고 말씀하셨습니다. 그래서 일자리가 없는 제자들에게 작은 사업장을 만들어 주는 "달란트 사업"을 하고 있습니다. 식당, 반찬 가게 등을 차려 주고, 기존의 어려운 사업장이 자립할 수 있도록 돕고 있습니다(커피숍, 미용실, 의상실 등).

하나님께서는 교회에 나와서 모든 시간과 재물을 쏟기를 원하지 않으시고, 그 시간과 재물을 교육에 투자하여 스스로 미래를 열어 가기를 원하십니다. 그래서 제때 공부하지 못한 제자들에게 학업을 이어 가도록 하였습니다. 중화요리 주방장을 하며 초등학교 검정고시부터 공부하여 2012년에 방통대를 졸업한 36세 남성, 만학도들의 2년제 중학교에 입학해서 2007년에 명지대학을 졸업한 38세 여성, 중학교 검정고시를 시작으로 숭의여자대학을 졸업한 47세 여성 등이 있습니다. 그밖에도 많은 제자들에게 나이를 초월하여 배우고 깨우쳐서 사회 속의 당당한 일원이 되도록 인도하고 있습니다.

학자금 대출로 힘겨워하는 젊은이들을 위해 "따뜻한 바람 장학회"를 발족하여(2016년 12월) 대출받은 학자금 전액을 매월 갚아 주고 있습니다. 또한, 다문화 가정을 위해 "다문화 가족 랜드"를 조성하여, 각종 시설을 무료로 활용하도록 하고 있습니다.

이러한 따뜻한 실천이 아직은 미약합니다. 그러나 책의 수입이 늘고, 저와 뜻을 같이하는 분들이 늘어나면 계속 확대할 것입니다. 지도자로서 신도의 재물을 헌금으로 거둬들여 착복하는 것이 아니라, 하나님께서 기뻐하시는 일에 사용하도록 중매 역할만 하며 살아가고자 합니다. 이런 제가 과연 사탄이고 이단인가요? 하나님께서 기뻐하시는 일이라면, 저에게 사탄이라 하든 거짓 선지자라 하든 굽히지 않고 실천해 나갈 것입니다.

끝으로, 일상의 삶 속에서 "지금 내가 하는 행동이 과연 하나님께서 기뻐하실까, 슬퍼하실까?" 생각하고, 매사에 하나님께서 기뻐하시는 길을 택하기 바랍니다. 교회에 모여서 집단적으로 예배 드리는 것이 아니라, 개인이나 가정 단위로 새로운 성경을 읽어 스스로 깨우치고 그대로 행하면 충분합니다. 그것이 마음속에 성전을 짓고, 신령과 진정으로 예배 드리는 길입니다. 그러면 천국의 문에 들어서게 됩니다.

2017.2.1.

하나님 말씀 대역자 김용철

차 례

십계명

이 책은 십계명을 암송하고 나면 내려 주시는 "하나님의 음성"을 듣고 그대로 받아쓴 기록입니다. 하나님께서 십계명을 모세에게 내려 주셨지만, 그것은 만백성에게 내려 주신 것입니다. 마찬가지로 이 책의 모든 말씀도 저에게 내려 주셨지만, 만백성 각자에게 들려주시는 말씀입니다. 여러분도 이 책을 접할 때마다 십계명을 암송하고 나서 정독해 주시기 바랍니다.

제일은, 너는 나 외에는 다른 신들을 네게 있게 말지니라.
제이는, 너를 위하여 새긴 우상을 만들지 말고, 또 위로 하늘에 있는 것이나, 아래로 땅에 있는 것이나, 땅 아래 물 속에 있는 것의 아무 형상이든지 만들지 말며, 그것들에게 절하지 말며, 그것들을 섬기지 말라.
제삼은, 너는 너의 하나님 여호와의 이름을 망령되이 일컫지 말라.
제사는, 안식일을 기억하여 거룩히 지키라.
제오는, 네 부모를 공경하라.
제육은, 살인하지 말지니라.
제칠은, 간음하지 말지니라.
제팔은, 도적질하지 말지니라.
제구는, 네 이웃에 대하여 거짓 증거하지 말지니라.
제십은, 네 이웃의 집을 탐내지 말지니라.

나 여호와가 존재함을 믿는 그 자체가 구원의 길에 들어서는 기본이요, 근본이며, 나의 새로운 성경을 가슴에 안고 정독하는 자, 반석 위에 서서 하늘에 오르는 찬란한 빛을 보게 되는 영광을 얻게 됨이니라. 진정 나를 따르고 믿는 자는 감히 사탄이나 마귀도 근접하지 못하느니라.

〈하나님 말씀〉

2003년 10월

7,777 번째 하나님 말씀

2003년 10월 4일 07시 33분

1 사랑하는 나의 아들아!
2 "네, 아버님! 말씀하옵소서."
3 오늘의 너희에게 어렵고 힘든 그 길
을 가라 함은 무엇인 줄 알겠느냐?
4 이 세상의 땅은 나의 신체의 일부분
이라 내가 그리 말하지 아니하였던가?
5 내 신체의 일부분에 너희가 교회요,
성전이요, 성막이라는 것을 수없이 지
으니, 내 몸의 고통스러움은 이루 말
할 수 없다고 그리 말하지 아니하였
던가?
6 그 속에서 너희가 몇천 년 동안 흘러
오면서 나 여호와의 진리요, 내 뜻을
가르치는 것이 아니요, 나의 피조물
만백성들을 지옥으로 끌고 가는 그와
같은 교육의 장소요, 역사하는 곳이라
하였음이니라.
7 그리하여 내가 이를 바로잡고자 함이
라 그리 전하지 아니하였던가?
8 그들에게 거미줄을 치며 그 문을 닫게
하는 그 역사는 오로지 나의 법전뿐이
니, 나의 법전을 과연 누가 만들어 이
세상에 전할 수 있는가?
9 나의 성령을 내리나, 그 성령은 인간
인 너희가 나로부터 명을 받아 그를
역사하고 행하는 것이 인간이 해야 하
는 길이니라.
10 그것이 바로 선택된 너희이니라.
11 그러니 너희가 모든 백성의 근본이요,
그 지도자로서 가르친다면, 너희는 깨
끗한 마음으로 성령이 충만하여 너희
스스로 하늘에 오를 수 있는 그와 같
은 백성이 되지 아니하면 그를 가르칠
수 없는 것이 너희 운명이요, 너희가
가야 하는 길이기 때문이니라.
12 너희가 정녕 성령으로써 임하여 나의
피조물 만백성을 가르치지 아니하며,
인간의 생각으로써 나의 법전을 인간
의 한계에서 벗어나지 못하고 듣고 깨
우침을 갖고 만백성을 가르친다면, 나
의 성령의 법전 또한 그저 인간이 인
간을 가르치는 것이요,
13 너희가 성령으로 임하여 인간을 가르
친다면 너희는 천사가 되어 만백성을
구하는 자요, 나의 전사로서 그들을
가르치는 것이니, 이것이 얼마나 무서
운 차이인 줄 알겠느냐?
14 그러니 너희가 성령으로 임한 백성이
요, 구원받은 백성으로 섰을 때, 너희
는 인간의 한계를 벗어나 나 여호와
의 성령의 뜻을 그대로 전할 수 있으
며, 내 뜻을 가르치는 지도자로서 거
듭나게 됨이니,
15 그리하여 내가 너희에게 오늘의 어렵
고 힘든 그 길을 가며, 너희 마음을 다
스리라는 나 여호와의 뜻이 여기 있음
이니라.
16 그러니 너희가 그리 변하지 아니하면,
지금 썩을 대로 썩은 변화된 이 세상
이요, 나의 몸에 종기처럼 수없이 상
처투성이요, 나의 몸을 저리게 하는

그와 같은 것을 뽑아낼 수 없으며, 그
를 뽑아 태울 수 있는 그와 같은 역사
를 할 수 없기 때문이니라.
17 내가 너희에게 명하여 가르침이니, 인
간의 한계를 벗어나지 못한 자가 인간
을 가르치는 것은 인간의 교육이지,
하늘의 교육이 아니라 그리 말하지 아
니하였더냐?
18 너희가 인간 세상에서 철옹성보다도
더 굳어졌고 더 단단해졌으며, 그들의
결속보다도 더 단단한 결속이 이 세상
에 없음이니,
19 너희가 인간의 한계를 벗어나지 못하
며, 성령으로 충만하여 천사와 같은
나의 전사로 변하지 아니하면 그를 절
대 뽑아낼 수 없으며 다스릴 수 없으
며 그들을 불에 태울 수가 없기 때문
이니,
20 나 여호와가 너희에게 오늘의 삶을
완벽하게 살도록 강요하며, 어렵고 힘
든 그 길을 갈 수 있도록 다스리는 것
을 너희는 알겠느냐?
21 인간의 힘으로써는 절대 지금의 종교
집단이요, 지도자요, 그들이 결속되어
다져져 그 광분하는 자들을 인간으로
서 뽑아 태우는 힘은 그 누구도 없으
며, 그를 역사할 수 없음을 알아야 할
것이니라.
22 다만, 너희가 성령이 임하여 성령이
임한 백성으로 바로 서 구원을 받기
에 한 점의 부끄럼이 없는 그와 같은
나의 아들딸로 육의 세상에서 거듭날
때,
23 그들을 대적할 수 있으며, 그를 쉽게
뽑아 태울 수 있는 그와 같은 역사를
이룰 수 있으며,
24 그들이 지금 자랑하는 그와 같은 방대
한 성전이요, 교회 앞에 문을 닫으며
거미줄을 칠 수 있는 그 역사는 오로
지 너희를 통해서만 할 수 있기에,
25 내가 너희에게 의인이 되라 하는 그
뜻이 여기 있음을 알아야 할 것이니라.
26 모든 백성은 말할 것이니라.
27 너희가 의인이 될 수 있으며, 의인이
되어야만 하늘에 오른다면, 정신 나간
자요, 분명히 사탄의 자식이라 그들이
말할 것이니라.
28 그러나 의인이 되는 것은 간단한 것을
내가 너희에게 오늘 아침에 깨우쳐
주지 않느냐?
29 청결한 마음이면 너희가 의인이 된다
는 것을 잊지 말며, 그 길을 가야 함이
니, 과연 그 길이 얼마나 어렵고 힘든
가?
30 너희 마음속에 있는 그 모든 상처를
지운다는 그것이 얼마나 위대한 것인
지 알아야 할 것이니라, 사랑하는 나
의 아들딸들아!
31 그리하여 내가 나의 아들을 통하여 이
법전을 내리며 나의 성령을 내려보내
니,
32 내가 너희를 위해서 내 성령을 태워
서 내려보낸다 하였음이니, 내가 태우
는 마음만큼 너희는 더 어렵고 힘든
길을 가며 역사해야 함을 잊지 말라,
사랑하는 나의 아들딸들아!

7,778 번째 하나님 말씀

2003년 10월 4일 07시 37분

1 사랑하는 나의 아들아!
2 "네, 아버님! 말씀하옵소서."
3 나 여호와가 너희에게 내려 준 인간
의 본성이요, 그 성령의 마음을 되찾
지 아니하며 되돌려 놓지 아니하면 너
희는 하늘에 오르는 백성이 될 수 없
다고 말하지 아니하였느냐?
4 너희가 하얀 백지 위에 연필로 수없
이 낙서를 하며 긋고 그어 놓았음이니,
5 그 종이는 너희가 그어 놓고 낙서한
그대로 모습이 천 갈래 만 갈래 갈라
지고 험악한 모습으로 되어 있음이니,
그를 지우개로 지우고 지워 그 형태를
하얗게 하라 함이니라.
6 사랑하는 나의 아들아, 그리고 나의
아들을 따르는 제자 너희는 들어야
할 것이니라.
7 처음에 깨끗한 종이에 너희가 연필로
수없이 낙서를 해 놓았음이니, 그를
너희가 손으로 지우고 지워도 그 원상
태로 돌아오지 못함이니라.
8 그러나 너희는 지워야 하고 그를 또
씻어 내야 하며 문지르고 문질러서
지워야 하며, 그리하여 흔적은 남았다
해도 그 종이가 그래도 깨끗한 모습을
갖추었을 때 거기에 나 여호와가 그림
을 그릴 수 있으며, 내가 너희에게 임
명장을 거기에 써 주며, '너는 나에게
오를 자격이 있는 자라'는 황금의 종
이에 그 글씨를 써 줄 수 있음이니라.
9 사랑하는 나의 아들딸들아!
10 모두 하얀 종이 위에 연필로써 수없
이 낙서로써 그어 놓고 그어 놓은 것
이 오늘의 삶이니라.
11 나 여호와는 하얀 종이요, 깨끗한 종
이에만 너는 나에게 올 수 있다는 그
황금의 글씨를 내릴 수 있음이니,
12 연필을 지우고 지워야 하며 지우개로
지우고 지워야 하는 것이 너희의 오
늘의 운명이며 너희가 가야 할 길이
니라.
13 그를 보는 나 여호와의 마음이 아픔이
니라.
14 그렇다 해서 그것이 완벽하며 처음에
내가 내린 종이처럼 변할 수는 없음이
니라.
15 그래도 너희는 거기에 낙서한 그 흔적
을 지워야만 내가 너희에게, '내가 너
를 사랑하는 것이요, 나의 아들딸이라
하여 너는 내 집에 올 수 있다'는 그
글귀를 거기다 내림이니라.
16 그러니 내가 너희에게 닦고 닦으라 함
이니라, 사랑하는 나의 아들딸들아!
17 그 종이에 낙서한 것을 닦기가 힘들어
지우지 못하고 주저앉는다면, 거기에
는 내가 나에게 오르라는 명령장을 기
록하여 전할 수가 없는 것이니라.
18 내가 세상에 내려보낼 때 너희의 그
마음은 하얀 종이와 같은 깨끗하고
아름다운 것이었음이니라.
19 그러나 너희가 살면서 수없이 낙서를
했음이니, 나 여호와가 내 아들딸에게
내 집으로 돌아오라는 그 글귀를 황금
의 글씨를 거기에 기록할 곳이 없으며
쓸 곳이 없으니 내 마음이 어떠하겠는
가?
20 그리하여 지우개로 그것을 지우고 지

우는 데 최선을 다하라는 것이 나 여
호와가 너희에게 바라는 뜻이며 내가
원하는 것이거늘,
21 어찌하여 너희는 이 간단한 나 여호
와의 마음 하나를 헤아리지 못하며 모
른단 말이더냐?
22 내가 나의 아들을 통하여 사랑하는 나
의 아들을 따르는 제자들에게 말함이
니라.
23 너희가 하얀 종이 위에 수없이 낙서
해 놓은 그것을 지우고 지우라.
24 그렇지 않으면 내가 너희를 구원하여
내 집에 올 수 있다는 그 명령장의 황
금의 글귀를 거기에다 쓸 수가 없음이
니, 너희는 내 마음을 헤아려야 할 것
이니라.

7,779 번째 하나님 말씀

2003년 10월 4일 11시 34분

1 사랑하는 나의 아들아!
2 "네, 아버님! 말씀하옵소서."
3 이 세상에서 가장 큰 보배로움이요,
그 영광을 얻으며 축복을 받은 백성이
바로 누구라 하였더냐?
4 나의 아들을 따르는 제자들이요, 나의
법전을 읽고 하늘의 참진리의 길을
볼 수 있는 백성이라 그리 말하였느
니라.
5 그러나 내가 너희에게 그보다 더 큰
은혜요, 영광을 너희에게 이미 상으로
내렸거늘, 그를 모르고 사는 것이 지
금 나의 아들을 따르는 제자 너희이니
라.
6 내가 너희에게 뭐라 말하였느냐?
7 너희는 '운명이 없다' 내가 그리 말하
지 아니하였던가?
8 이 세상 어떠한 백성이 운명을 벗어나
서 살 수 있는 백성이 있단 말이더냐?
9 사탄들이 과연 그와 같이 말할 수 있
으며 악마가 그와 같이 말할 수 있느
냐?
10 너희는 나의 법전을 만들어 만백성을
구하는 그 역사요, 나의 뜻에 따라 나
의 계명에 따라 얼마만큼 열심히 사느
냐에 따라서 운명이 없다 그리 말하였
느니라.
11 너희가 계명을 지키고 이 세상의 만백
성을 깨우치는 선생으로서 바로 설
때, 그는 많은 사람을 깨우치고 역사
하기에 이 세상에 많이 존재하며 육의
생명을 오래 갖고 만백성을 깨우치는
그 역사를 할 수 있도록 내가 너희에
게 기회를 준다고 말하지 아니하였더
냐?
12 그러니 그와 같은 은혜와 영광을 받은
백성이 과연 어디 있었던가?
13 너희는 이와 같이 내가 너희에게 전
하는 그 뜻을 어찌하여 그 은혜의 기
쁨이요, 그보다도 더한 영광이요, 축
복이 없다는 것을 모르는가?
14 그것보다 무엇을 더 원하며 더 큰 것
을 받고자 말한단 말이던가?
15 내가 너희에게 나의 법전을 읽고 깨우
치며 너희가 법전을 접하여 깨달음을
얻는 그 상 못지않은, 바로 운명이 없
는 너희라 했으며,
16 나의 아들을 따르는 제자요, 나의 법
전을 읽고 깨우쳐 나의 법전대로 행하
며 계명의 소중함을 알고 사는 그와

같은 백성은 너희에게 운명이 없다
하였음이니, 그보다 더 큰 상과 영광
이 어디 있는가?
17 그것을 모르며 그것을 깊은 은혜라
생각하지 못하는 것이 오늘의 너희이
니, 이제는 너희가 그 뜻을 알아야 할
것이니라.
18 운명이 없이 살아갈 수 있는 사람이
얼마나 선택된 백성이더냐?
19 내가 너희에게, 나의 법전이요, 참진
리를 깨우치는 백성은 가는 길이 어렵
고 힘들다 하여도 내가 그들에게 무엇
이라 말하였느냐?
20 자유로움이 있고 평화로움이 있다 하
지 않았더냐?
21 그러니 너희는 운명이 없으며 너희가
어찌 노력하느냐에 따라서 모든 것을
결정할 수 있는 그와 같은 은혜를 준
나 여호와로부터 받은 그것이 바로 얼
마나 자유로우며 영광되며 행복인 것
을 아느냐?
22 이제 너희는 내가 운명이 없다 말한
그 은혜에 감사함을 알아야 할 것이
니라.
23 마귀요, 사탄은 감히 그리 말할 수 없
음이니 그리 알라.
24 너희가 오늘에 살아가면서 많은 백성
을 만남이니, 너희가 곤고하고 어려운
그 백성을 만나 더불어 연구하고 같
이 가고자 하나, 너희 자신이 힘이 들
고 어려운 그 의미를 내가 알고 있음
이니라.
25 그리고 너희가 만나는 자마다 곤고한
자요, 나의 성전에 오는 자가 다 가난
하고 어려운 그와 같은 사람들이니,
26 너희가 그들을 봄으로 무엇을 같이 역
사할 수 없으며 다 힘겨운 사람들을
보니, 그 마음이 아프며, 또한 그들과
역사하지 못한다고 그리 생각할 것이
니라.
27 그러나 너희는 알아야 할 것이니라.
28 가진 자, 능력 있는 자들이 뭐라 말하
는지 알겠느냐?
29 그들이 얼마나 오만한 자들인지 알겠
느냐?
30 그리고 너희의 속된 말로 목에다 나무
를 세워 받쳐 깁스한 것같이 목에다
힘을 주고 사는 그 백성, 너희가 정녕
곤고한 사람들을 만나지 아니하며,
31 그들을 만난다 할 때, 그들이 제대로
된 자들이요, 제대로 깨우친 백성이
목에다 힘을 주고 오만한 행동을 한다
면 그래도 그를 봐줄 수 있으며 그를
이해할 수 있을 것이니라.
32 그러나 목에다 힘을 주는 그 오만한
자들이 너희 앞에 왔을 때 너희가 그
들을 보는 눈에 제대로 된 자가 없으
며 제대로 갖추어진 자가 없음이니,
그들과 대화하며 같이 역사할 수 없는
것이 이미 마음의 정리가 되어 있는
것이 너희임을 알아야 할 것이니라.
33 다만, 이제 너희는 그 제자들에게 너
희를 찾는 그 백성에게 깨우쳐 주어
야 할 것이니라.
34 너희가 곤고한 생활이요, 고통스러운
생활의 그 길을 가는 것은 그 누가 만
들어 준 것이 아니요, 역사한 것이 아
니라,
35 자기의 고통은 자기가 만든 것이며 자
신이 만들었을 뿐이며, 자신이 역사한

것이니, 너희 자신이 거기에서 헤어나
는 그와 같은 노력하는 삶을 살라 그
리 전하라.
36 자기의 고통은 자신이 만든 그 속에서
자신이 만든 것이며 자신이 선택한 것
이니, 다른 사람들보다 노력하지 아니
하며 연구하지 아니한 자들이니라.
37 그러니 지금서부터 너희 자신이 곤고
한 어려움에서 헤어나려거든 남보다
더 노력하고 연구하는 그와 같은 삶을
살라 그리 전하라.
38 모든 것은 너희가 만든 결과라 그리
전하고 깨우쳐 주도록 하라, 사랑하는
나의 아들딸들아!
39 그리하니 너희는 그 곤고한 자보다
목에 힘주는 자, 오만한 자를 만나고
다루기가 더 힘들고 어려우며,
40 그들의 제대로 되지 아니한 모습을 보
는 너희가 역겨워 그들과 대화할 수
없기에,
41 오늘에 곤고한 자가 너희 주변에 모
이며 어려운 자가 모임이니라.
42 그러니 그들에게 힘겹고 어렵다 생각
하지 말고 너희 자신의 고통이요, 네
가 오늘에 힘든 것은 너 스스로 만든
것이요, 네가 판 우물이니,
43 거기서 벗어날 수 있는 최선의 노력을
하는 것이 나 여호와에게 사랑받는 것
이요, 은혜를 받는 길이라 하여 노력
하라고 깨우쳐 주도록 그리하라.
44 모든 것은 네 손으로 만든 것이라는
것을 잊지 말라.

7,780 번째 하나님 말씀

2003년 10월 4일 11시 40분

1 사랑하는 나의 아들아!
2 "네, 아버님! 말씀하옵소서."
3 너 자신을 달구며 훈련에 임하며, 너
의 제자들 또한 진리에 따라 바르게
살고 훈련하며 또 거듭하는 훈련 속
에 살아가며 네가 그 제자들 앞에서
강론함이 바로 무엇이더냐?
4 나의 뜻을 전하는 것이 바로 훈련을
시키는 것이니라.
5 그리하여 너희를 훈련을 시켜 바른
백성으로 만들고자 하나, 너희가 욕심
이 있는 한 편안하고 여유 있는 삶을
살지 못하며 괴로움 속에서 삶을 살아
가게 되니, 그게 바로 무엇인 줄 알겠
느냐?
6 내가 법전에 기록하여 전했듯이, 욕심
이라는 그 자체가 죄이기 때문이니라.
7 그러니 너희가 욕심이라는 것을 버리
지 못하면 아무리 훈련을 시켜도 거듭
나지 못하며 괴로운 그 삶에서 벗어나
지 못한다는 것을 알아야 할 것이니라.
8 너는 내가 아무것도 생각하지 못하도
록 하며 기억하지 못하도록 하는 나
여호와의 뜻을 알고 있지 않은가?
9 "네, 아버님! 그를 알고 있사옵나이다.
10 모든 생각과 인간의 연결 고리를 끊지
못할 때 그로 인하여 모든 죄가 발생
되며 죄를 만들게 되며 죄를 짓게 되
는 것이 바로 인간의 마음이요, 인간
의 생각이니,
11 그리하여 저에게 모든 생각을 지우며
모든 고리를 끊도록 하시는 아버님의

그 뜻이요, 가르치심을 저는 알고 있
사옵나이다."
12 사랑하는 나의 아들아, 내가 성서에
기록하여 뭐라 말하였느냐?
13 심는 대로 거두는 것이라 그리 말하지
아니하였더냐?
14 그리하여 너희가 마음속에 심는 것은
모두 너희 생활에 반영됨이니라.
15 그리하여 내가 모든 것을 다 지우도록
하는 그 역사를 하고 있음이니라.
16 사랑하는 나의 아들아, 모든 종교 집
단 지도자들은 너처럼 모든 것을 다
지울 수 있는 그와 같은 마음의 자세
로 가지 아니하며, 그들은 절대로 그
를 지우지 못하는 자들이니라.
17 그리하여 심은 대로 거둔다는 것을 알
면서 그들은 잘못 심어 놓고 있으며
잘못 가꾸고 있음이니라.
18 그러면서 진정한 열매를 거두며 진정
한 결실을 거두고자 하니, 그것이 거
기서 이루어질 수 있단 말이더냐?
19 그것이 바로 종교 집단이요, 지도자들
이 가는 길과, 네가 전하고 네가 가는
길이 다름을 알아야 할 것이니라.
20 구약의 성경이요, 또 신약의 성경이
요, 나의 법전을 읽고 깨우쳐 공부하
고 연구하며 그를 놓고 시시비비하는
백성이 수없이 있다 말하였느니라.
21 구약 시대의 백성은 그 구약만이 구
원을 받는다 말하나, 구약의 가르침이
무엇인 줄 알겠느냐?
22 구약 성서의 가르침은 행함의 그 결과
이니라.
23 구약은 결과만을 가지고 가르치는 그
와 같은 역사를 했기 때문에 너희는
그 가르침의 의미를 알아야 할 것이며,
24 신약의 가르침은 무엇인 줄 알겠느냐?
25 예수가 세상에 내려간 신약의 가르침
은 너희의 초심을 일깨워 주는 것이
니라.
26 너희가 인간의 본래의 기초적인 그
초심이 무엇인가를 깨우쳐 주는 것이
신약의 시대에 역사했던 것이며 신약
의 시대에 이루고자 했던 것이니라.
27 그러나 지금 제3의 시대에 법전으로
역사하는 것은 무엇인 줄 알겠느냐?
28 사랑하는 나의 아들아, 구약은 결과를
가지고 그들에게 깨우쳐 주고자 했으
며 결과를 가지고 공부를 했으며,
29 신약은 초심이 무엇인가를 깨우쳐 주
고자 했으며,
30 지금 제3의 시대요, 나의 법전의 시대
는 초심으로 돌려놓는 그 역사를 하
는 것이니라.
31 그러니 오늘의 너희가 가는 것이 가
장 어렵고 힘든 삶이니라.
32 초심으로 너희를 돌려놓고, 그 초심으
로 돌아가지 아니하면 아무것도 역사
할 수 없으며 나로부터 구원을 받을
수 없기에,
33 나의 법전은 너희가 나로부터 성령을
받아 나간 그 원래의 마음으로 돌려놓
는 것이며, 그를 행하는 시대가 제3의
시대이니라.
34 그리하여 거기로 돌아가는 자는 나에
게 구원을 받을 것이며 돌아가지 못하
는 자는 심판을 받아 지옥으로 가는
마지막 시대에 나의 법전이요, 너희를
심판하는 역사의 시대가 열려 가고 있
다는 그 의미를 알아야 할 것이니라.

35 내가 너에게 뭐라 말하였느냐?
36 제3의 시대는 너희가 하얀 종이 위에
수없이 연필로 낙서하고 그려 놓은 그
모든 것을 지우고 또 지워서, 그 상처
는 지우지 못한다 하더라도 깨끗하게
지우는 그것이라 했음이니라.
37 오늘의 나의 법전은 너희가 초심으로
써 행하고 초심으로 돌아가는 것이니
라.
38 예수의 시대는 초심이 무엇인가를 일
깨워 주었으며 초심에 대한 가르침을
주었으며 구약의 시대는 모든 결과만
을 가지고 너희를 깨우치는 그와 같
은 시대요, 제3의 시대는 그 모든 것
을 기초로 하여 초심으로써 행동하는
것, 그리고 실천하는 것, 그리고 역사
하는 것, 그리고 너희 자신이 그 속으
로 되돌아가는 것이니,
39 뜨거운 불길이요, 천길만길 깊은 물
속이라도 초심으로 돌아가려면 어떠
한 고통과 시련도 인내하고 가는 것이
너희가 마지막 역사하는 길이라는 그
와 같은 의미의 가르침을 만백성에게
전하라.
40 구약의 시대는 결과의 시대였으며, 예
수의 시대는 초심을 알리는 것이요,
제3의 시대는 성령의 초심을 그대로
행하고 실천하며 제자리에 돌려놓는
그와 같은 역사함이니,
41 돌아가는 자는 구원을 받을 것이며 돌
아가지 못하는 자는 심판을 받는다는
것을 너희는 알아야 할 것이니라.
42 정녕 성령이 아니면 초심으로 돌아갈
수 없으며 초심은 전해질 수 없다는
것을 알라.
43 그러니 너희가 성령을 가슴에 심지 아
니하면 절대 초심의 역사를 할 수 없
다는 것을 그 백성에게 전하고 또 전
해 주도록 그리하라, 사랑하는 나의
아들딸들아!

7,781 번째 하나님 말씀

2003년 10월 4일 11시 44분

1 사랑하는 나의 아들아!
2 "네, 아버님! 말씀하옵소서."
3 구원의 그 길이 무엇이라 말하였느냐?
4 마음이 청결한 것이요, 청결한 마음이
구원의 길이요, 하늘에 오르는 길이라
내가 너희에게 깨우쳐 주지 아니하였
더냐?
5 청결한 마음이 나를 볼 수 있는 것이
며, 너희가 나를 향하여 오는 그 빛을
볼 수 있거늘, 너희 마음이 과연 어떠
하던가?
6 청결한 마음을 가지고 사는 백성은
마음속에 스스로 복이 있으며, 축복이
요, 영광이 있는 것을 깨달을 수 있으
며 아는 백성이니라.
7 너희가 오늘의 생활이 어렵고 고달픈
그 길을 간다 해도 너희 마음속 한 곳
에 든든함이요, 평온함이 있음이니,
8 그것이 바로 청결한 마음으로 돌아가
는 나의 아들딸임을 알아야 할 것이
니라.
9 내가 다시 한 번 너희에게 명하여 전
하노라.
10 모든 종교 집단과 지도자들 그리고 광
신도들, 그들은 인간의 노력으로써는
절대 구원을 받을 수 없다고 가르치며

천국에 갈 수 없으며 결코 돌아갈 수 없는 것이며,

11 인간의 노력으로써는 천국에 도달할 수 없고, 그를 도달할 수 있다고 말하는 자는 사탄이요, 사악한 자라 그리 말한다 하지 않았더냐?

12 그러나 너희는 알아야 할 것이니라.

13 자신의 욕심의 뿌리를 뽑아 마음을 비운 자가 곧 청결한 나의 백성이며, 나 여호와의 성령이 임하는 사실을 그들은 알게 될 것이며,

14 그와 같이 됐을 때 나의 성령이 임하며, 그리하여 천사와 같은 마음으로 변화되어 조용히 용서의 기도를 드리며 기다릴 수 있는 그 마음을 가지고 인내하고 견디는 그것이 나 여호와가 너희에게 역사하는 것이니라.

15 욕심을 가지고 기도하며 원하며 무엇을 이루고자 울고불고하는 그 길이 천국을 향하여 오는 길이 아니요, 죽음의 길로 간다는 그와 같은 내가 가르친 그 뜻을 다시 한 번 너희에게 심어 줌이니, 이를 깊이 알아야 할 것이니라.

16 나의 아들을 따르는 그 제자들이요, 마음을 청결하게 하고자 하는 자는 그 마음에 복이 있음이니,

17 그 복을 이루는 길을 그대로 달려가기만 하면 되는 것을, 너희는 하늘에 오르는 그 길의 이치를 모르고 있음이니라.

18 그리하여 내가 너희에게 완벽하라 함이 무엇인 줄 알겠느냐?

19 하늘과 땅 사이에서 너희가 하늘에 속하는 삶을 살지 아니하며 땅에 속하는 육의 삶을 사는 것, 육을 위주로 사는 그것을 초월하지 않는 백성은 정녕 하늘의 뜻을 모르며 알 수 없다고 내가 그리하지 아니하였더냐?

20 그와 같이 내가 나의 법전에 전하고 전하는 그 의미를 깨우쳐 깨달음을 얻어야 할 것이니라.

21 다시 한 번 내가 너희에게 오늘 전함이니라.

22 너희가 땅에 속해 있는 그와 같은 행실을 하며 사는 것으로써는 하늘의 뜻을 알 수 없음이니,

23 하늘에 속해 있는 행위로써 그리고 마음 자세로써 모두를 역사하도록 그리하라.

24 나의 아들을 따르는 제자들이요, 나의 법전을 읽고 깨우친 너희는 이제 하늘에 속해 있으며 하늘에서 행하는 것을 알고 가는 것이요, 땅에 있는 백성은 그 영혼이 하늘에 속해 있는 것을 알 수 없음이니라.

25 그러니 아무리 울고불고 구원의 길이라 몸부림을 쳐도, 육의 세상이요, 땅에 속해 있는 것을 역사하는 것이니, 그들의 모습을 내가 뭐라 말하였느냐?

26 비가 내리면 개구리가 하늘로 오르고자 뛰고 또 뛰는 그 형국이라 하였음이니,

27 결국은 지치고 지쳐 저 자신이 죽음으로써 그 이상 더 해볼 것이 없는 것이 그 모습이라 내가 한 장의 그림으로써 너희에게 일찍이 깨우쳐 준 그 의미를 깊이 깨우치도록 하라, 사랑하는 나의 아들딸들아!

7,782 번째 하나님 말씀

2003년 10월 4일 11시 49분

1 사랑하는 나의 아들아!
2 "네, 아버님! 말씀하옵소서."
3 종교 집단 속에서 그리고 지도자 속
에서 배우는 그 백성, 그리고 정녕 하
늘에 오를 수 있는 그 천국의 문에 들
어올 수 있는 자격이며 구원을 받았다
말하는 그 백성에게 전하라.
4 부자가 하늘에 오르기가 얼마나 어렵
고 힘든 것인가를 성서에 기록하여
너희에게 전하였으며, 부자는 천국에
오르지 못한다는 그 대목이 있지 않으
냐?
5 그 뜻이 무엇을 의미하는가?
6 너희가 남달리 노력하고 역사하여 이
루는 것은 말할 수 없으나,
7 너희가 먹고살 수 있는 그것 외에 소
유하는 자가 있다면 그는 바로 나눔을
모르며 베풂을 모르며, 남의 것을 제
가 지금 소유하고 있다는 것을 모르는
자들이니라.
8 그러니 모든 종교 집단이요, 하늘에
구원을 받았으며 나에게 오를 수 있다
는 종교 집단이요, 광신도 그들에게
물어보라.
9 과연 네 재산이요, 네 물질의 모든 것
을 네가 죽고 대대손손 먹고살 만큼
감추어 놓고 쌓아 놓고 거둬 놓은 자
들은 없는가 한번 물어보라.
10 그와 같은 역사를 하는 자들이 어찌
하여 하늘에 오를 수 있는 그 영광을
얻었으며 구원을 받았다 말하는가?
11 재물이 쌓이는 것이 너희는 나 여호와
의 은혜요, 영광으로 계속 거둬들이며
축복을 받는다 생각하는 자들이니,
12 어찌하여 부자가 하늘에 오를 수 없는
그 의미를 모른단 말이더냐?
13 성서에 기록하여 전하였느니라.
14 네가 가진 재산이 전부냐 할 때 그게
전부라 하였으나, 감춰 놓은 자는 그
문턱을 넘지 못하고 죽음을 당했으며
그 아내 또한 그와 같은 것을 모르느
냐?
15 너희가 먹고살 수 있는 것 외에 재산
을 소유하고 감춰 놓고 숨겨 놓은 자
가 얼마나 무섭고 두려운가?
16 그가 얼마나 많은 재물을 숨겨 놓고
나 여호와를 속였으면 그는 문턱을 넘
지 못하고 죽임을 당했겠는가?
17 너희가 그보다도 못한 재물을 지금 감
춰 놓고 숨겨 놓은 자는 없는가?
18 그보다 천배 만배 더한 것을 숨겨 놓
은 자는 없는가?
19 그러니 너희는 부자는 하늘에 오를 수
없다는 그 무서운 가르침을 알면서도
부자가 되고 더 역사하기 위해 그 모
든 재물을 감추어 놓고 숨겨 놓으며,
20 남들의 어렵고 힘든 것을 보지 아니
하며 호의호식하며 살아가는 그와 같
은 자들이 천국에 오를 수 있는 표를
받았으며 하늘에 오를 수 있다고 그리
생각함이니라.
21 내가 너희에게 부자가 하늘에 오를 수
없다는 것은 너희가 남의 것을 가진
자요, 남의 것을 소유한 자요, 나눔을
모르며 베풂을 모름이니라.
22 그러니 바로 너희가 하늘에 오를 수
없다는 그 뜻을 알라.

23 그러니 모든 종교 집단 지도자 그 신
도에게 물어보느니라.
24 과연 너희가 더 갖고 더 감추어 놓고
더 쌓아 놓는 것은 없는가?
25 그리하며 더 이루고자 하는 생각은 없
는가?
26 너희는 나의 뜻과는 정반대의 길을 가
면서 하늘에 오르는 그 찬란한 천국의
문의 열쇠를 받은 것처럼 오판하지 말
라, 불쌍한 나의 백성들아!
27 이를 전해 주고 또 전해 주라.
28 성서에 너희가 모두를 다 버리고 따
를 수 있는 자는 따르라 했던 나의 아
들 예수의 그 의미가 무엇이냐?
29 그 모두는 너희에게 해당하는 대목이
니, 그를 모르고, 그를 알면서 행하지
않는 이 불쌍하고 사악한 백성을 어
찌 가르칠 수 있으며 그들을 구원할
수 있단 말이더냐?
30 사랑하는 나의 아들아!
31 네가 지쳤으며 너의 제자들이 지쳐 있
는 만큼 나 여호와 또한 지쳐 있음을
알라.
32 그러나 어찌하겠는가?
33 그들을 구원하는 것이 나의 아들딸들
이요, 그를 구원하는 것이 너희 형제
요, 너희가 역사하는 길이요,
34 문을 열어 놓고 기다리는 어버이의 마
음으로 그 자식을 기다리는 나 여호와
의 마음을 너희는 헤아려야 할 것이
니 그리 알라, 사랑하는 나의 아들딸
들아!
35 너희의 노고요, 너희 곤고함을 아느니
라.
36 곤고한 백성이 너희를 찾는 것을 힘
들어하지 말며 불편하게 생각하지 말
며 불평불만 하지 말라.
37 그들보다 목에다 깁스하며 목에다 힘
주고 오만한 자, 제대로 갖춰진 것이
없고 다스려지지 못한 자들이 네 앞에
서 오만한 그 꼴은 정녕 너희가 빈곤
한 자를 만나 힘든 것보다도 열배 백
배 참기 어렵고 힘든 고통의 길이니,
38 이 뜻을 깊이 새기도록 그리하라, 사
랑하는 나의 아들딸들아!

7,783 번째 하나님 말씀

2003년 10월 4일 11시 54분

1 사랑하는 나의 아들아!
2 "네, 아버님! 말씀하옵소서."
3 세상의 육의 삶에 너희가 얼마나 바
쁘게 돌아가며 얼마나 바쁘게 살아가
느냐?
4 너희가 육의 세상에 존재하는 것은 내
가 너희에게 생명의 시간을 내려 주고
그 생명의 시간을 감아 간다 하였음이
니라.
5 그러니 내가 너희에게 내려 준 그 생
명의 시간의 줄을 감아 가는 그 선상
에 서 있는 너희가, 어찌하여 나 여호
와의 뜻이요, 나 여호와가 역사하는
것을 들여다보지 아니하며,
6 그저 인간 세상의 육의 삶을 위하여
그 소중한 시간을 함부로 버리며, 이
리 뛰고 저리 뛰고 그저 바쁘게만 살
아가는 그를 보는 것이 안타까움이니
라.
7 너희가 바쁘게 살아가며 바쁘게 돌아
가기만 할 뿐이요, 그 속에서 가장 소

중하고 귀한 것을 모르고 사는 자들이
나의 백성이니라.
8 나 여호와가 구원의 그 길을 기다린다
는 것, 그리고 너희는 구원의 역사를
이루어야 한다는 것을 잊어 버리고 사
는 백성이 과연 지금의 모든 백성이
살아가는 것이 아니던가?
9 이 세상에 참진리의 길을 가는 나로부
터 선택된 너희가 있는가 하면,
10 평생을 나를 찾고 부르며 나에게 기도
하고 경배한다 하며 울고불고하면서
도 나의 뜻을 거역하는 그 선봉장에
서서 나를 따르라며 외치는 자들이요,
11 그리고 나의 사랑하는 백성을 지옥으
로 이끌어 가는 그와 같은 지도자요,
그 백성이 지금 세상에 존재하고 있
으며,
12 또한 나 여호와를 믿지 아니하며 인정
하지 않는, 너희가 말하는 이방인이라
는 나의 아들딸들 또한 분주하게 돌아
가는 것은 마찬가지임이니라.
13 그러니 이제 그들에게 깨우쳐 주어야
할 것이니라.
14 너희가 나로부터 정해져서 가지고 나
간 그 시간 그 세월을 너희가 분주하
게 이리 뛰고 저리 뛰는 그것을 한번
점검해 보도록 하라.
15 과연 너희가 그 시간을 얼마나 값지
게 쓰며 아름답게 쓰고 소중하게 쓰고
있는가?
16 그저 세월 속에 분주하게 바쁘게만 돌
아가는 그와 같은 삶을 살다 나에게
와 심판을 받을 때, 얼마나 소중하고
귀한 것을 함부로 남용했는가를 알게
될 것이니,
17 그때는 이미 너희에게 기회가 없음을
알아야 할 것이니라.
18 이제 나의 법전을 기록하여 만백성에
게 전하라.
19 너희가 아무리 바쁘고 바쁘다 해도 가
던 발길을 멈추고 가장 소중하고 위대
한 것이 무엇인가를 그리고 가장 중요
한 것이 무엇인가를 발견하기 위해 나
의 법전 속에 들어오라 전하라.
20 나의 법전을 너희가 깨우쳤을 때 거
듭나는 은혜가 무엇이며, 새로운 생명
이 태어나는 것이 무엇이며, 영원히
사는 하늘나라에 오르는 것이 무엇인
가를 그들이 알 것이니라.
21 그 모두는 나의 사랑하는 아들딸이니,
그 백성을 구하려고 내가 법전을 내
려보냄이니,
22 그 법전을 만드는 역사에 가담하는 너
희의 오늘의 그 고통에 대해 나에게
받을 은혜요, 상은 너희가 감히 생각
지 못할 것이니라.
23 오늘은 지치고 어렵고 힘들다 하여도
주저하지 말고 대역사를 이루는 것에
최선을 다하기를 바라는 나 여호와의
마음이니 그리 알라, 사랑하는 나의
아들딸들아!

7,784 번째 하나님 말씀

2003년 10월 4일 11시 57분

1 사랑하는 나의 아들아!
2 "네, 아버님! 말씀하옵소서."
3 나 여호와가 너희에게 아무것도 원치
아니한다는 나 여호와의 이 가르침에
주목해야 할 것이며, 그를 읽고 또 읽

고 깨우쳐야 할 것이니라.
4 너희가 한 획도 고쳐서는 안 된다고
그리 몸부림치며 소리 지르는 성경에
기록하여 전하기를,
5 나 여호와는 너희에게 아무것도 원치
아니하며 바라는 것이 없다 내가 그
리 전했거늘, 어찌하여 너희는 이 대
목에 주목하지 아니한단 말이더냐?
6 너희가 행하고 역사하는 것, 너희가
살아가는 그 길은 나의 계명을 지키고
자 노력하며, 조용히 나 여호와의 처
분을 기다리며, 내가 너희에게 역사하
는 것을 기다려 주는 그와 같은 조용
한 마음으로 살아가는 그것이 하늘에
오르는 진리요, 하늘에 오르는 빛을
볼 수 있는 것이거늘,
7 어찌하여 너희는 그와 같은 아름다운
자세요, 아름다운 마음으로 살지 못하
는가?
8 그러면서 너희가 온갖 세상 것을 육
의 능력으로써 이루지 못하니, 지혜
있는 나 여호와요, 능력 있는 나 여호
와의 이름을 빌려 무엇을 이루고자
빌고 구하고 달라 원하는 그와 같은
믿음의 생활을 지금 가고 있음이니,
9 나 여호와가 너희가 행하고 역사하는
모든 것을 다 내려다보고 있다는 것을
모르는 자들이니라.
10 내가 너희가 하는 행위요, 역사하는
것을 다 내려다보고 있으며 그리고 내
가 너희를 당당히 내려다보고 있으며
너희를 보는 것은 무엇인 줄 알겠느
냐?
11 나 여호와는 60점이라는 그 점수 안
에 이 세상의 모두를 다 너희에게 주
었으며, 그리고 신약을 내려보냈으며,
12 지금 새로운 제3의 시대에 나의 법전
까지 세상에 내려보내 너희가 하늘에
오르는 그 빛을 볼 수 있는 반석 위에
역사할 수 있는 것까지 다 내려보냈거
늘,
13 그 이상 내가 너희에게 무엇을 내려보
내며 무엇을 전한단 말이더냐?
14 이제는 나 여호와가 너희가 살아가는
하나하나를 다 내려 다 보고 있다는
그 무서운 사실을 잊지 말라.
15 내가 너희에게 다 주었고 다 내려보냈
기에, 내가 너희를 바라보며 너희가
잘못 가고 잘못 다스릴 때 그 대가를
치른다는 것을 알고,
16 마음과 행동을 이제는 너희가 알아서
살아야 할 것이며, 알아서 역사하라
함을 전함이니 그리 알라, 사랑하는
나의 아들딸들아!

7,785 번째 하나님 말씀

2003년 10월 4일 12시 01분

1 사랑하는 나의 아들아!
2 "네, 아버님! 말씀하옵소서."
3 너희가 하루를 살아가는 그 삶에서
가장 소중하고 귀한 것은 무엇인 줄
알겠느냐?
4 항상 나 여호와가 너희와 같이하고 있
으며, 너희와 생각을 같이하고 있으
며, 네 주변에 나 여호와가 존재하고
있다는 것을 깨달아야 할 것이며,
5 나 여호와가 너희와 행동을 같이하고
있다는 것을 알아야 할 것이니라.
6 그와 같은 생각을 하고 살아가는 것이

나의 아들로부터 선택된 제자요, 나의 법전을 읽고 깨우친 백성 너희가 가는 길이니라.
7 선택된 백성이라면 바로 그와 같은 마음을 가지고 살며 그와 같은 마음으로 행동할 때,
8 너희 자신도 모르게 구원의 길이요, 구원의 반석 위에 올라서게 된다는 것을 알아야 할 것이니라.
9 선택된 백성이요, 구원을 받지 못하고 받는 백성의 그 차이점을 너희가 안다면,
10 필요에 따라서 필요할 때만 나에게 기도하며 무엇인가 역사하고자 구원의 길을 가는 백성은 나의 뜻에 역사하는 백성이 아니요,
11 저희가 지옥문으로 들어가는 그와 같은 삶을 자초한다는 것을 너희는 알아야 할 것이니라.
12 그러니 나로부터 선택된 백성 너희는 어떠한 길이 진정한 길인 줄 알겠는가?
13 힘들고 어려울 때도 너희는 나와 같이 역사하며 동행하고 있다고 생각하며, 그리하여 감사하는 마음으로써 살아가는 것,
14 그리고 나의 피조물 만백성을 구하는데 최선을 다하는 그와 같은 길을 가는 것이 바로 나로부터 선택된 백성이요, 너희가 승자요, 나로부터 영원한 상을 받는다는 것을 잊지 말라.
15 모든 나의 피조물 만백성들이 힘들고 어려울 때 등을 돌리고 떠나는 백성은 바로 무엇인 줄 알겠느냐?
16 스스로 지옥문을 자처해 찾아가는 자들이라는 것을 잊지 말라.
17 이와 같은 내용을 나의 법전에 수없이 기록하여 너희에게 전하였건만 아직도 그 깨달음이 없는 그와 같은 삶을 가는 것이 바로 오늘의 너희 마음이니라.
18 지금의 고단하고 어렵고 힘든 길이 나 여호와가 같이한다는 것을 절대 잊어서는 아니 되며, 그 생각으로써 굳어져야 함을 너희는 알아야 할 것이니라.
19 나의 백성 너희는 선택된 백성이요, 미래에 선택되지 아니한 그 백성과의 차이임이니라.
20 너희가 어렵고 힘들 때 마음이 변하지 아니하며 오로지 나 여호와의 법전이요, 나의 뜻을 믿고 가는 자는 미래에 구원의 은혜를 받는 백성으로 선택될 것이며,
21 오늘의 고달프고 힘든 육의 생활에서 도피하고자 하며, 나 여호와요, 나의 아들 예수의 이름을 울고불고 부르짖으며 무엇을 이루어 달라 기적의 역사를 해달라 그리고 너희에게 보여 달라 하는 그 백성,
22 그들이 바로 지옥이라는 비극의 주인공이요, 비극의 백성이라는 것을 나의 법전에 기록하고 전하여 그들을 깨우치라, 사랑하는 나의 아들딸들아!

7,786 번째 하나님 말씀

2003년 10월 4일 12시 07분

1 사랑하는 나의 아들아!
2 "네, 아버님! 말씀하옵소서."
3 이 세상에서 가장 불행한 백성이요,

가장 불쌍한 백성은 무엇이더냐?
4 그리고 나로부터 버림을 받은 백성은
과연 어떠한 백성인지 너희는 알겠느
냐?
5 너희는 영적으로 버림을 받는 그것이
나로부터 가장 불행한 백성이요, 가장
초라한 자신이라는 것을 너희는 알아
야 할 것이며,
6 가장 패배자요, 가장 고통의 길을 가
는 것이 바로 나로부터 영적인 버림을
받은 백성이라는 것을 너희는 잊어서
는 아니 될 것이며, 너희가 그리 등을
돌리고 가는 자이니라.
7 너희가 말하는 이방인이라는 백성이
영적으로서 버림받은 백성이 아니며,
8 지금 기존의 믿음에 속해 있는 그 종
교 집단이요, 지도자 그들이 바로 나
로부터 영적인 버림을 받은 백성이라
는 것을 너희는 만천하에 전하도록
그리하라.
9 나의 아들 예수를 찾으며 나의 이름을
찾으면서 달려가는 그들이 왜 영적인
버림을 받은 가장 불행한 백성이라 나
여호와가 법전에 기록하여 전하는지
알겠느냐?
10 그 지도자들과 그 백성이 나 여호와
가 행하지 말라 하는 것, 내가 역사하
지 말라 하는 것을 골라서 하기 때문
이며 그것만 찾아서 행하고 있기 때문
이니라.
11 그러니 그들이 바로 이방인보다도 더
영적인 버림을 받은 가장 가련하고 불
쌍한 백성이라는 것을 그들에게 깨우
쳐 주며, 그들이 각성하도록 그리해야
할 것이니라.
12 믿음의 참진리를 모르고 방황하며 가
장 불쌍한 나그네의 길을 가는 것이
지금의 종교 집단 지도자 그들이니,
머지않아 그들이 안식처가 없어 쓰러
질 자들이니라.
13 이제는 너희가 더 이상 그 길을 가서
는 아니 되며, 어리석은 지도자의 음
성에 미혹되어 지금 너희가 가는 길
을 가서는 안 되는 것이니라.
14 하늘에 오르는 길이라면 나 여호와가
160권의 법전으로 근거하여 그 길을
가지 말라 너희에게 이리 애걸하는
나의 뜻을 전하겠는가?
15 지금 모두 지옥 길에서 돌아올 수 없
는 그 길을 가고 있음이니라.
16 그러니 너희가 나에게 구원을 받으려
면 새로 태어나는 생명의 길을 찾지
아니하면 아니 되며,
17 이미 때가 늦어 가고 있으며 시간이
없음을 내가 너희에게 알려 주는 것이
니 그리 알라.
18 지금의 모든 종교 집단 지도자들이 몇
천 년 전에 어찌하였는가?
19 그들의 조상은 예로부터 참진리요, 그
리고 나 여호와의 성령을 배척했으며,
나의 아들을 이단이라 몰아붙인 그 뿌
리를 외면하지 못하며 그를 버리지 못
했으니,
20 그 백성의 그 후예가 지금도 똑같이
그와 같은 행위를 하는 것이 오늘의
참진리요, 믿음의 길을 간다는 그 백
성이니, 그를 바라보는 나 여호와의
마음이 어떠하겠는가?
21 지금의 모든 종교 집단이요, 지도자들
이 몇천 년 전에 저희 종교 집단의 뿌

리였던 그 조상의 행위를 버리지 못하
고, 참진리를 핍박하며,
22 나의 법전을 찢어 버리고 태우려 하
며, 나의 아들을 세상에 존재치 못하
도록 벌 떼처럼 몰려드는 그와 같은
무서운 힘으로 밀어붙이려 하는 것이
며, 그를 구상하는 것이 지금의 그들
이라 하였음이니라.
23 그러나 그래도 그들은 나의 아들딸이
기에, 그들이 불쌍하고 가련하여 단
한 번의 마지막 기회를 그들에게 주
기 위해 내가 너희를 통하여 나의 법
전을 지금 내려보내니,
24 그들에게 단 한 번의 기회를 부여하
는 것은 나 여호와의 뜻이요, 그를 따
라 행하는 것은 너요, 또 너를 따르는
제자들이 해야 할 일이니 그리 알라
전하라.
25 내가 너희를 사랑함이니라.

7,787 번째 하나님 말씀

2003년 10월 4일 12시 12분

1 사랑하는 나의 아들아!
2 "네, 아버님! 말씀하옵소서."
3 너희가 그리 갈구하고 소원하는 천국
에 들어오는 것도, 너희가 구원을 받
는 것도, 그리고 너희가 감히 상상할
수 없는 영원히 사는 나의 나라에 오
는 것도, 그 모두는 너희 자신의 마음
에 달렸음이니라.
4 너희 마음과 행동이 얼마나 청결하고
깨끗한 자세로 살아가느냐,
5 그리고 너희 손으로 지은 교회요, 성
전이 아니라, 너희 각자의 마음속 교
회요, 성전을 지으며 그리 역사하라
했듯이,
6 너희가 각자 그 마음속에 얼마나 청
결하고 곱고 아름다운 교회를 짓고 역
사하느냐에 따라서 하늘에 오르고 못
오르는 그 갈림길에 서게 되며,
7 그와 같이 역사하는 자는 선택의 길에
들어서게 된다는 나의 뜻을 가르침이
니 그리 알라.
8 너희는 알아야 할 것이니라.
9 너희가 천국에 오르고 못 오르는 그
모두는 지상에서 역사하면서부터 시
작되며,
10 오늘의 삶에서 천국이요, 지상이 모두
구분되어 있으며 너희는 그 역사 속
에 살아간다는 것을 절대 잊지 말라.
11 너희가 지금 이 지상에서 나의 뜻이
요, 나의 계명을 지키고 나의 법전을
읽고 정독하여 깨우쳐 사는 것은 이
지상에서 나의 뜻으로 거듭나는 백성
이 아니더냐?
12 너희가 나의 십계명을 지키며 나의 율
법을 지키며, 내가 내린 나의 법전이
요, 새로운 성경을 지키고 사는 것은
바로 나 여호와의 뜻을 지키고 행함이
니,
13 너희는 육의 세상에서 거듭나는 영광
이요, 선택을 받은 백성이니라.
14 그러니 육의 세상에서 거듭나 새 생명
을 얻는 삶을 사는 백성은 천국이 항
상 너희와 같이 존재하는 것이요, 따
로 있지 아니함을 알아야 할 것이니
라, 사랑하는 나의 백성들아!
15 너희가 하늘나라에 오는 것이 무엇이
라 말하였느냐?

16 천사와 같이 아름다운 마음으로써 온
다 하였음이니,
17 지상에서 너희가 나의 계명이요, 법전
을 지켜 천사와 같은 마음으로 변화되
는 삶을 산다는 것은 하늘나라가 따로
없으며,
18 항상 너희 주변에 하늘나라가 같이
존재하도록 나 여호와가 너희에게 역
사한다는 것을 알라.
19 그렇지 못한 백성은 무엇인 줄 알겠
느냐?
20 그와 같은 삶을 살지 않는 백성은 너
희와 더불어 육의 세상에 삶을 사나,
그들은 지옥에 존재하는 것이며,
21 영원히 죽어 와 마지막 심판을 받는
그 순간에도 지옥에 존재하는 그와 같
은 백성으로 전락한다는 것을 알라.
22 사랑하는 나의 아들딸들아, 그리고 나
의 아들을 따르는 너희는 이제 알아
야 할 것이니라.
23 지상의 오늘의 삶을 너희가 어찌 사
느냐에 따라서 천국이 너희와 항상
같이 존재하는 그 속에서 삶을 살 것
인가, 한 번 들어가면 영원히 돌아올
수 없는, 출구가 없는 지옥을 가려고
존재하는 삶을 살겠는가?
24 오늘을 바로 사는 것이 천국이 너희와
같이 존재함이라는 것을 만백성에 깨
우치고 전하도록 그리하라, 사랑하는
나의 아들딸들아!
25 너희가 그리 갈구하고 소망하는 천국
의 나라는 오늘 육의 세상에서 나의
생명을 소유하는 자, 그리고 나의 생
명을 소유하고 그대로 행하는 자,
26 이는 곧 나의 성령으로써 지키고 성령
으로써 거듭나는 백성이요, 나의 생명
을 받아 보유하고 사는 백성이요, 소
유하고 같이 가는 백성이라는 것을 알
라.
27 사후의 천국의 나라는 그들의 것이며,
그와 같이 역사하는 그 백성의 것이
라는 것을 알라.
28 그들만이 하늘나라에 존재할 것이며,
내 품에 올 수 있으며, 천국에 존재하
며,
29 지금의 육의 세상에서 내가 내린 생명
이요, 천사와 같이 깨끗한 마음으로
거듭나서 내가 너희에게 내린 그 생
명의 원천의 모습으로써 존재할 수 있
도록 그 모두를 소유하는 너희만 거
듭나는 백성이요,
30 사후에 천국의 나라에 너희가 존재하
고 너희만 살아갈 수 있다는 것을 만
백성에게 전해 주고 일깨워 줌을 잊지
말라, 사랑하는 나의 아들딸들아!

7,788 번째 하나님 말씀

2003년 10월 4일 12시 18분

1 사랑하는 나의 아들아!
2 "네, 아버님! 말씀하옵소서."
3 너희가 그리도 원하고 소원하며 바라
는 구원의 그 길은 과연 어떠한 길이
던가?
4 너희는 여기서 모든 나의 백성에게
일깨워 주어야 할 것이니라.
5 너희가 이방인이라 치부하는 그 백성
이요, 그리고 믿음의 길을 가며 구원
을 받았다고 말하는 그 어리석은 백성
까지도 너희는 신앙생활을 몇십 년

죽을 때까지 했느냐 하지 아니하였느
냐가 중요한 것이 아니니라.
6 얼마 동안 믿고 안 믿은 것이 중요한
것이 아님을 알라.
7 어떻게 믿음의 길을 왔느냐 하는 것
또한 그것이 중요하지 아니함이니라.
8 너희가 재물을 바치며 울고불고 찬송
을 부르며 광란의 짓을 하고 오며 모
든 열정을 다 바친 것처럼 말하는 것
또한 중요한 것이 아님을 알라.
9 그렇다면 정녕 진정한 중요함은 무엇
이더냐?
10 중요한 것은 참진리의 길을 선택하여
왔느냐, 비진리의 길을 찾아왔느냐 하
는 것이 가장 중요한 것임을 너희는
알아야 할 것이니라.
11 비진리의 길을 천 년 만 년 믿고 왔다
해도 천국의 문을 볼 수 없는 자들이
그들이니라.
12 그러니 너희가 어찌 참진리를 깨우치
며 그 길을 왔느냐, 그리고 그 길에 따
라서 어떠한 믿음을 왔느냐가 가장
중요함이니,
13 이제 곧 천국과 지옥의 결정판이 된다
는 것을 너희는 잊어서는 아니 될 것
이니라.
14 육의 세상의 삶이 무상하고 허무한 삶
을 살았으며 공허함을 느끼는 자, 그
는 정녕 진정한 구원의 길을 살지 못
한 자이며 그 길을 역사하지 못한 자
들이니라.
15 그러니 너희가 지금도 무엇인가를 얻
고자 무엇인가를 듣고자 그리고 공허
하고 허전함이요, 불안한 마음을 가지
고 믿음의 길을 가는 백성, 너희는 참
진리의 길을 오지 못한 백성이니라.
16 참진리의 길을 오지 못한 백성과 참
진리의 길을 역사한 백성의 그 차이
점은 무엇인 줄 너희는 알겠느냐?
17 이는 엄연히 나의 법전에 기록하여 전
했으며 너희 마음속에서 이미 그를
알고 있을 것이니라.
18 참진리가 아니요, 비진리는 정확한 답
이 없으며, 그저 두루뭉술하니, 비진
리의 그 길이란 무엇인 줄 알겠느냐?
19 공허하고 허황된 그 마음속을 채울
수 없으며,
20 그리하여 너희가 무엇을 알고자 할
때 물어서도 안 되며 따져서도 안 되
며 알고자 캐서도 안 된다고 가르치고
그리 가는 것이니,
21 그게 바로 참진리가 아니요, 비진리의
길이니라.
22 그러나 참진리의 길을 가는 백성은
진리는 정답이기에 너희는 말할 수
있음이니라.
23 이건 이렇고 후는 이렇고 이것은 이래
서 이리 역사한다고 당당히 말할 수
있는 그와 같은 깨달음을 얻고 삶을
살아가는 백성은 참진리의 길에 들어
선 백성이니라.
24 참진리의 길에 들어선 백성은, 종교
지도자가 되기 위해 수십 년 동안 공
부하고 연구하여 인간이 내린 임명장
을 가지고 종교 지도자라 하여 나의
피조물 만백성 앞에 서서 강론하고 설
교하는 자도 그를 따라갈 수 없으며,
감히 그들과 범접하여 대화할 수 있는
자들이 없음이니라.
25 그들은 묻는 말에 대답하지 못할 것

이 없음이니, 대답을 하지 못하는 너희는 그를 사탄이요, 이단이라 하며 얼버무리려고 그저 마귀라 밀어붙이며,
26 마지막 시대에 거짓 선지자가 와 나의 백성을 모두 미혹하여 끌고 간다는 것으로써 부르짖고 그것으로써 얼버무리고 넘어갈 것이니라.
27 확실하게 대답을 할 수 있는 것은 참진리를 선택한 백성이요, 진리의 길을 가는 백성이요,
28 자신 있게 대답하지 못하며 그저 얼버무리는 백성 그들은 허무하고 무상한 삶을 살아가는 자들이니 그게 바로 잘못된 백성이니라.
29 진정한 구원의 삶을 살아야 하느니라.
30 그 결정은 개인적인 육의 삶에 달렸음을 너희는 알라.
31 너희가 진정한 참진리의 길을 가는 것은 너희 자신이 옥석과 잡석을 구분할 수 있으며 잘 알고 있다 하였음이니라.
32 그러니 너희가 모든 잡석을 뽑아내며 오로지 아름답고 귀한 보석으로써 그득히 채우는 그와 같은 나의 성령의 뜻을 알아야 할 것이며,
33 나의 법전이요, 나의 성령이요, 나의 아들을 통해서 내리는 그것만 귀중한 보석이요, 보배요, 구슬이니,
34 그를 네 가슴에 그득히 채우는 그 길 밖에 없다는 것을 명심하고 또 명심하여 그리 살아가도록 하며, 그리 변하도록 하라, 내 사랑하는 아들딸들아!

7,789 번째 하나님 말씀

2003년 10월 4일 12시 23분

1 사랑하는 나의 아들아!
2 "네, 아버님! 말씀하옵소서."
3 수천 년 동안 그 믿음의 길이요, 신앙의 길을 달려온 그 백성이 모두 무엇을 믿고 달려왔는지 아느냐?
4 나의 아들 예수를 환상적으로 그리며 나의 아들 예수를 바라보는 믿음을 믿고 온 자들이 너희이니라.
5 그리하여 너희는 나의 성령이요, 나의 아들이 구름 타고 천군을 데리고 세상에 재림하여 모두를 구분하는 그와 같은 역사를 생각하며,
6 그 환상에 젖어 그와 같은 역사가 이루어지기를 바라보는 믿음으로 왔음이니라.
7 그리하여 너희는 나의 아들 예수가 천군을 데리고 나팔 불며 구름 타고 와 세상에 재림하여 죽을 자와 살 자, 나의 아들 예수를 믿는 자와 믿지 아니한 자를 구분한다는 그와 같은 생각이니라.
8 너희는 예수가 다시 온다는 역사는 환상이요, 그리하여 예수의 그림만을 바라보며 그게 이루어질 것이라는 그와 같은 기대 속에서 나의 아들만 바라보며 하늘만 바라보며,
9 나 여호와는 전지전능하여 역사하지 못함이 없음이니, 너희가 믿으면 모든 것을 다 역사할 것이라는 그와 같은 바라보는 믿음이요, 기대하는 믿음에서 지금까지 살아왔음이니라.
10 거기서 너희가 하나 더 붙여 나간 것

이 무엇이더냐?
11 나의 아들 예수가 고통스럽게 죽어
간 그 보혈로써 은혜를 받았음이니,
그리하여 그것으로써 너희는 과거와
현재와 미래의 모든 죄가 없다는 그
와 같은 신앙생활을 하는 것이 오늘
의 믿음이니라.
12 그렇다면 너희가 그것 하나로 밀고
나간다면 내가 말하지 아니할 것이니
라.
13 그리 말하면서 또한 너희는 죄가 있
기에 재물을 바치고 회개하고 용서를
빌어야 한다고 가르치니,
14 그와 같이 너희는 질서가 없으며 뿌
리가 없으며 근거 없는 것을 가지고
믿으면서 지금 행하고 있으며 그것이
하늘에 오르는 길이라 하니,
15 여기에 현혹된 백성, 그리고 신도 너
희가 벗어나지 아니하면 아니 됨을
알아야 할 것이니라.
16 나의 아들 예수의 삶을 그대로 행하고
사는 것이 나의 아들딸로서 너희가
거듭나는 것이며 나의 아들딸이 된다
는 것, 이 믿음이 실상이라는 것을 알
아야 할 것이니라.
17 너희는 진정 허황된 믿음이요, 바라보
는 믿음이요, 환상에 젖어 생각하는
믿음에서 깨어나라.
18 실상으로써 이루어지는 그와 같은 믿
음이요, 원하는 믿음을 믿으며, 내가
이루고자 하는 그것을 믿으라.
19 그것이 바로 실상이니라.
20 나의 아들 예수가 역사했던 것을 그대
로 실천하고 사는 그 실상이 너희가
나의 아들딸로서 거듭나게 된다는 것
을 절대 잊지 말라.
21 너희가 천 가지 만 가지 예수를 그림
으로 그리며 환상으로써 믿든 말든 나
는 너희에게 더 이상 말하고 싶지 아
니함이니라.
22 그것에서 깨어나든 깨어나지 않든 그
것은 너희 생각이니라.
23 다만, 내가 너희에게 전함이니, 너희
가 구원을 받고 나에게 오르고자 하며
나의 아들 예수의 삶을 따라 행하고
사는 백성이라면 육이 지금 죽고 사는
것은 아무런 관계가 없음이니라.
24 너희는 육에서 지금 살아 있는 삶에서
천국의 삶을 사는 자들이라 내가 그리
말하지 아니하였더냐?
25 죽어서 천국과 지옥이 아니라 육의 세
상에서 존재하면서 여기서 천국과 지
옥을 같이 보고 더불어 살아가는 관계
가 이루어짐이니,
26 나의 아들 예수의 삶을 그대로 따르는
자는 그것이 바로 천국의 삶을 사는
것이요,
27 여기는 천국과 지옥이 관계없으며 육
의 세상에서 그 모두가 이루어져 계승
해서 간다는 것을 잊지 말라.
28 그러니 너희가 나의 법전을 읽고 깨우
치라는 것은, 지상의 세상에서 육이
살아 있는 그 속에서 천국의 나라요,
하늘나라의 삶을 살도록 내가 너희를
깨우쳐 줌이니,
29 나의 나라의 삶을 하늘에 와서 살고자
한다면 오늘의 너희 삶이 천국의 삶
으로 너 자신을 바꿔 놓지 아니하면
아니 됨을 알라.

7,790 번째 하나님 말씀

2003년 10월 5일 06시 19분

1 사랑하는 나의 아들아!
2 **"네, 아버님! 말씀하옵소서."**
3 이 세상 수십억 그 많은 백성 중에서
너를 따르는 제자 그들만큼 은혜와 축
복을 받은 자가 없으며 영광을 받은
자가 없으며 크나큰 기적을 이룬 것이
없다는 것을,
4 너의 제자들과 나의 법전을 읽고 깨우
쳐 마음이 변화되는 삶을 사는 백성은
그를 알아야 할 것이니라.
5 앉은뱅이를 일으켜 세우는 것, 죽은
자, 살리는 것, 병든 자, 고치는 것보
다도 더 위대한 기적이요, 큰 역사가
너희에게 이루어진 것이 무엇인 줄 알
겠느냐?
6 너희는 어떠한 것보다도 더 큰 은혜를
받은 자요, 다시 태어나는 그 생명이
요, 너희는 모두 육의 백 년도 안 되는
삶을 위하여 몸부림치며 허송세월하
고 사는 그 백성 속에서 영원히 사는
거듭나는 생명의 역사를 위하여 지금
가고 있음이니,
7 너희가 거듭난다는 것이 얼마나 위대
한 기적인지 알겠는가?
8 그것이 바로 무엇인 줄 알겠느냐?
9 너희가 나의 아들을 따라 나의 법전을
보며 나의 강론을 듣는 것으로써 이
세상의 어떠한 기적보다도 위대한 기
적의 역사를 얻었거늘,
10 어찌하여 육에 보이는 가시적인 기적
만을 생각하며 역사함을 생각하는가?
11 내가 나의 아들을 통하여 이제 너희에
게 전함이니 너희는 그를 알아야 할
것이니라.
12 너희가 이 세상에서 받은 기적보다도
더 위대한 기적이요, 더 큰 역사가 없
음이니,
13 수천 년 동안 흘러오는 그 속에서 나
의 피조물 만백성들이 진정한 참진리
의 길이 아니요, 비진리의 그 길에서
육의 한계를 벗어나지 못하고 살다 그
대가를 치르는 그 속에서,
14 내가 이 세상에서 내 옆에 온 자, 없으
며 내가 구원할 자, 없다 하였거늘,
15 너희는 지금 나의 성령이요, 나의 뜻
을 직접 듣고 강론을 들으며 나에게
부름을 받은 그것이 얼마나 위대한 기
적의 역사며, 내가 너희에게 기적의
영광을 내렸는지 알겠는가?
16 그를 너희는 알고 깨우쳐야 할 것이
니라.
17 또한, 너희에게는 계속 역사의 기적이
이루어짐이 무엇이더냐?
18 내가 한 사람을 구하는 것이, 정녕 의
인 하나를 만드는 것이 세상을 다 주
고도 바꾸지 못하는 나로부터 크나큰
은혜라 하였으니,
19 너희가 나의 법전을 만들고 정리하며
전해 주는 나의 법전을 보고 헤아릴
수 없는 그 백성이 깨우치며,
20 이 지구가 없어지지 않는 한 나의 법
전은 존재할 것이며, 너희가 만든 그
역사는 세상에 길이 남으니,
21 그와 같은 은혜요, 기적을 받은 것을
너희는 어찌 모른단 말이더냐?
22 너희는 이걸 알아야 할 것이니라.
23 2천 년 전 나의 아들 예수가 세상에

나가 예수의 부름을 받은 어부요, 세
리요, 그 모든 제자의 위대한 것만 생
각하지 말라.
24 그들은 중간 주자로서 나의 아들 예수
를 따랐으며 그와 같이 더불어 간 자
들이며, 그 한 시대를 역사한 것이니
라.
25 그러나 너희는 나 여호와가 직접 세
상에 내려와 모든 것을 주관하며, 내
가 마지막 나의 피조물 만백성들을 심
판하고 다스리는 그 결과의 모두를 나
여호와를 대신하여 너희가 지금 하고
있음이니 그것이 무엇이더냐?
26 그러니 너희가 이와 같은 영광과 축
복 속에 그 기적을 받았으며 그 은혜
를 받았거늘, 너희가 무엇을 더 원하
며 무엇을 생각하며 무엇을 더 이루고
자 하는가?
27 오늘 너는 너의 제자들에게 반드시 명
해야 될 것이니라.
28 너희가 나의 법전을 읽고 접한 것, 나
의 아들을 통하여 강론을 듣는 것, 너
희가 죽은 자 가운데서 다시 태어나는
그 기적의 역사를 이루었음이니,
29 너희가 육이 죽어 다시 산다 해도 그
가 얼마나 살겠는가?
30 백 년이라는 세월을 넘기지 못함이니
라.
31 그러나 너희는 오늘의 거듭남이요, 거
듭 태어나는 것이 무엇인 줄 알겠느냐?
32 그릴 수도 없으며 상상할 수도 없는
지상의 낙원이 아니요, 천국의 그 낙
원에서 영원히 존재하는 삶을 사는 그
은혜와 혜택을 입었으니,
33 그보다 더 큰 기적이요, 역사가 없거
늘 어찌하여 그걸 모르고 어리석은 백
성이 오늘도 육의 생활이요, 육의 삶
에 연연한단 말이던가?
34 그 모두는 나 여호와가 다 이루어줄
것이니,
35 너희는 오늘부터 나 여호와를 만났으
며, 나의 법전을 읽으며, 나의 아들을
만났으며, 나의 아들의 강론을 들으
며, 너희가 나의 법전을 만들고 기록
하고 만백성에게 전하는 그 기적보다
더 위대한 기적이요, 영광이요, 축복
이 없다는 그것부터 너희 마음에 굳
게 심으며,
36 그 은혜에 감사하는 마음을 갖도록 그
리하라.
37 그리고 너희의 소중함을 알며, 너희가
살고 역사하는 것은 나 여호와를 대신
하여 나의 삶을 사는 백성이라 생각하
면, 감히 추하고 더럽고 죄짓는 행위
를 할 수 있겠는가?
38 그 두 가지 마음을 오늘부터 칼로 가
슴에 새기는 그와 같은 고통처럼 지키
고 행하고 나갈 때, 내가 너희에게 모
두를 다 이루어 줄 것이니 그리 알라.

7,791 번째 하나님 말씀

2003년 10월 5일 06시 34분

1 사랑하는 나의 아들아!
2 "네, 아버님! 말씀하옵소서."
3 너를 따르는 제자들이 나로부터 크나
큰 기적이요, 누구도 볼 수 없는 기적
의 역사를 직접 체험한 자들이며 받은
자라 하였으니,
4 내가 그 마음을 굳건히 하며 너희가

나 여호와의 삶을 대신하는 자라 그리
너희 가슴에 새기라 하였음이니, 그
의미가 무엇인 줄 알겠느냐?
5 이제 나의 법전이 세상에 나가 너희가
이를 전함이니,
6 지금 모든 종교 집단이요, 비진리에
허덕이는 그들이 힘을 합쳐 너희를
사탄이요, 이단의 괴수라 몰아붙일 것
이며,
7 너희를 이 세상에 존재하지 못하도록
핍박할 그 역사를 이룰 것이 머지않았
느니라.
8 그들이 너희를 핍박하고 공격하는 것
은 보통 인간으로서는 스스로 인내하
고 견디기가 무서울 것이며 두려울 것
이니라.
9 나의 아들 예수의 기적의 역사를 보고
따랐던 그 제자들이 왜 떠났는가?
10 그들은 두렵고 무서웠으며, 그 마음이
가슴에 정립되지 아니하였으며,
11 세상의 물질적인 제왕이 오는 것으로
그들은 생각했으며, 세상을 지배하는
제왕으로서 올 것이며,
12 그리하여 그들은 모든 육의 삶의 풍요
로움을 얻는다 생각했음이니라.
13 그리하여 그들은 한마음이 되지 못했
으며, 서로 나름대로 계산이요, 제 밥
그릇을 계산하는 그와 같은 짓을 했기
때문에, 그들이 나의 아들에게서 등
돌리고 버리고 팔지 아니하였던가?
14 지금의 너희는 그와 같은 역사를 이
루어서는 아니 될 것이니라.
15 너희는 그보다 더 무서운 핍박이요,
더 무서운 공격을 받을 것이며, 두말
할 것이 없이 이단의 괴수요, 우두머
리라 하며, 너를 따르는 제자 한 사람
한 사람을 그들이 그리 공격하고 무너
트리려 할 것이며 너희를 짓이기려
할 것이니라.
16 그러나 너희는 두려워하지 말라.
17 나약한 너희를 선택한 나 여호와는 바
로 무엇이더냐?
18 너희가 그만큼 능력이 있으며 그만큼
견딜 수 있기 때문에 내가 뽑은 것이
니,
19 나의 아들 예수가 불러 쓴 그 제자들
보다 너희야말로 더 소중한 자들이니
라.
20 여기서 너희는 알아야 할 것이니라.
21 너희가 진정한 참진리요, 나 여호와의
뜻을 버리지 않고 굳건히 가는 한, 내
가 너희를 버리지 아니할 것이며, 절
대 내가 너희를 버리지 아니할 것이
니라.
22 너희가 내 뜻을 따라가면 그러할 것
이며 너희가 나의 뜻을 따라 역사함
이니, 또한 너희가 나를 등 돌리지 않
을 것이며 내가 너희를 버리지 아니
할 것이라는 것을 굳건히 믿으라.
23 그리하여 너희가 영원히 나에게 올
것이며 내 나라에 올 수 있는, 나로부
터 선택된 백성이라는 것이니,
24 너희가 잘못하지 아니하면 내가 너희
를 버리지 않을 것이며, 등 돌리고 가
지 않을 때 내가 너희를 버리지 아니
할 것이며,
25 너희가 그와 같이 나로부터 버림을 받
는 행위를 하지 아니할 때, 나 여호와
가 너희를 버리지 아니하며 영원히 같
이 존재할 것이니,

26 이를 깊이 깨우쳐 행하도록 하라, 사
랑하는 나의 아들딸들아!
27 두려워하지 말며 물러서지 말라.
28 아무리 너희가 사탄의 괴수라 해도,
사탄이 사탄을 괴수라 하는 것이 아니
요, 사탄이 참진리요, 천사와 같은 너
희를 사탄이라 함이니,
29 정녕 누가 사탄이라는 것이 밝혀질 날
이 머지않았음이니,
30 너희가 그 고비를 넘고 넘는 것만 남
아 있음이니라.
31 그리하여 너희가 나의 법전을 접하고
만드는 것이 어떠한 것보다도 크나큰
역사의 기적을 이루겠다는 것,
32 수십억 인구 중에서 너희가 선택된
그것보다 더한 위대한 기적이 없으며,
33 거듭나는 생명의 은혜를 입은 그것보
다 더 거듭나는 기적이 없다 함을 오
늘 가슴에 깊이 새기라 하는 나 여호
와의 뜻을 그들에게 전하라, 사랑하는
나의 아들아!

7,792 번째 하나님 말씀

2003년 10월 5일 11시 58분

1 사랑하는 나의 아들아!
2 "네, 아버님! 말씀하옵소서."
3 이 세상에 내가 창조한 생명체를 가진
모든 동식물이 죽지 아니하고 영원히
존재하는 것을 보았느냐?
4 인간의 후손이 역사하며 또 후손이 후
손을 이어 가는 그와 같은 역사가 있
다 해도, 그 이어지는 속에서는 근본
의 뿌리가 받쳐 주는 것이 있기에 그
모두가 이루어짐을 알아야 할 것이니
라.
5 이 세상에 나와 생명을 가지고 죽지
않는 것이 있다면 너희는 그를 신으
로 모시며 그를 따르고 숭배해도 아무
런 잘못이 없을 것이니라.
6 영원히 죽지 않고 존재하는 것은 이
세상을 모두 지배하는 것이며 그 근본
의 뿌리를 이루고 있기 때문이니라.
7 동물이 죽어 가고 다시 태어나며 사람
이 죽고 다시 태어나니, 이 모든 것은
변하고 변화되나, 그것이 중단 없이
흐르고 존재하는 것은 무엇인 줄 알겠
느냐?
8 그 모두를 통제하고 다스리고 받치는
그 원천의 샘이요, 뿌리가 있기 때문
이니, 그 의미를 너희가 안다면 나 여
호와가 존재함을 알지 않겠느냐?
9 지금 나의 피조물 만백성 믿음의 길을
가는 자, 그리고 구원을 받고자 하는
그 백성이 첫째는 나 여호와가 존재하
느냐 존재하지 아니하느냐 하는 것이
그 끝없는 의문이요,
10 그렇기에 너희가 모깃소리만 한 그
음성이라도 나에게 듣고자 하며, 너희
가 꿈에라도 나를 보고 내가 역사하는
것을 보고자 하는 것이 아니더냐?
11 그 마음 자체가 너희가 나의 존재함
을 마음속 깊이 믿지 못하고 있기 때
문임을 알아야 할 것이니라.
12 그리하여 역사함을 바라느니라.
13 그리하여 너희가 그와 같이 마음에
흔들림이 있으며,
14 또한 그 마음의 흔들림이 과연 너희가
죽어 지옥과 천국이요, 그 엄연한 벌
과 상이 있는 것이냐,

15 그것이 없는 삶을 산다면 오늘의 삶이
너무나 잘못된 것이며, 계산상으로 너
희가 적자 보는 그와 같은 삶을 살지
않느냐 하는 의혹을 수시로 갖는 것이
너희이니라.
16 그리하여 내가 나의 아들을 따르는 제
자들이요, 나의 강론을 듣는 너희를
사랑하기에, 내가 그 의혹을 모두 풀
어 줌이니, 이를 잘 들으라.
17 이 세상에 생명이 존재하는 모든 생명
체는 죽지 아니하는 것이 없음이니라.
18 그들은 죽어 가고 다시 태어나며 그들
은 관계없이 흘러가며 새로운 생명이
태어남이니라.
19 그러나 그 모두의 원천의 샘이 있으며
받쳐 주는 원천의 뿌리가 있기에 그
뿌리가 모든 역사를 함이니,
20 너희가 말하는 신은 단 하나 나 여호
와뿐이라 함이니라.
21 내가 존재하고 내가 받쳐 주기에 너희
후손이 돌아가고 또 역사하고 그와 같
은 것이 이루어지며, 모든 동식물이
세상에 존재한다는 것을 너희는 알아
야 할 것이니라.
22 이것을 너희가 깊이 깨우치고 안다면,
이 세상에 흘러가는 그 모든 것, 흐르
는 강물이요, 흘러가는 구름이요, 불
어오는 바람이요, 태풍이요, 그 모두
가 다 존재하고 역사하는 그 원천의
뿌리가 있으니,
23 이는 곧 창조주 나 여호와니라.
24 이 세상을 모두 내가 창조했으며, 내
가 역사하지 아니한 것이 없다고 너희
는 그리 배우지 아니하였더냐?
25 그를 믿으면 될 것이니라.
26 내가 이 세상의 모두를 만들었음이니,
그들은 내 손에 있으며 내가 존재하고
내가 그들을 다 지켜 주기에 새로운
생명이 태어남이요, 먼저 있던 생명은
또 죽어 감이니라.
27 그러면서도 그 모든 것이 존재하고 역
사하는 것이 그 원리요, 내가 존재함
을 너희는 알아야 할 것이니라.
28 그렇다면 오늘 나의 아들의 강론을
들으며 나의 법전을 듣고 역사하는 너
희는 무엇이더냐?
29 영원히 존재하는 창조주 나의 뜻을 따
라 너희가 역사하는 것이며, 너희로
하여금 지상에서 이루어지는 그 낙원
을 역사하는 것이 내 뜻이니라.
30 여기에서 대명을 받은 너희가 얼마나
귀하고 소중한 것이며 위대한 것인가
를 알아야 할 것이니라.
31 너희가 나의 법전을 읽을 때 내가 너
희와 같이한다 했으며,
32 너희가 나의 법전을 정독할 때 너희
가 내 마음속에 들어옴을 알아야 할
것이니라.
33 다만, 너희가 청결한 마음으로 나의
법전을 읽고 접해야 할 것이며 계산속
에서 읽어서도 안 되며 의혹해서 읽어
서도 아니 됨이니라.
34 다만, 오늘 내가 이 세상에 생명을 가
진 모든 것은 죽어 가나, 오로지 단 하
나 존재하는 것, 그 생명이 죽고 사는
것을 다 받쳐 주고 그를 통제하고 역
사하는 단 한 분이 있다 함이니, 단 한
사람이 있다 그리 알라.
35 그것이 창조주 나 여호와요, 너희가
나를 따르는 그와 같은 어버이인 내가

있기에 그 모든 것이 존재하고 역사한
다는 것을 알라.
36 그러니 나 여호와가 존재함을 오늘 깊
이 깨우치며, 두 번 다시 의혹하며 흔
들리는 마음이 없도록 그리 가라.
37 그것이 또한 너희에게 소중함이니, 내
가 나의 아들을 통하여 전함이니라.

7,793 번째 하나님 말씀

2003년 10월 6일 08시 09분

1 사랑하는 나의 아들아!
2 "네, 아버님! 말씀하옵소서."
3 내가 너에게 이르기를, 이 세상의 모
든 자연이요, 이 세상에 존재하는 것
은 너희 것이 아니요,
4 너희 후손의 것을 인간으로서 빌려 쓰
는 것이라 내가 그리하지 아니하였던
가?
5 위로는 창조주 나 여호와의 것을 빌
려 쓰는 것이며, 아래로는 너희 후손
의 것을 빌려 쓰는 그와 같은 마음 자
세로 모두를 가꾸고 소중히 다루며 살
라 그리 말하였음이니라.
6 그러나 모든 백성이 그와 같은 마음
을 가지고 사는가?
7 네가 아무리 그와 같은 마음으로써 만
백성에게 전하며, 절약하며 근면 검소
하게 사는 것이 인간의 도리요, 후손
들 것을 빌려 씀이니 후손들에게 아름
답게 남겨 주기 위하여 그와 같은 삶
을 산다고 네가 기록하여 전한다 해도,
8 그를 '옳소, 맞습니다.' 하며 모든 백성
이 다 그리 생각할 것이라 생각하지
말라.
9 그와 같은 뜻으로 사는 것이 타당하다
생각하기 전에,
10 '내가 벌어서 내가 쓰는 것이요, 내가
노력한 것만큼 쓰는 것은 당연한 것이
요, 그것이 무엇이 잘못되었느냐?'
11 그리 반박하고 욕하는 자들이 수없이
있는 것이 인간 세상의 오늘 나의 백
성이 가진 마음임을 너희는 알아야
할 것이니라.
12 너희가 아무리 이웃이 가난하고 어려
우니, 네가 남의 것을 씀이니 좀 더 절
약하고 근면 검소하게 쓰고 살아가는
것이 인간의 도리라 그리 말하고 아무
리 부르짖어도,
13 그것을 다 찬성하는 것이 아니요, 더
많은 사람이 그것은 잘못되었다 말하
느니라.
14 가난한 자는 노력하지 아니하는 자요,
제가 게을러서 그러며, 제가 열심히
살지 아니하여 그와 같은 형국에 처한
것이니, 그건 저와 관계없는 것이며,
15 제가 노력해서 얻은 것, 저에게 있는
것은 남을 생각할 것이 없이 제가 쓸
수 있는 한도 내에서 제가 쓰다 가는
것이 타당한 것이며,
16 '인간이 세상에 와 죽어 가며 남는 것
이 무엇이며 놓고 가는 것이 무엇이던
가?
17 나에게 있는 것, 내가 쓰다 버릴 것,
버리고 가면 되는 것이라' 그리 말할
것이며,
18 근면 검소하게 사는 자를 바보요, 어
리석은 자라 말하는 자들이 이 세상에
수없이 있음이니, 그게 나의 피조물
만백성 너희의 오늘의 그 마음이니라.

19 그 마음의 원천이 어디서부터 나온 줄 알겠느냐?

20 이 세상의 백성에게 믿음이라는 것을 전파하고 그 길을 가기 전까지는 서로 이웃의 슬픔이요, 고통을 같이 나누는 그와 같은 백성의 마음 자세였으나,

21 너희가 저 자신이요, 이기주의의 그 생각만 가르침이니, 나만 구원을 받으면 되며 나만 구원을 받는 것이 우선이며,

22 인간관계에서 소중하게 생각했던 효성스러운 마음이요, 부모에 대한 그 마음까지도 모두 너희 마음속에서 서서히 뽑아내는 그와 같은 역할을 한 것이 오늘의 잘못 가르친 자들이니라.

23 이제 너희는 알아야 할 것이니라.

24 너희가 인간 본연의 자세로써 부모를 사랑하며 형제지간에 우애 있게 사는 그 순박한 마음을 다 빼버리고 뽑아버린 것이 오늘의 이와 같은 형국이니,

25 이제는 그것을 돌려놓을 수 있는 것이 너희며, 돌려놓아야 하는 것이 너희요, 그것을 위하여 나 여호와가 오늘 역사함을 알라.

7,794 번째 하나님 말씀

2003년 10월 6일 11시 22분

1 사랑하는 나의 아들아!

2 "네, 아버님! 말씀하옵소서."

3 내가 너희에게 뭐라 일렀느냐?

4 성령이 임해서 사는 백성은 살아 있는 삶을 사는 것이요,

5 성령이요, 참진리의 믿음의 길을 가지 아니하는 백성은 살아서도 산 것이 아니요, 육이 살아서도 죽음의 세상이요, 죽은 자의 삶을 산다고 하지 아니하였던가?

6 그러니 너희는 여기서 깨달아야 할 것이니라.

7 이 세상에 수십억 그 많은 백성이 산 자 중에서 다 죽은 삶을 사는 그 속에서,

8 나의 법전이요, 하늘에 오르는 길이요, 이는 나 여호와의 뜻이라 하여 믿고 그 길을 가는 백성, 그들이 바로 무엇이던가?

9 육이 죽어 있는 세상에서 산 자가 아니요, 육이 살아 있는 자 중에서 산 자가 아니더냐?

10 그러니 육이 살아 있으면서도 죽음의 세상에 사는 그 백성 속에서 너희는 지금 하늘나라의 뜻에 따라 사는 삶을 살며 성령이 임한 삶을 사니,

11 너희는 하늘에서 천사와 사탄들이 바라보는 것이 아니요, 이 세상의 모든 동식물이 너희를 바라보고 있으며, 너희를 찬양하고 있으며, 너희와 더불어 같이 행하며,

12 너희가 스쳐 지나가는 것을 그들이 기뻐하며 즐거워한다면 과연 알겠느냐?

13 이것이 나의 백성 중에서 산 자가 죽은 삶을 사는 자와, 육을 가진 자가 산 자의 삶을 살며 하늘의 뜻을 따라 사는 그 백성과의 차이점임을 너희는 알아야 할 것이니라.

14 말 못 하는 모든 동식물이 알지 못하는 것 같으나, 그들은 너희가 얼마나 위대하고 소중한가를 알기에 너희가 스쳐 가기를 원하며 너희와 대화하기

를 바라며, 너희가 그 옆에 와 주기를
바라느니라.
15 그러니 그들이 모두 다 너희를 바라
보며 주시하고 산다는 것을 잊어서는
아니 됨을 알아야 할 것이니라.
16 모든 백성이 살아가면서 죽은 자의
삶이요, 나 여호와의 뜻을 거역하며
나로부터 생명을 받으며 삶의 모든 은
혜를 받고 살면서 그 자리를 지키지
못하고 살아가는 것이 나의 백성이니,
17 숨 쉬는 모든 동식물이 그를 볼 때 과
연 어떠하던가?
18 은혜를 모르는 자요, 감사함을 모르는
자요, 그리고 그들을 창조한 창조주
나 여호와를 모르고 배신하고 등 돌리
고 사는 그들을 볼 때 얼마나 역겨웠
으며,
19 또한 그들이 옆에 오는 것이 싫었으며
그들과 같이 하는 것을 얼마나 싫어했
겠는가 너희는 생각해 보라.
20 그와 같은 동식물이 살아가면서 나 여
호와의 뜻이요, 은혜를 알며 감사를
알며 나에게 순종하는 백성이 그 옆
에 오며 그들과 더불어 있는 것을 얼
마나 기뻐하겠는가?
21 그러니 그들이 너희를 바라볼 때, 또
한 너희마저도 다른 백성처럼 실패하
며 실수하며 망언을 하며 그와 같은
자세로 살아간다면 그들은 얼마나 또
슬픔이 크겠는가?
22 이제 나 여호와가 너희가 살아가는
것을 보며 그리고 천사와 사탄이 너희
를 바라보는 것이 아니라,
23 모든 네 주변에 있는 동식물들이 살아
가면서 너희에게 기대하며 너희를 보
고 있으며 너희를 찬양하고 있음을
알아야 할 것이니라.
24 그러나 너희가 육을 가지고도 죽은 삶
을 사는 그 백성처럼 무너지며 변화
되지 못한 똑같은 삶을 살 때 그들이
실망하며 너희를 보는 눈이 어떠하겠
는가?
25 이 점을 잊지 말고 살라 그리 전하라.
26 이제 나의 뜻에 따라 순종하는 백성이
요, 참진리의 길을 가며 만백성의 지
상의 낙원을 이루고자 하는 너희가
살아가는 그 모습을 모두 보고 있으며,
27 그들이 꿈에 차 있으며 희망에 부풀어
있는 것이라는 걸 너희는 알아야 할
것이니 그리 알라.
28 그러니 너희가 얼마나 조심스럽고 얼
마나 바르고 곱게 살아야 하는지, 너
희는 거기까지 생각하지 못했을 것이
니라.
29 모든 식물도 너희가 옆에 앉아 주기
를 바라며, 너희가 어루만져 주기를
바라며, 너희와 더불어 같이 숨을 쉬
는 그 자체를 그들이 얼마나 기뻐하는
가?
30 그러나 그들이 너희로부터 실망하며
너희가 오는 것이 싫으며 너희가 가
까이 오는 것을 그들이 환멸을 느낀다
면 과연 어찌 되겠는가?
31 그러니 그들에게 실망과 슬픔을 주지
않는 그와 같은 삶을 살라.
32 너희는 나 여호와요, 천사와 사탄만
아니라, 자연에 있는 모든 생명체들이
너희를 보고 있고 너희에게 기대를
걸고 있으며, 너희에게 힘과 용기를
주기 위해 그들이 손뼉 치고 있음을

절대 잊지 말라 전하라, 사랑하는 나
의 아들아!

7,795 번째 하나님 말씀

2003년 10월 6일 11시 27분

1 사랑하는 나의 아들아!
2 "네, 아버님! 말씀하옵소서."
3 지금의 이 세상은 종교 집단이요, 지
도자들이 나 여호와의 뜻에 의해 역
사함이 아니요,
4 자신들의 타락된 그 자체를 정비하지
도 못하며, 얼마만큼 타락의 한계에
와 있는지 그 자체도 모르고 살아가는
것이 오늘의 종교 집단이요, 지도자들
이니라.
5 저 자신이 타락된 그 부분을 정비하지
못하며, 제가 상처 난 곳을 치료하지
도 못하는 그 백성이 지금 참진리를
깨우치지 못하고 있으며, 사악함과 부
패함으로써 이 세상을 덮고 있음이니
라.
6 바로 그와 같은 백성이 이 세상을 지
배하고 있음이니, 생명이 있는 모든
동식물이 뭐라 말한다 하더냐?
7 그들이 숨 쉴 곳이 없으며, 숨을 쉴 수
없다고 말한다 하지 않았더냐?
8 그리하여 너희가 옆에 오는 것, 너희
가 바라봐 주는 것, 너희가 어루만지
는 것을 그들은 기쁨이요, 행복이요,
너희와 더불어 하기 위해 바라본다
하였음이니라.
9 그러면서 너희가 역사하는 모든 것을
그들은 하나하나 보고 있음이니, 그들
에게 실망을 주지 않는 삶을 사는 것
이 너희가 가야 하는 길이라 하지 않
았더냐?
10 지금의 모든 믿음의 길을 가며 구원을
받았다는 그 백성이 창조주 나 여호
와의 뜻에 따름이 아니요, 나의 뜻을
거역하고 살아감이니,
11 지금 타락되었으며 제가 안은 그 죄
를 자신이 정비하지 못하며 다스리지
못하는 그와 같은 주제에 있는 자들이
나의 피조물 만백성을 구원한다는 사
악한 가르침으로 가고 있기에,
12 그와 같은 그들의 가르침이 세상을 덮
어 동식물들이 숨을 쉴 수가 없다고
너희에게 애원하는 그 뜻을 알겠느냐?
13 이제 나 여호와가 이루고자 하던 지상
의 낙원의 형태가 이루어지지 아니하
면 그들 자신도 견딜 수 없는 그와 같
은 형국이 온다는 것을 알고 있기 때
문에,
14 오늘의 잘못 가는 이와 같은 형태를
그들이 한탄하며, 너를 따르는 제자들
이요, 나의 법전을 읽고 깨우친 만백
성들로 하여금 그들이 숨통이 트이고
숨을 쉴 수 있는 세상을 만들어 주고
이루어 주기를 간곡히 바라고 있음이
니라.
15 너희를 바라보는 눈이 일거수일투족
을 하나도 빼놓지 아니하고 항상 보고
있다는 것을 잊지 말라, 사랑하는 나
의 아들딸들아!
16 나의 백성은 인성과 참진리에 대한
방향 감각을 상실했으며, 성령의 사기
꾼들로 하여금 이 세상이 썩어져 가는
것을 보고 있음이니라.
17 나 여호와가 보고 있으며 세상의 모든

동식물이 이를 보고 있음이니, 그를
막을 자가 없는 것을 그들은 한탄함이
니라.
18 고요히 한자리에 서 있는 그 나무가,
고요히 한 송이의 아름다운 꽃의 향기
를 내는 그 꽃나무들이,
19 인간이 참진리를 거역하며 나 여호와
의 뜻을 거역하며 살아가는 방향을 잊
어버렸으며 방향 감각까지 성령을 모
두 다 잊어버렸으며, 이제는 성령의
사기꾼들 앞에 너희가 손뼉을 치고
소리 지르며 이 세상이 다 썩어졌음이
니,
20 숨을 쉴 수 없는 그들을 구원할 수 있
는 것이 너희라는 것을 그들은 알고
있음이니라.
21 나의 법전을 만들며 전하는 너희는
이것만이 만백성을 구할 수 있다는
것을 알라.
22 너희가 아니면 지금 썩어져 가는 이
세상을 바로 세울 수 없으며 막을 수
없으며 치료하지 못한다는 것을 알고
있음이니라.
23 그리하여 모든 동식물이 너희가 움직
이는 것을 바라보고 있다는 것을 잊지
말라.
24 그들은 알고 있느니라, 너희가 역사하
며 바로 승자가 된다는 것을.
25 오로지 나 여호와의 법전이요, 하늘에
오르는 길이요, '하나님! 말씀하옵소
서'라는 이 책으로 모두 치료할 수 있
으며 막을 수 있으며,
26 그리하여 그들과 더불어 하늘의 낙원
이 지상에서 이루어져 편안하고 온유
한 세상의 삶을 다 같이 누릴 수 있는
것은 오로지 나의 법전을 만들고 전하
는 너희 손에 달렸다는 것을 그들은
너무나 잘 알고 있기에,
27 너희 모두를 보고 있다는 것을 기억하
라 함이니라, 사랑하는 나의 아들딸들
아!

7,796 번째 하나님 말씀

2003년 10월 6일 11시 32분

1 사랑하는 나의 아들아!
2 "네, 아버님! 말씀하옵소서."
3 너의 제자들이 마음의 각오를 더 굳건
히 해야 할 것이니라.
4 지금 이 세상이 혼란하고 악으로 덮여
있는 것은 무엇 때문에 오늘에 이와
같이 험악한 세상이 이루어졌는지 알
고 있지 않은가?
5 수천 년 동안 흘러오는 그 종교 집단
이요, 지도자들이 가장 중요히 여겨야
하며 생명보다도 더 소중히 꼭 지키고
행해야 할 것을 그들이 행하지 아니하
고 지금까지 역사하며, 편안한 육의
삶을 위하여 그들이 살아왔기 때문이
니라.
6 모든 종교 집단이요, 지도자들이 겸손
함과 정직함과 그리고 사랑의 실천함
을 지키고 행해야 할 것이거늘,
7 그 모두를 다 버려 버린 것이 오늘의
종교 집단이요, 지도자들이 살아가는
길이며 그들이 가르치는 길이라 하면
너희는 과연 믿겠느냐?
8 나 여호와의 참진리의 길을 역행하는
삶으로, 모두 나를 버리는 저희의 신
앙으로써 이끌어왔음이니라.

9 그들이 믿는 믿음이요, 신앙이라는 것
은 나의 뜻을 거역하는 그와 같은 신
앙으로써 지금 모두 육의 세상의 삶이
요, 육의 교리로써 승화시켰으며, 성
령으로 승화시킨 것이 아님을 알아야
할 것이니라.
10 그러나 그들은 회개와 반성을 모르고
있느니라.
11 더욱이 그들이 얼마나 교만하며 교세
확장에만 연연하는가?
12 교세를 확장하다 보니, 그 확장된 교
세의 이름을 가지고 너희 앞에 순수
하게 구원을 받고자 모이는 백성의
머릿수를 가지고 권력자 앞에 아부하
며 권력자들과 결탁하며,
13 그리하여 이해관계를 가지고 자신을
그저 가차없이 팔고 사는 것이 오늘
의 종교 집단이요, 지도자들이니,
14 그는 나 여호와의 뜻이요, 창조주의
뜻으로 역사하는 자들이 아니니라.
15 세상의 만왕보다도 귀하고 소중한 것
이 나 여호와의 뜻을 가지고 행하는
자요, 나로부터 선택된 목자거늘,
16 그와 같이 나의 뜻을 따라 역사한다는
자들이 교세확장을 함이니, 그 확장된
교세요, 저희를 추종하며 믿음의 길을
가는 그 백성의 머릿수를 가지고 권
력과 청탁하고 협조하여 그와 같이 인
간의 삶을 살며, 모두 그 형태에만 맞
추어 가며 썩을 대로 썩어져 있는 그
와 같은 변질된 자들만 이 세상에 존
재함이니라.
17 나 여호와의 뜻을 이루는 자는 만왕
보다도 더 소중하거늘, 종교 지도자라
는 자들이 인간의 명예를 위하여 목숨
을 바치고, 성경의 깨달음이요, 전파
는 잊어버린 지가 오래되었음이니라.
18 그러니 오늘의 그 교회요, 설교하는
자가 재물을 거둬들이며 권력과 힘 있
는 자와 결탁하는 데 모두를 다 이용
하는 것이 오늘의 종교 지도자 집단들
이 서 있는 그 자리요, 너희의 위치이
니라.
19 진정한 삶을 가지고 사는 백성이 없으
며 오로지 인간의 명예에 눈이 어두
워, 진리와 사랑을 찾아볼 수 없는 종
교 집단이요, 지도자들로 세속화되어
버렸음이니라.
20 오늘의 그 믿음은 세속화되어 버렸음
이니, 그 세속화된 종교 집단을 무엇
이라 말했느냐?
21 내가 기복 신앙의 대표자들이요, 기복
신앙의 대표적인 집단으로 타락되어
버린 것이 너희라 그리함이니라.
22 이제 너희는 구원조차 할 수 없는 그
와 같은 데까지 이르렀음이니, 이를
보는 나 여호와의 마음이 너무나 아파
내가 나의 아들을 통하여 마지막 너희
에게 기회를 내린다는 것을 잊어서는
아니 될 것이니라.
23 모두 오늘에 기복 신앙으로 전락되었
으며 나 여호와의 뜻에 따라 이루는
자가 없다 함을 알라.
24 이제 나의 아들을 따르는 제자요, 너
희는 오로지 겸손과 정직과 사랑이요,
베풀며 나누는 그와 같은 마음을 실천
하는 데 좌우를 보지 말며, 최선을 다
하는 그와 같은 삶을 살라.
25 그것이 지도자의 길임을 알라.
26 지도자가 오만하며 교세 확장에만 연

연하는 것, 그리고 나의 피조물 만백
성들의 머릿수를 가지고 재물을 계산
하는 그와 같은 사악한 자들이 있는
곳에는 나의 성령이 절대 임할 수 없
으며 존재할 수 없다는 것을 알라, 사
랑하는 나의 아들딸들아!

7,797 번째 하나님 말씀

2003년 10월 6일 11시 37분

1 사랑하는 나의 아들아!
2 **"네, 아버님! 말씀하옵소서."**
3 내가 나의 법전에 수없이 기록하여 오
늘의 잘못됨을 전하고 또 전하여 너희
를 깨우쳤음이니, 너희는 이를 정독하
여 마음의 자세요, 행함을 바로잡아야
할 것이니라.
4 지금 나 여호와가 내려다보는 모든 종
교 집단이요, 지도자들이 지금 이 세
상의 어느 백성보다도 더 위선된 자
들이요, 위선자들이 그와 같은 것을
이끌고 간다는 것을 너희는 인정해야
할 것이니라.
5 그러나 그들은 이것이 사탄이요, 사악
한 자가 너희를 몰아내기 위한 자세
요, 나의 사랑하는 백성을 미혹하여
지옥으로 이끌어 가는 그와 같은 자라
그리 말할 것이니라.
6 그러나 내가 내려다보는 모든 종교 지
도자 너희가 위선자들이며, 진정한 나
여호와의 성령의 의인으로서 자리를
지킨 자가 없음이니,
7 위선자가 위선자로서 끝나는 것이 아
니요, 너희는 독재자보다도 더 간악한
방법으로써, 더 악랄한 방법으로써 나
의 백성을 구속시켜 놓고 있으며, 그
리고 나의 백성에게 무겁고 힘든 그
멍에를 씌워 끌고 가니,
8 그들이 감히 벗어날 생각조차도 하지
못하도록 그리 짐승처럼 끌고 가는 것
이 오늘의 너희 형태니라.
9 그러니 내가 너희 손으로 지은 그 교
회 안이 어찌 보인다 하더냐?
10 공원 묘지의 죽음의 무덤이요, 그 속
에 있는 것은 사람이 죽어 썩어져 있
는 뼈의 시체가 아니라, 인간들이 아
닌 짐승의 흉악한 모습으로써 서로 물
고 뜯고 아우성치는 그 모습이 그곳이
라 내가 했음이니,
11 너희는 이를 듣고 깊이 깨우쳐야 할
것이니라.
12 나의 백성의 마음은 지금 극도로 황
폐되었음이니, 이 모두는 다 너희 탓
이니라.
13 종교 집단 지도자 너희로 인하여 나
의 피조물 만백성들이 황폐되어 그저
찌들어 있으며 부패되어 있으며,
14 모든 백성을 기복 신앙의 암흑으로써
이끌어 가나, 거기에 끌려가는 나의
백성이 기복 신앙의 대표자들을 따라
끌려간다는 것을 모르며,
15 남들에게 이단이요, 사탄이요, 이방인
이라 저주하고 욕하는 어리석은 삶을
사는 것이 그들이니, 과연 그들을 어
찌 깨우치겠는가?
16 지금의 모든 종교 집단 지도자들이 최
고의 위선자로서 최고의 사기극을 연
출하여 사기극을 벌이고 있으며,
17 그 속에서 배역을 맡아 움직이는 것이
그 지도자들이니, 그 지도자들이 얼마

나 더 사악하고 간악한지 알겠는가?
18 저희가 배운 것 외에 또 그 위에 제 나
름대로 인간의 욕심을 거기에다 더 얹
고 저희가 소속된 집단의 교리를 만들
어,
19 나의 피조물 만백성들을 더 강한 쇠줄
로 묶어 놓고 구속하는 그와 같은 형
태로써 지금 연출하는 것이 그들이라
는 것을 알아야 할 것이니라.
20 그들이 나의 피조물 만백성들을 하늘
로 인도하는 것이 아니요, 지옥 불로
이끌어 간다는 것을 알아야 할 것이
니라.
21 그리하여 심판의 시대가 열려 가고 있
으며, 내가 너희에게 마지막으로 나의
법전으로써 스스로 깨우쳐 심판을 받
을 그 기회를 열어 주고자,
22 나의 아들을 통하여 '하늘에 오르는
길'이요, '하나님! 말씀하옵소서'라는
이 법전을 세상에 160권의 대장정의
역사를 이룸이니,
23 이를 보는 자만 그 황폐한 마음에 온
유함이 있으며, 부패되어 썩은 그 기
복 신앙의 암흑 세상에서 허덕이는 나
의 백성이 광명 천지요, 광명의 빛을
볼 수 있는 그 은혜를 입을 수 있다는
것을 잊지 말라.
24 어찌하여 위선자들의 독재보다도 더
사악한 방법에 힘들고 어려운 그 멍에
를 지고 구속되어 그리 끌려가면서도,
너희가 어찌 가는지를 모른단 말이더
냐?
25 이 모두가 너희 각자의 마음속에 있
는 욕심 때문이니라.

7,798 번째 하나님 말씀

2003년 10월 6일 11시 42분

1 사랑하는 나의 아들아!
2 "네, 아버님! 말씀하옵소서."
3 오늘의 믿음의 길을 가는 모든 종파가
가진 그 방대한 조직이요, 그리고 그
방대한 조직 위에 크나큰 교회요, 그
성전이요, 위용을 자랑하는 그 교회
요, 인간의 손으로 지은 그 건물을 가
지고 자랑하며, 그리고 거기서 위엄을
보이고자 하느니라.
4 그러나 그곳에는 나의 성령이 없으며
나의 참진리의 뜻이 없으며 내가 관여
하지 아니한다 하였음이니라.
5 너희는 그 장소가 대단한 것처럼 오늘
에 현혹되어 거기에서 믿음의 길을 가
나, 너희는 알아야 할 것이니라.
6 그 모두가 다 무용지물이 되어 버릴
것이며, 아무런 관계도 없으며 쓸모없
는 것이라는 걸, 종잇조각 한 장만도
못한 것이 그곳이라는 것을 너희는
알아야 할 것이니라.
7 나 여호와의 성령이 임하지 않는 것은
곧 죽음이요,
8 나의 성령이 임한 곳이 죽은 자 가운
데서 산 자라 내가 그리하지 않았던가?
9 지금 그 위용을 자랑하는 교회요, 성
전이요, 성막에서는 다 무엇을 이루고
있는가?
10 인간의 욕망을 채우려고 인간의 욕구
를 채우려고 모든 방법을 가르치고 연
구하는 곳이라면 너희가 알겠느냐?
11 너희가 그만큼 사악한 자들이 모여 있
는 곳이 그곳이니라.

12 진정한 참진리를 배우는 곳이 아니요,
비진리를 가지고 배우며, 비진리를 가
지고 너희가 배우는 것은 내가 말하
지 아니하나, 너희가 비진리를 가지고
맞다 소리 지르는 그 백성은 결국 무
엇이더냐?
13 나 여호와의 참진리를 거부함이니, 너
희가 나를 치받고 거부하며 부정하는
자들이라는 것을 알아야 할 것이니라.
14 네 부모요, 네 형제를 사랑하며, 만백
성을 사랑하며, 이웃을 사랑하며 살아
가라는 나의 사랑의 가르침이 그곳에
없음이니, 내 뜻을 거역하는 것이니라.
15 그것은 살아 있는 것이 아니요, 타락
이요, 죽음의 암흑에서 허덕이고 있다
는 뜻을 너희는 알아야 할 것이니라.
16 너희가 아무리 육으로 보는 한계를 갖
고 어떠한 짓을 하든, 그것은 모두 나
여호와가 그곳에 존재하지 아니함이
니라.
17 나 여호와가 존재하지 않는 그 오만함
을 이제는 더 볼 수가 없어 내가 그를
응징하기 시작하며, 응징의 시대가 열
리고 있음을 너희는 알며,
18 나의 법전이 세상에 나가 전하는 그
역사가 바로 응징의 시대가 진행되고
있음임을 너희는 알아야 할 것이니라.
19 아무리 지난날 어떠한 역사를 이루었
으며, 탄탄한 교회요, 탄탄한 집단이
요, 방대한 너희 조직은 영원히 불변
이며 멸망되지 아니할 것이라 그리 생
각하나,
20 그 모두가 다 내 앞에는 무용지물이
요, 종이 한 장 만큼의 가치도 없다 하
였으니,
21 그 응징의 시대가 지금 내려지고 있음
을 너희는 알아야 할 것이니라.
22 그들을 응징하여 바로잡고 바로 세우
는 것은 오로지 나의 법전을 가지고
만백성의 가슴에 전해, 그들이 읽고
또 읽는 그와 같은 깨달음 속에서 모
두 역사의 싹이 트기 시작함이니,
23 그리하여 너희에게 오늘의 힘들고 어
려운 그 길을 주저하지 말며 가라 함
이니라.

7,799 번째 하나님 말씀

2003년 10월 6일 11시 48분

1 사랑하는 나의 아들아!
2 **"네, 아버님! 말씀하옵소서."**
3 예수를 통하여 성서에 기록한 내용에,
예수를 믿지 않는 자는 죄가 되며 구
원받지 못한다는 그 내용을 가지고 너
희는 지금 나의 피조물 만백성들에게
어찌 가르치느냐?
4 그 뜻 하나를 제대로 알지 못하며 그
를 깨닫지 못하기에, 너희는 예수 자
체를 믿지 않으면 죄가 되며 정녕 구
원을 받지 못한다고 그리 가르침이니
라.
5 그리하여 나의 아들 예수를 찾으며 그
를 부르짖으며 믿기만 하면 너희의 죄
가 없어지며 구원을 받는다고 가르치
고 있음이니,
6 그 가르침의 의미를 알아야 할 것이
니라.
7 나의 아들 예수가 너희에게 기록하여
전한 뜻은 예수를 믿는 것으로써 구원
을 받는 것이 아니요, 나 여호와가 예

수를 통하여 나의 뜻을 전하는 것, 예
수가 가르친 그것은 나 여호와 창조주
아버지의 뜻에 따라서 살지 않는 자
가 죄 된 삶을 사는 것이라 그리 가르
치고 전한 의미가 거기 있음을 알라.
8 보낸 자인 나 여호와의 뜻에 따라 살
지 않는 것이 죄를 짓는 것이며, 구원
을 받지 못한다는 그것을, 너희는 지
금 나의 아들 예수를 믿고 따르지 아
니하면 구원을 받지 못한다 그리 말
함이니,
9 오로지 하늘의 천국의 문을 열고 닫는
고유의 권한은 나 여호와 외에는 아무
도 없다 내가 그리 말하지 아니하였
더냐?
10 그 의미를 너희가 안다면, 지금 내가
나의 아들을 통하여 너희에게 다시
깨우쳐 주는 그 의미를 알 것이니라.
11 예수는 자신을 믿는 것이 구원이요,
죄 사함을 받음이라 그리 가르친 것이
아니요,
12 그를 보낸 나 여호와가 있으며, 나 여
호와의 뜻에 따라 행하는 것이 구원을
받는다 그리 가르쳤음이니라.
13 나 여호와가 존재함을 알며 모든 것을
주관하는 것이 나 여호와라는 것을 아
는 나의 아들 예수가,
14 어찌하여 감히 나 여호와의 뜻이 아닌
예수를 믿고 예수의 뜻에 따라 살아가
는 것, 그리고 예수를 찾기만 하면 너
희의 죄가 없어지며 구원을 받는다는
그와 같은 의미로써 거기에 기록했겠
는가?
15 그리 가르치지 아니하였으며 그는 정
녕 그리할 수도 없는 것이니라.
16 오늘 나의 아들이 160권의 법전을 받
아 기록하면서 제 생각이요, 제 뜻을
기록하지 못함이 바로 무엇인 줄 알겠
는가?
17 나 여호와가 존재함을 알고 있으며,
나 여호와가 존재함의 두려움을 알고
있으며,
18 그 모두가 내 뜻에 의한 것이요, 제 생
각을 기록했을 때 모두는 이 세상에
바람에 날려 가는 낙엽처럼 없어진다
는 걸 알고 두렵기에, 그는 감히 두렵
고 무서워 그를 고치고 제 마음대로
넣지 못하며 제 마음대로 기록하지 못
하는 것이니라.
19 나의 아들이 나 여호와의 뜻이요, 나
여호와가 존재함을 알기에, 두렵고 무
서워 한 자를 더 빼고 더하지도 아니
하며 내가 내리는 것을 그와 같이 기
록하거늘,
20 나의 성령을 직접 받아 모두를 명한
나의 아들 예수가, 감히 나 여호와가
존재함을 아는 그 아들이 어찌하여 저
를 믿으며 저를 따르는 것만이 죄가
없어지며 구원을 받는다고 말했겠는
가?
21 그는 보낸 이의 뜻이요, 내가 전하는
그것을 따라오며 듣고 그리 행하는 것
이 죄가 없다 함이니라.
22 지금 나의 아들이 나의 피조물 만백성
들에게 전하기를 뭐라 하느냐?
23 자신의 행동이요, 행실이 아니라, 나
의 아들을 통하여 전하는 그 모두를
믿고 깨우쳐 너희가 하늘에 오르는
길을 보며 창조주의 뜻을 알아 구원을
받으라 하는 것이지,

24 나의 아들을 보고 하라는 것이 아니거
늘,
25 이와 같이 교묘한 방법으로써 지금 나
의 피조물 만백성들을 우롱하여 끌고
가는 것이 너희라는 것을 잊지 말라.
26 나 여호와의 뜻에 따르지 아니하는 자
는 죄 된 삶을 벗어날 수 없으며 구원
을 받지 못한다 나의 아들이 그리 가
르쳤음을 너희는 알아야 할 것이니라.
27 나의 아들 예수 자체를 믿는 것이 아
니요, 보낸 이를 믿는 것이 구원의 길
이라 그리 가르친 것을 너희가 그리
매도하지 말라.
28 너희가 나의 뜻을 가르친다면 율법을
상기시켜야 하며 그리고 나의 계명대
로 살지 아니하면 아니 되기 때문에,
29 너희는 신약의 시대가 열렸다 하여 그
와 같은 교묘한 방법으로써 나의 아들
만 찾고 울부짖으며 재물을 바치면 구
원을 받는다 말함이니,
30 재물을 바치는 것이 구원을 받는다 그
리 말함이니, 나 여호와가 피를 토할
만큼 가슴이 아프다는 것을 너희는
알라.
31 재물을 바치고 금화와 은화를 바치면
죄 사함을 받으며, 하늘에 많이 쌓아
놓은 것으로 은혜를 받는다고 말하는
그 사악한 자들의 입을 막고자 하여
내가 나의 법전을 내려보냄이니 그리
알라.

7,800 번째 하나님 말씀

2003년 10월 6일 11시 57분

1 사랑하는 나의 아들아!
2 "네, 아버님! 말씀하옵소서."
3 나의 사랑하는 만백성 너희는 의로운
자가 될 수 없으며, 인간의 능력으로
써는 구원을 받을 수 없다고 가르치지
아니하더냐?
4 모든 종교 집단 지도자들이 단상에 서
서 너희에게 그 열변을 토하여 하는
말이 무엇이던가?
5 너희는 너무나도 많은 약점과 취약점
을 가지고 있으며, 지금까지 인간으로
살아온 그 죄를 인간으로서는 지울 수
없기에 너희는 의로운 자가 될 수 없
다고 그들은 가르치느니라.
6 그러면서 너희에게 뭐라 말하느냐?
7 저희 손으로 지은 그 죄의 온상에 와
나의 아들 예수를 믿기만 한다면, 그
순간부터 너희는 의로운 자가 될 수
있으며, 구원을 받은 자라 그리 가르
치고 있음이니,
8 그것이 오늘의 그들의 모든 믿음의 틀
이 아니고 무엇이더냐?
9 그러나 그것은 무엇이더냐?
10 구원을 받았다고 말하는 저 자신도
지금 제가 어떠한 형국에 서 있는지를
모르면서 그리함이니, 내가 너희에게
말하지 아니하였더냐?
11 죄 있는 자는 감히 남을 위해 기도해
줄 수 없으며 남의 복을 빌어 줄 수 없
으며 남의 구원을 나에게 소원할 수
없다 한 그 뜻을 어찌 모르는가?
12 더 많은 죄 속에 있는 자들이 저희는
구원을 받지 못하며 저 자신이 나에게
올 수 없는 그 약점이요, 취약점이요,
허물을 잘 알고 있기에,
13 의로운 자로 거듭날 수 있는 나의 백

성까지도 그 희망을 꺾으며, 그들의
용기를 꺾어 버리는 그와 같은 자들이
지금 되고 있음을 너희는 알아야 할
것이니라.
14 너희가 모든 것을 역사할 수 있는 것
은, '내가 할 수 있다' 할 때는 먼 길도
가까이 보이며, '내가 역사할 수 있다
하며 반드시 넘어야겠다' 생각할 때
높은 산도 낮게 보이느니라.
15 그러나 넘을 수 없다고 두려워하며 겁
을 먹으면, 너희가 넘을 수 있는 그 산
도 높게 보이며, 그 목적지는 멀고도
먼 그와 같이 그 형국이 되며,
16 온갖 이유를 붙여 가지 아니하며 넘지
아니하려는 것이 인간의 마음이 아니
더냐?
17 인간의 나약한 마음을 그와 같이 사악
한 방법으로써 이용하여 나의 사랑하
는 백성으로부터 온갖 것을 다 갈취
함이니,
18 바로 너희가 나의 것을 도둑질하는 자
요, 강도라는 것을 알라.
19 너희는 십일조를 바치지 않는 자, 헌
금을 바치지 않는 자, 감사헌금을 바
치지 않는 자, 은혜를 받고 돈을 바치
지 않는 자를 나의 재산이요, 재물을
도둑질하는 백성이라 그리 가르치나,
20 너희가 바로 나의 피조물 만백성들에
게 갈취하는 도둑이요, 강도라는 것을
알아야 할 것이니 그리 알라.
21 너희는 이제 더 이상 강도 당하지 말
며 도둑맞는 그와 같은 백성으로서
살지 말라 그리 전함이 나의 뜻이니라.
22 예수를 믿기만 하면 모든 허물이 지워
진다는 이 말을 믿어서는 절대 아니
됨이니라.
23 나 여호와가 나의 법전에 기록하여 전
함이니, 너희가 행하고 살아온 그 삶
에 대한 그것이 얼마나 중요한 것인가
를 알아야 할 것이니라.
24 지금 종교 집단 지도자들이 얼마나 어
리석고 가련한 자들이더냐?
25 제가 도둑질을 하며, 남이 도둑질한
것을 용서를 해 주며 아무런 관계없는
자가 죄지은 것이 아니요, 도둑질한
것이 죄가 되지 아니한다 하여 제 스
스로 죄가 되지 아니하는 것처럼 생각
하는 자,
26 이것이 오늘의 너희가 가진 마음이요,
종교 집단이요, 지도자들이 나의 피조
물 만백성들을 이기주의요, 오만한 백
성으로 전락시켜 놓았음이니라.
27 그리하여 오늘에 타락될 대로 타락된
나의 백성이 존재하는 이 세상이라
함을 너희는 알아야 할 것이니라.
28 나의 아들을 믿는다 하면서 너희는
과연 뭐라 말하느냐?
29 너희가 어떠한 죄를 짓고 어떠한 잘못
을 해도 모두 다 사함을 받았으니,
30 그리 사해짐으로써 너희는 죄가 없으
며 두려움이 없으며 무서움이 없으며
오로지 구원의 길에 들어서는 그와 같
은 백성이라 말하는 그 말에 귀 기울
이지 말며,
31 그 말에 귀를 기울여 그것을 너희 것
으로 만드는 자는 정녕 너희가 나에
게 왔을 때 얼마나 잘못 산 것인가를
그때 알게 됨이니라.
32 너희의 행함이 모두 다 처벌의 대상이
요, 죄의 대상이요, 사랑의 대상이라

는 것을 내가 나의 법전에 수없이 기
록하였으나, 오늘 내가 너희에게 다시
한 번 강조함이니 그리 알라.
33 너희의 모든 허물이 지워지는 것이 아
니며 죄가 지워지는 것이 아님이니라.
34 너희의 그 많은 약점이요, 취약점은
모두 다 보강하여 딛고 넘을 수 있는
것이며, 할 수 있다는 생각과 역사할
수 있다는 생각을 하고 갈 때,
35 이 세상에 너희를 막을 것은 아무것
도 없음을 알라.
36 너희가 바른길을 가겠다는데 막을 자
가 어디 있으며, 바른길을 가겠다는데
방해할 자가 어디 있더냐?
37 너희가 의지가 없고 바른길을 가지
못하기 때문이니라.
38 너희가 인간 세상에서 정도의 길을 가
겠다는데 누가 막으며 그를 무너트리
겠는가?
39 그러나 그와 같이 가는 자를 시기 질
투하여 무너트리고 쓸어버리며 뭉개
버리는 그와 같은 사악한 자들이 이
세상에 존재한다는 것을 너희는 잊지
말라.
40 너희가 절약하고 근면 검소하게 사는
것이 인간 세상에 사는 아름다움이라
해도,
41 있는 그대로 그저 쓰고 사는 것, 제 능
력대로 사는 것이 인간의 행복이라 그
리 말할 때, 그 말이 '옳소' 하고 손뼉
을 치는 백성이 수없이 있다고 내가
일찍이 기록하여 전했듯이,
42 아무리 정도의 길을 가고자 하는 자라
그리 말해도, 너희가 굳건한 마음이
있다면 그는 무너지지 아니하며, 아무
리 무너트리려 해도 넘어지지 아니함
이니라.
43 그러니 너희가 정도로 가는 것, 참진
리의 길을 가는 것은 그 가슴속에 나
여호와를 심으며 나 여호와의 성령으
로써 굳건히 다졌을 때,
44 그 길은 아무도 넘어트리지 못하며 너
희를 밀어붙이지 못하며 너희를 쓰러
트릴 수 없다는 그 믿음을 굳건히 갖
고 목숨을 바쳐 행하라.
45 그 길만이 너희가 바른길을 갈 수 있
으며, 모두를 역사할 것이며, 어떠한
유혹에도 넘어지지 않는 그와 같은 길
을 갈 수 있음이니라.
46 그것이 곧 너희가 영원히 천국의 문
을 들어와 비단길을 걸어 나에게 오는
길이라는 걸 절대 잊지 말라, 사랑하
는 나의 아들딸들아!
47 너희는 허물이요, 취약점 때문에 의로
운 자가 될 수 없다는 말을 그리 전하
지 말라.
48 너희는 인간이요, 나 여호와가 너희에
게 무한대한 능력을 주었기에, 약점과
그 취약점을 모두 다 씻어 버리고 치
료하고 고칠 수 있는 것이 인간이라는
것을 그리 가르치라.

7,801 번째 하나님 말씀

2003년 10월 6일 12시 04분

1 사랑하는 나의 아들아!
2 "네, 아버님! 말씀하옵소서."
3 종교 집단이요, 지도자 너희가 지은
죄, 그리고 용서받지 못할 그 모든 죄
는,

4 너희 손으로 지은 교회에 나와 헌금
내고 회개 기도하며 눈물을 지으면 그
죄는 나와 나의 아들 예수가 모두 다
거두어 간다고 말하느니라.
5 그러니 너희가 아무리 큰 죄를 지었
다 해도 죄의 온상이라 내가 일컫는
그 교회에 와서 각종 헌금을 바치며
회개의 눈물을 흘리면 나의 아들 예수
와 나 여호와 우리 부자가 너희가 지
은 죄를 다 거두어 가니,
6 어부가 바다에 그물을 던져 그 걸린
고기를 끌어올리듯이, 너희가 지은 죄
를 나 여호와와 나의 아들 예수가 그
저 다 거둬들인다 그리 말하고 가르
치는 것이니라.
7 너희는 우리 부자를 얼마나 욕되게 하
는 것이더냐?
8 너희는 나에게 헌금이요, 재물을 바쳤
으며 우리 부자가 너희에게 재물을
받았으니, 너희가 지은 죄를 다 거둬
들여 갈 수 있게 되어 있다는 것이 아
니던가?
9 너희가 이를 인간 세상에서 생각한다
면, 종교 집단이요, 지도자 너희가 단
상에 서서 하는 말이 무엇이더냐?
10 나는 예수와 창조주 하나님과 너희가
재물을 많이 바치면 내가 너희 죄를
예수님과 하나님이 거둬가게 되어 있
는 계약이 맺어진 자요,
11 이 계약은 너희가 죽을 때까지 영원
히 체결되는 것이며 불변의 계약이라
그리 말하는 자와 똑같지 아니하던가?
12 너희가 나의 백성으로부터 재물을 받
아들이면서 그 재물을 나 여호와에게
바친다 하느니라.
13 그리하여 너희가 거둬들인 재물을 나
에게 바친 그 재물을 받은 죄로 인하
여 우리 부자가 너희가 지은 죄를 모
두 다 어부가 그물에 담은 고기를 올
리듯이 그와 같이 거둬들인다는 것이
오늘의 너희가 행하는 사악한 짓이라
는 걸 알고 있는가?
14 모든 죄가 우리 부자에게 옮겨져 너희
는 죄가 없으며, 그리고 한번 우리 부
자가 옮겨 받은 그 죄는 영원히 너희
하고는 관계가 없으며,
15 너희가 생각해서도 아니 되며, 그 죄
를 위하여 회개하고 눈물 짜는 일을
해서도 아니 되며,
16 부끄러워 양심의 가책을 받는 그와 같
은 행위를 해서도 아니 된다는 것이
오늘의 종교 집단 너희가 아니더냐?
17 우리 부자에게 옮겨진 죄는 너희에게
영원히 두 번 다시 돌아가지 아니하며
너희는 관계도 없으며, 거기에는 너희
와 아무런 인연도 없으며, 그 죄에 대
한 것은 떠남이니, 완전하게 모든 관
계가 끊어짐이니 거기에 연연하지 말
라 그리 말하는 자가 아니더냐?
18 한번 헌금하고 기도하고 회개해서 떠
난 보낸 그 죄는 절대 생각하지 말라,
19 그 죄를 생각하면 너희의 가슴이 아
프며 삶의 자유로움이 없으며 너희가
마음 아파하는 그와 같은 눈물의 기도
요, 회개를 드리게 되니,
20 너희는 한번 헌금하고 재물을 바쳐 회
개한 그 기도는 절대 생각하지 말라,
21 너희가 곱게 기르고 기른 딸자식을 시
집보내고 그 보낸 딸이 어찌 지내는가
그를 생각하면서 눈물 흘리는 것처럼,

22 딸자식을 생각하지 아니하면 어미가
눈물 흘리지 아니하고 편하게 살 수
있는 것을,
23 결혼시켜 보낸 그 딸자식을 무엇 때문
에 생각하며 그를 걱정하여 눈물을 흘
리느냐,
24 그와 같이 눈물을 흘리는 것은 어리석
은 어미라 하는 자들과 똑같으니라,
25 그러니 너희의 모든 죄는 우리 부자
가 다 돈을 받고 받아들였으니, 너희
가 두 번 다시 생각하고 회개하며 눈
물 흘리며 그에게 용서받고자 가슴 아
파하는 한 가닥의 양심의 가책도 받
지 말라,
26 그 모두가 다 나에게 죄를 짓는 것이
요, 내 뜻을 거역하는 것이라 가르치
지 않느냐,
27 그러니 떠나보낸 죄는 생각지도 말라,
28 너희에게 떠난 것은 정녕 영원히 지워
진 것이며, 그 죄를 생각하는 자체가
나의 아들 예수를 모독하며 나를 욕하
는 것이니,
29 너희는 어떠한 죄를 지어도 회개하고
반성하고 재물을 바쳐 그 재물을 받은
대가로 우리 부자가 죄를 그저 쓰레기
쓸어 가듯이 담아 가면 깨끗한 공터만
남는 것처럼 너희는 하얀 백지와 같
은 마음이 남는다,
30 그리 가르치는 것이 오늘의 종교요,
믿음의 근본이요, 뿌리이니라.
31 그러나 너희가 지은 죄를 열 배 이상
갚아야 할 것이며, 그 죄를 평생 기억
하고, 두 번 다시 그 죄를 행하지 않는
그와 같은 삶을 살며,
32 그리고 너희가 죄지은 자에게 열 배
로 갚되, 그로부터 용서를 거둬들이지
아니하며 용서의 답을 듣지 아니하면
용서되지 아니하는 것이 하늘의 법도
라 내가 그리 말하였거늘,
33 너희가 이를 어찌 거역하고 감히 그와
같은 흉악한 짓을 하고 있는가?
34 너희는 재물을 거둬 우리에게 바친 그
영원히 불변하는, 내가 십계명을 불로
쓴 것보다도 더 단단한 계약서를 가
진 자들이니,
35 그저 재물을 많이 바치며 그저 바리바
리 묶어 하늘에 던지면 우리 부자가
금전이요, 금화를 받은 대가로 그 모
두를 다 거둬들인다 그리 말하는 자,
36 너희가 얼마나 사악하고 간악한 자들
인지 알겠는가?
37 너희가 인간 세상에서 돈을 받고 추하
고 더러운 그 오물을 쓸어 주고 치워
주는 사람처럼 우리 부자를 그리 생각
하는 것이 오늘의 종교 집단이요, 지
도자들이요, 사악한 자들이라는 것이
니, 그들의 내면을 들여다보라.
38 그와 똑같은 행위를 하는 자들이 그
들이니라.

7,802 번째 하나님 말씀

2003년 10월 6일 12시 11분

1 사랑하는 나의 아들아!
2 "네, 아버님! 말씀하옵소서."
3 나의 아들 예수의 보혈로 모두를 면제
받았으며 그 죄까지 다 치렀다 너희
가 그리 가르치는 것이 오늘의 종교
집단 지도자들이니,
4 얼마나 나의 피조물 만백성들이 편안

한 마음으로 가도록 그리 유도하는가?
5 그러나 성서에 기록하여 넓고 큰 길은
고통의 길이요, 지옥의 길이요, 험난
하고 힘든 길은 구원의 길이요, 하늘
에 오르는 길이라 해도 넓은 길을 택
하고 가는 것이 너희의 심리거늘,
6 그들에게 너희가 손으로 지은 죄의
온상에 와서 재물을 바치면 모든 허물
이요, 죄를 다 용서받으며 자유로운
자가 된다고 가르침이니, 그 길을 선
택하지 아니할 나의 백성이 과연 어디
있는가?
7 그것도 나로부터 명받은 종교 지도자
라는 자들이 서서 그와 같은 거짓된
행위를 하고 있음이니,
8 그러면서 그들이 뭐라 말하느냐?
9 창조주 나의 아들 예수가 모든 죄를
안고 갔음이니 너희는 죄가 없다 그
리 말했다 하며,
10 나의 아들 예수가 너희에게 죄가 없
다 그리 말하고 전했으니, 너희는 죄
가 없다 그리 말하는 것이 아니던가?
11 그것이 바로 너희의 오늘의 믿음이
아닌가?
12 그러나 너희는 어찌 그와 같은 말을
하는가?
13 너희가 지은 죄는 얼마나 고통스러움
으로써 모두 갚아야 하며 그 대가를
치러야 하는지 모른단 말인가?
14 오로지 너희 죄를 용서해 주며 너희
가 지은 죄를 용서해 주고 용서해 주
지 아니하며, 천국에 들어오고 못 들
어오는 그 모두는 나 여호와만 역사하
는 것을 누구보다도 나의 아들 예수가
잘 알고 있으며,
15 나의 아들 예수는 하늘의 법도를 잘
알고 있느니라.
16 그와 같이 하늘의 법도를 잘 아는 나
의 아들 예수가, 오로지 나 여호와의
고유 권한이요, 나만 역사할 수 있는
면죄부를 나의 아들이 말할 수 있으며
그리 전했다 생각하는가?
17 나의 아들은 너희의 죄에 대한 면죄부
요, 너희가 죽고 살며 구원받고 지옥
으로 가는 것은 나 여호와의 고유 권
한이며, 나 외에는 아무도 할 수 없다
는 것을 잘 알고 있으며,
18 그 법은 바뀔 수 없으며 감히 누구도
근접할 수 없다는 것을 너무나 잘 아
는 나의 아들이 절대 그와 같은 말을
하지 아니하였음을 나의 법전을 읽고
깨우친 백성 너희는 알아야 할 것이
니라.
19 어찌하여 너희는 그와 같은 이치 하
나도 모르고 함부로 말하며 나의 피
조물 만백성들을 지옥의 길로 이끌어
가는가?
20 그리하여 너희의 그 죄를 감당키 어
려운 자들이라 내가 말함을 명심하고
또 명심해야 함을 잊지 말라.
21 오늘의 나의 아들도 감히 법전을 받아
쓰며 제 의사대로 말하지 못하는 게
나 여호와가 존재함의 무섭고 두려움
을 알기 때문이라 내가 일찍이 이야기
했음이니라.
22 더욱이 나의 아들 예수가 그 모두를
알고 있으면서 너희 죄를 그저 용서
해 주며, 너희는 죄가 없는 자요, 그저
나와 예수만 믿기만 하면 모두 자유로
운 자라 그리 말할 수 없는 그 이치를

모르는가?
23 그를 안다면 너희가 감히 그와 같은 말을 할 수 없음이니라.
24 하늘의 법도를 잘 아는 나의 아들이 하늘의 법도를 어길 수 없음을 알아야 할 것이니라.

7,803 번째 하나님 말씀

2003년 10월 6일 12시 15분

1 사랑하는 나의 아들아!
2 "네, 아버님! 말씀하옵소서."
3 예수가 마지막 숨을 거두기 직전의 긴박한 상황에서, 그가 사랑하는 제자들 앞에서 한 그 이야기를 다시 한 번 네가 전해서 깨우쳐 주어야 할 것이니라.
4 예수가 뭐라 말하였느냐?
5 '내가 아직도 너희에게 이를 것이 많이 있으나, 지금은 너희가 감당치 못함이라'는 그 의미가 무엇인 줄 알겠는가?
6 너희에게 깨우치고 전할 것은 수없이 많이 있음이니라.
7 그러나 너희가 감당치 못함이니 그를 그가 전하지 못한다는 그 뜻이 무엇이더냐?
8 그를 보낸 이의 뜻과 가르침은 끝이 없으나, 나의 아들 예수가 가르칠 것은 정해져 있으며 그 한계가 정해져 있으며,
9 또한 그를 따르는 제자들이 들어야 할 것, 그들이 깨우쳐야 할 것은 정해져 있기 때문이라는 그 의미를 알아야 할 것이니라.
10 그러니 나의 아들 예수가 세상에 나가 만백성에게 전할 그 뜻이 한계가 있으며, 그 제자들 또한 알고 역사할 것이며 저희 것으로 깨우칠 것이 한계가 정해져 있다는 그 뜻을 너희는 알아야 할 것이니라.
11 나의 아들 예수는 나로부터 하늘의 법도를 아는 이요, 전할 것이 수없이 많이 있으나,
12 나로부터 전할 것을 명받은 것이 한계가 있으며 그 제자들에게 가르칠 것이 한계가 정해져 있기에, 더 이상 가르치고 전할 수가 없다는 그 의미의 뜻을 알겠는가?
13 그렇다면 끝도 없이 가르치고 전해야 할 그 의미는 어느 시대에 어느 누군가를 통해서 그 역사가 이루어진다는 것을 너희는 알아야 할 것이 아니던가?
14 예수는 많이 알고는 있으나, 받을 그릇이 준비되지 아니하였으며 너희가 더 이상 알아서도 아니 되며 더 이상 가르칠 수 없는 것이 그 시대의 예수가 가진 상황이었다면,
15 하늘의 끝도 없는 그 진리를 누군가는 알고 또 누군가는 받아야 하며 누군가는 역사하는 시대가 온다는 것을 의미하는 것이 아니던가?
16 그리하여 때가 되면 받아서 깨우치는 자, 가르치며 역사할 자, 모두 준비된 자가 세상에 다시 올 것이며, 그를 받아 역사하는 시대가 열린다는 것을 그가 알려준 것임을 너희는 알아야 할 것이니라.
17 예수는 그리 말한 것이니라.

18 나 여호와 창조주요, 보낸 이가 누군
가를 통하여 그가 지금 너희에게 가르
치지 못하는 것, 전할 수 없는 것을 다
가르칠 사람, 그리고 그를 받아 역사
하고 만들 수 있는 백성, 그를 가지고
만백성에게 전할 사람이 따로 정해져
있으며,
19 다른 시대에 모든 게 열린다는 그 역
사함이 있다는 것,
20 그리고 창조주 아버지 내가 가지고 있
고 깨우칠 그 끝도 없는 진리의 말씀
을 예수가 전할 것은 한계가 있으며,
예수의 제자들이 들을 것은 한계가 있
으며, 신약의 시대에 세상에 전할 것
이 또한 정해져 있으니,
21 그를 범하지 못하며 그를 넘지 못하
며, 그 이상 할 수 없다는 예수의 마지
막 가르침이요, 그 뜻을 너희는 그리
깨우쳐야 할 것이니라.
22 그 의미를 너희가 안다면, 나 여호와
가 예수를 통해서 더 이상 내려보낼
수 없었던 나 여호와의 뜻을, 어느 누
군가 준비된 자, 갖춘 자로 하여금 다
음 세대를 열게 되었음이니,
23 그게 바로 지금 나의 아들을 통하여
나의 법전이요, 그를 만들고 역사하는
것이 바로 선택된 너희이니,
24 예수가 제자에게 전하지 못했던 것,
그들이 알지 못했던 그 모든 가르침이
요, 진리가 오늘 너희를 통하여 세상
에 역사하고 만들어짐을 알라.
25 이 시대를 예비한 그 뜻이거늘 그들이
과연 어찌 받아들이고 어찌 깨우치는
가?
26 그 비유의 뜻이요, 내 뜻을 모름이니,
그들이 다른 소리만 하고 있음을 너희
는 알아야 할 것이니 그리 알라.

7,804 번째 하나님 말씀

2003년 10월 6일 12시 21분

1 사랑하는 나의 아들아!
2 "네, 아버님! 말씀하옵소서."
3 수천 년 동안 믿음의 길을 달려오는
그 백성이 저희들의 그 기대요, 믿음
에서 벗어나지 아니하며, 거기에 존재
하며 오늘에 구축하고 있는 그 믿음의
근본이 무엇이던가?
4 그들이 자신 있게 구원을 받았다 말하
는 것은 과연 무엇이냐?
5 구원을 받았다 그들이 말함은, 너희들
앞날에 나의 아들 예수가 천사들의 호
위를 받으며 이 지상에 다시 재림한다
는 그 하나를 믿고 그와 같이 큰소리
를 치며,
6 오만하고 자만한 마음으로써 오늘의
신앙생활을 하는 그 근본의 뿌리가 거
기 있지 않더냐?
7 나의 아들 예수를 천사가 호위하여 이
세상에 만왕의 왕으로서 다시 오는 그
것을 믿고 있기 때문에 그것만을 기다
리고 있기에 너희가 오늘에 그와 같
은 소리를 할 수 있는 것이 아니던가?
8 만백성의 왕으로 다시 와 믿는 자 너
희를 구원한다는 그것이 너희의 가장
큰 희망이요, 믿음의 근본이요, 너희
가 오늘에 가는 길이 아니던가?
9 그러나 그러한 일은 절대 없다 함을
너희는 알아야 할 것이니라.
10 이미 그와 같은 시대가 이루어지고 있

음이니, 나의 성령으로써 이 세상에
존재하며 나의 법전이 세상에 내려와
모두를 다스리고 역사한다는 것,
11 지금 새로운 시대가 다시 열려 가며
심판의 시대에 버릴 자와 구원할 자를
구분하여 감이니, 나의 법전을 읽고
깨우치는 자는 구원을 받을 것이며 그
렇지 않은 자는 버림을 받음이니, 이
미 시작되었음을 알라.
12 예수가 직접 재림하는 그 시대보다도
나 여호와가 직접 세상에 내려와 나의
아들을 통하여 모두를 역사한다는 그
무서움을 알라.
13 예수가 재림한다면서 2천 년의 세월
이 흘러왔으나, 재림을 보지 못하고
그 역사를 보지 못하고 얼마나 많은
백성이 죽어 갔는가?
14 그들이 보지 못하고 죽어 간 자들이
요, 또 지금 존재하는 너희도 영원히
그를 보지 못하고 죽어 갈 것이니,
15 그들이 너희를 단죄하고 대들며 너희
에게 그 무엇인가를 따지고자 할 것이
두려워, 종교 집단 지도자들이 나의
백성을 어찌 우롱하고 끌고 가는가?
16 가련하고 불쌍한 그 백성에게 예수의
재림이 지금 이루어지지 아니함이니,
너희는 그들로부터 재물을 거둬들이
며 역사하려고 그리고 너희를 믿고
따르게 하기 위해 뭐라 말하느냐?
17 나의 아들 예수를 믿기만 하면 믿다가
죽으면 죽은 자 가운데서 다시 살아난
다고 말하니, 이것이 얼마나 땅 짚고
헤엄치기 식의 사기극을 벌이는 것이
냐?
18 육의 세상에 있는 동안에는 예수가 천
사들을 데리고 하늘에서 재림해 너희
는 구원을 받을 것이니 재물을 바치라
하며,
19 그리고 너희가 살다가 명이 다하여 죽
는다 해도 죽은 자 가운데서 구원을
받을 것이니 걱정하지 말라 그리 말함
이니라.
20 육은 썩어졌으며 영혼은 죄의 대가로
지옥에 가 한번 들어가면 나오지 못하
는 출구가 없는 그 속에 가 있는 자들
이 어찌 구원을 받는다 하는가?
21 너희는 나에게 도전하는 자이며, 나보
다 더 높은 직위에 있으며 나보다 더
위대한 자라 하여 그 사악한 말을 하
고 있으니, 저 자신을 모르는 자들이
니라.
22 죽음 뒤에 너희가 죽은 자 가운데서
구원을 받는다 하여 온갖 거짓 복음으
로써 나의 백성을 끌고 가는 이 사악
한 시대를 내가 단죄하고자 함이니라.
23 육이 죽으면 지금 나의 아들 예수가
바로 천사들을 데리고 와 너희를 구원
한다는 것,
24 육과 죽은 영혼을 감동시킬 예수가 천
사를 거느리고 너희에게 와 구원을
받는다는 그와 같은 역사는 절대 없으
며 이루어지지 아니한다는 것을 알라.
25 그 소식을 기다리는 백성 너희는, 그
소식을 기다리다 불행히도 지옥으로
가는 자들이니 그리 알라.
26 그 소리를 믿지 아니하며 그 소식을
기다리지 아니하고, 나의 법전을 가슴
에 안고 정독하여 깨우치는 자,
27 너희가 바로 구원의 길에 들어서는
그 빛을 보게 되는 영광을 얻게 된다

는 것을 잊지 말라.

7,805 번째 하나님 말씀

2003년 10월 6일 12시 45분

1 "너는 나 외에는 다른 신들을 네게 있게 말지니라.
2 너를 위하여 새긴 우상을 만들지 말고, 또 위로 하늘에 있는 것이나 아래로 땅에 있는 것이나 땅 아래 물속에 있는 것의 아무 형상이든지 만들지 말며, 그것들에게 절하지 말며 그것들을 섬기지 말라.
3 너는 너의 하나님 여호와의 이름을 망령되이 일컫지 말라.
4 안식일을 기억하여 거룩히 지키라.
5 네 부모를 공경하라.
6 살인하지 말지니라.
7 간음하지 말지니라.
8 도적질하지 말지니라.
9 네 이웃에 대하여 거짓 증거하지 말지니라.
10 네 이웃의 집을 탐내지 말지니라.
11 나 여호와가 존재함을 믿는 그 자체가 구원의 길에 들어서는 기본이요, 근본이며, 나의 법전을 가슴에 안고 정독하는 자, 반석 위에 서서 하늘에 오르는 찬란한 빛을 보게 되는 영광을 얻게 됨이니라."
12 '여보게,
지옥 불을 향하여 달려가는 당신,
뒤를 돌아 나를 보시오.
13 이 법전 '하나님! 말씀하옵소서'를 읽고
깨달음을 가지시고
지옥 불을 보고 달려가는 발걸음을
천상에 오르는 발길로 돌리시오.
14 여보시오,
어찌하여 하나님의 심판의 무서움을 모르고
그리도 사악한 마음으로 죄를 짓고
회개와 용서를 받지 않고 가시오?
15 여보시오,
가던 발길을 잠시 멈추시오.
그렇게 지옥 불로 달려가면 어찌합니까?
16 이 법전, 여호와 하나님의 메시지를 듣고
잠에서 깨어나 구원을 받고 가시오.'
17 나 여호와가 나의 아들을 통하여 이 뜻을 전했음이니, 너희가 이 의미를 읽고 깨우쳐 보라.
18 구구절절한 그 내용의 뜻이 과연 어떠한가?
19 이 아름다운 마음을 내가 너희에게 전하거늘, 어찌하여 너희는 이를 보고 가슴에 깊이 새겨 가던 발길을 멈추고 구원의 길로 돌아서는 그 역사를 하지 못하는가?
20 너희가 가던 발길을 멈추고 그곳에서 뛰쳐나와 나의 법전을 가슴에 안고 깨우쳐 만백성을 구하는 그 길을 가는 백성, 너희는 죽음으로써 목숨을 나에게 바쳐 나를 따르며 순종하는 백성이라 내가 그리 말하지 아니하였던가?
21 나의 아들을 따르는 백성이요, 나의 성전에 와 공부한다며 제자들이라 하여 왔던 자들이 이를 읽고 깨우쳤으면서도 떠나는 자 있으니,
22 너희는 인간 세상의 모든 삶이 다 다

르니라.
23 너희에게 전하는 말이 있지 않으냐?
24 우물가에 가서 숭늉이라는 그 따뜻한
물을 원하는 자들이 있듯이, 찬물을
떠서 밥을 짓고 하여야 너희가 그 숭
늉이라는 것을 마시지 않겠느냐?
25 그러하니 우물에서 숭늉을 찾는 그와
같이 성급한 자들은 모두 다 부질없는
욕심이요, 제 계산된 마음에서 모든
역사가 이루어지지 아니하며 뜻이 이
루어지지 아니할 때 박차고 나가는 것
이며,
26 그들은 믿음이 무엇이며 하늘이 존재
함이 무엇이며 나 여호와의 성령이요,
나의 법전이요, 나의 아들을 통하여
내리는 나의 강론이 얼마나 위대하고
소중하고 귀한 것인가를 알지 못하는
자들이니라.
27 그러니 앞에 보이는 밥 한 그릇을 먹
기에 급급한 자들이요, 육을 살리기
위한 그 밥을 먹으려면 모든 것을 다
던지고 바치면서,
28 영원히 사는 하늘나라의 영혼의 양식
을 섭취하고 받는 것은 모르는 자며,
그는 외면하며, 그를 생각하지 않는
가련하고 불쌍한 그 백성이기 때문이
니라.
29 그러나 너희는 그들을 기다리며, 그들
을 원망하지 말라.
30 그들이 오죽 육의 배고픔에 시달리며
육의 삶이 조급했으면, 기다리고 기다
리다 그것이 이루어지지 아니하니 우
물가에서 숭늉을 찾는 그와 같은 자보
다도 더 조급한 마음으로 이곳에 왔다
가 떠나겠는가?
31 그들은 오늘의 빵 한 조각을 구하는
것이 더 귀하고 소중한 것이라 생각하
는 자들이니라.
32 그러나 성령 속에서 영원한 빵을 구하
는 것을 감히 생각하지 못하는 백성이
니 그가 얼마나 어리석은 백성이더냐?
33 그들만이 어리석고 불쌍한 백성이라
생각하느냐?
34 지금 모든 종교 집단 지도자들이 얼마
나 황당무계한 자들이며 얼마나 어리
석은 백성인가 너희는 알아야 할 것
이니라.
35 그리고 그를 따르는 백성이 얼마나
무지하며 욕심에 찬 성도들이며 신도
들인가?
36 너희는 지금 무엇을 믿고 생각하느냐?
37 예수가 구름을 타고 오시리라, 예수가
구름을 타고 천사들과 같이 올 때, 각
자 너희 눈으로 직접 볼 것이며 확인
할 것이라는 그와 같은 성서에 기록되
어 가르친다는 그 내용을 가지고 그날
을 기다리고 사니,
38 너희가 죽어 눈을 감으면 과연 무엇이
보이던가 너희 조상에게 물어보며 앞
에 간 자들에게 한번 그리 물어보라.
39 너희가 죽어 눈을 감으면 아무것도 보
이는 것이 없으며, 그저 지옥문 앞에
타오르는 그 불바다를 건너는 그 두려
움과 공포 외에는 너희가 아무것도
눈에 보이는 것이 없을 것이니,
40 지금 너희가 나의 아들 예수가 구름
을 타고 올 것이며 그리고 죽지 않아
눈으로 볼 것이라 현혹하는 말에 속지
말라.
41 그와 같은 말로 너희가 구원을 받는

것이 아니요, 그와 같은 것으로써 이
루어지는 것이 아니니라.
42 너희는 나의 계명대로 지키고 살면
되는 것이니라.
43 너희가 나의 십계명을 지키고 살라 하
여 지금 나의 아들이 십계명을 암송하
고 기록하여 또 전하였듯이,
44 이는 나의 친필이요, 내가 바위에 직
접 글로 써 내린 것이니, 이보다도 더
소중하고 귀한 것이 없으며, 그를 지
키고 사는 길밖에 없다 함을 너희는
어찌 그를 무시하며 깨우쳐 네 것으로
만들려 하지 아니하느냐?
45 이제는 구름 타고 나의 아들 예수가
온다는 그와 같은 황당무계한 욕심이
요, 그와 같은 것을 위한 믿음의 길을
가는 것에서 모두 발을 빼고 돌아서
야 할 것이니라.
46 그리하여 내가 나의 아들을 통하여 내
린 시 한 수를 다시 한 번 너희에게 읊
어 전했음을 알아야 할 것이니라.
47 모두가 너희가 죽어 눈을 감으니 보
이는 것은 없으며, 너희가 불바다요,
그곳을 건너야 할 것이며 너희가 지
옥에 가 그 대가를 치르는 것만이 너
희 앞에 펼쳐질 것이니,
48 그때 너희가 몸부림치며 통곡하고 너
희가 지옥문을 들어가지 아니하려 해
도 너희는 벗어날 수 없다는 것을 알
라.
49 보이지 않는 그것을 위하여 너희가
오늘의 그 사기극이요, 그 사기극을
연출하는 자들에게 너희가 손뼉을 치
며, 그들에게 너희가 재물을 바치며
그들에게 힘을 실어 주는 그와 같은
짓을 하지 말라.
50 모두 너희는 지금 너희가 재물을 바
치면서 너희가 거듭날 수 있는 것, 다
시 태어날 수 있다는 그 위대한 영광
에 영혼을 파는 자들이라는 것을 알라.
51 너희 영혼을 팔아 재물을 받아 거둬들
이며 사는 자가 무엇이더냐?
52 그리하여 그들은 성벽을 지으며, 나의
성령이요, 나의 법전이 그들을 가르고
치려 할 때, 그를 방어하려는 것이 아
니더냐?
53 여기서 내가 너희에게 인간 세상의 삶
을 위하여 하나 가르쳐 주고자 함이니
라.
54 너희 영혼을 돈을 얹어서 너희가 그
사탄의 후손이요, 그 자식들이요, 그
앞잡이들에게 너희가 팔고 있음이니,
55 너희가 가재도구요, 쓰다 남는 것, 그
리 쓸 만한 것도 너희가 버릴 때 거기
다 너희가 인간 세상에서 돈이라는 것
을 얹어 금화와 은화의 딱지를 붙여서
팔지 않더냐?
56 너희가 쓰다 남은 그 쓰레기를 너희
가 버릴 때 어찌하더냐?
57 거기에다 너희는 금화와 은화의 딱지
를 붙여 팖이니,
58 너희 영혼을 쓰레기요, 쓰다 남은 가
재도구만도 못하게 너희가 지금 취급
함이니,
59 그 영혼이 얼마나 소중하고 귀한 것이
던가?
60 그 영혼을 너희가 그리 쓰레기 더미
에 팔듯이, 재물이요, 금화를 얹어 사
악한 사탄들에게 팔았던 너희 영혼이
얼마나 그 고통의 길이 심하며 그것이

얼마나 견디기 어려운 길이며,
61 너희가 얼마나 귀하고 그 소중한 것을
너희가 덤을 얹어 파는 그 사악한 짓
을 하고 있는지 알겠느냐?
62 이제 너희 영혼을 팔지 말라.
63 너희가 쓰다 남은 가재도구에 너희가
금화의 은화의 딱지를 붙여서, 쓰레기
에 딱지를 붙여 파는 너희가 그 영혼
이 그와 같이 더럽고 추한 것이며, 쓰
다 남아 버린 것인 줄 알겠느냐?
64 너희가 그 영혼이 생생한 모습으로써
심판을 받으며 그가 거듭나고 못 나는
것은 그 영혼이 존재해야 하거늘,
65 너희가 지금 금화와 은화의 딱지를 붙
여 사탄에게 너희가 팔고 있음이니,
66 이 불쌍한 가련하고 어리석은 나의 백
성이 보는 것이 마음이 아파 내가 오
늘의 이 역사를 이루고 있음을 너희는
알아야 할 것이니라.
67 이미 나 여호와의 뜻이요, 예수를 통
하여 내가 전하지 못한 모두의 성령이
요, 이 세상에 나의 피조물 만백성들
을 깨우치기 위해 써도 써도 끝이 없
는 그와 같은 나의 성령을 지금 이 세
상에 내려보내니,
68 이것이 내가 나의 아들을 통하여 너희
에게 내리는 마지막 사랑의 증표라는
것을 절대 잊지 말라.
69 너희가 쓰다 버리는 그 모든 가재도구
요, 쓰레기에 너희가 금화의 딱지 은
화의 딱지를 붙여 팔듯이, 너희가 그
귀중하고 소중한 영혼을 팖이니,
70 육의 세상에서 천 번 만 번 죽고 사는
것보다도 더 소중하며, 육의 세상에서
백 번 죽었다 다시 살며 천 번 죽었다
다시 살아나도, 네가 지금 돈을 바쳐
팔고 재물을 바쳐 헌신짝같이 팔아 버
리는 그 영혼만큼 귀중하지 못하다는
것을 너희는 알아야 할 것이니, 그리
알라, 사랑하는 나의 아들딸들아!

7,806 번째 하나님 말씀

2003년 10월 6일 12시 49분

1 사랑하는 나의 아들아!
2 "네, 아버님! 말씀하옵소서."
3 너희는 만백성에게 온 세상에 이제 심
판의 시대가 열릴 것이며 심판의 시대
는 시작될 것이며, 죽을 자와 살 자,
가라지와 알곡식을 구분하는 그와 같
은 시대가 올 것이니,
4 너희는 나의 아들 예수를 믿으라 그리
부르짖으며, 그리고 헌금을 많이 하라
그리 가르치느니라.
5 그리하여 '예수를 믿으라' 경고하고
떠들고 다니느니라.
6 그렇지 아니하는 자는 영혼이 심판을
받지 못한다 하며, 창조주 나 여호와
의 심판의 날이 네 발등 앞에 왔으며
네 코앞에 와 있으니, '이 어리석고 불
쌍한 백성들아, 너희는 구원을 받으
라' 그리 소리 지르느니라.
7 세상이 모두 불행해지는 것, 장마가
진다는 것, 비가 많이 오는 것, 그리고
너희가 지금 가뭄에 시달리는 것, 그
리고 국가와 국가 간에 전쟁을 하는
것, 이 지상의 아름다운 세상에 이루
어지는 모든 그와 같은 일들을 가지고
너희는 모든 불행이 시작되었으며, 나
의 재앙이 시작되었으며, 나 여호와의

심판이 시작된 징조라 그리 떠들고 아
우성을 치느니라.
8 그러면서 너희에게 믿으라, 그리고 재
물을 바치고 헌금을 바쳐 죽을 때 가
져가지 못하는 그 모두를 하늘나라 창
고에 그득히 쌓아 구원을 받으라 그리
가르치고 떠들고 있지 않으냐?
9 그러나 너희는 알라, 이미 이 세상에
죽은 자와 그리고 산 자를 구분하며
구원받을 자와 구원받지 못할 그 심판
이 이미 시작되어 진행되고 있음을.
10 나의 법전이, 나의 새로운 성경이 세
상에 내려감이니, '하나님! 말씀하옵
소서', '하늘에 오르는 길'이라는 이 법
전이 세상에 나와 전해지는 그 순간
에 구원은 지금 시작되었으며, 그리고
버릴 자를 버리는 이와 같은 역사가
이루어져 있거늘,
11 어찌하여 너희가 지금에 와서 심판의
역사가 시작될 것이며, 심판의 역사가
시작된다는 그 경고요, 선포요, 그와
같은 것으로써 나의 피조물 만백성들
을 달구는가?
12 '너희는 경고받아야 할 것이며, 경고
받기 전에 구원을 받으라, 그렇지 않
으면 구원을 받지 못할 것이니라.
13 그리고 재앙이요, 재난이 닥쳐오고 있
음이니, 이를 알지 못하는 자는 구원
을 받지 못할 것이니라.'
14 그리 나의 백성을 공포로 몰고 가고
있음이니라.
15 그러나 이미 조용히 나의 성령으로써
모든 역사를 이루고 있음이니라.
16 너희가 들림을 받을 것이며 휴거할 것
이라는 온갖 잡스러운 잡귀 같은 소리
를 가지고 나의 피조물 만백성들을 우
롱함이니, 그 죄를 너희는 감히 감당
할 수 없음을 알라.

7,807 번째 하나님 말씀

2003년 10월 6일 22시 54분

1 사랑하는 나의 아들아!
2 "네, 아버님! 말씀하옵소서."
3 나 여호와가 너희에게 뭐라 가르쳤던
가?
4 내가 일찍이 너희에게 그리 가르쳤음
이니라.
5 모든 세상사를 반대로 생각하며, 반대
의 입장에서 바라보는 그와 같은 마음
으로 살라 내가 그리 말하지 아니하였
던가?
6 너희에게 기초적인 가르침에서, 남을
대접할 때 대접을 베푼 사람이 시간을
내 준 자에게 감사하다 그리고 고맙다
는 그와 같은 말로써 대화하며 그와
같은 생각을 하고 살라 내가 너희에게
일찍 가르쳤음이니라.
7 이제 나의 법전이 100권이 넘어가며
나의 피조물 만백성, 선택된 너희가
나의 아들로부터 강론을 듣기를 수없
이 들었으니,
8 너희는 과연 지금 모두를 베풀어 주
면서 너희에게 베풀 기회를 준 사람
에게 정녕 감사하고 고맙다는 그와
같은 마음의 자세로써 살아가는 마음
이 되었는가?
9 그리고 너희는 과연 그와 같이 행동을
하고 살아가는가?
10 너희는 인간 세상에서 서로 받고 주는

것은 있을 수 있으나, 정녕 베풀 수 있는 것이 위대한 것이 아니요,
11 베풀 기회를 준 자가 있기에 그 베풀 기회가 있었음이니, 너희에게 베풀 수 있는 기회를 준 자에게 너희가 감사하다는 마음을 갖고 살라 그리하지 않았던가?
12 그와 같은 자가 있기에 너희가 나에게 와 그 선함의 상을 받는다고 그리 말하였으니,
13 그와 같은 행위요, 그와 같은 행동을 과연 얼마나 행하고 지키고 살아가는가?
14 어떠한 일이요, 어떠한 역사를 위하여 너희에게 기회를 주었으며 너희가 수고로움을 할 수 있도록 그 시간을 만들어 주며 장소를 만들어 준 자에게,
15 너희가 좋은 일이요, 선행을 할 수 있는 그와 같은 기회를 준 것을 감사함을 갖고 살라 내가 그리 말하였으니,
16 이제 나의 아들을 따르는 제자 너희는 과연 그를 얼마나 행하고 실천하는가?
17 너희에게 기회를 준 자에게 비방하지 아니하며 돌아서서 그를 욕하지 아니하며, 그에게 손가락질하며 저주하는 원망의 소리는 과연 하지 아니하는가?
18 너희가 정녕 너희에게 선행을 베풀 기회를 준 그 사람에게 감사하는 마음을 가지고 사는가?
19 너희 자신이 이제는 다스려 봐야 할 것이니라.
20 그 작은 것, 하나도 너희가 역사하지 못하며, 너희에게 은혜를 베풀 수 있는 선한 일을 할 기회를 준 그 고마운 사람이요, 감사한 사람에게 되려 욕을 하며 시비하는 그와 같은 생각을 하지 아니하고 사는가?
21 그렇다면 너희는 바로 무엇이더냐?
22 첫째는 나의 뜻을 거역하는 것이요, 너희가 선한 일을 베풀고 행했으며 육의 수고로움이 따랐으나, 그것은 수고로움이요, 은혜가 아니라,
23 너희 스스로 죄를 지으며 죄라는 사슬을 하나 네 목에 거는 그와 같은 행위를 하고 사는 것이니,
24 과연 그와 같은 백성은 지금 없으며 나의 아들을 따르는 제자들은 과연 없는가?
25 너희는 이와 같은 그 역사 하나하나를 과연 얼마나 실천하고 사는가 돌아다봐야 할 것이니라.
26 내가 너희에게 말하기를 거짓 하지 말라 하였거늘, 너희가 정녕 거짓을 하지 아니하고 살며 너희가 얼마만큼 변해 있는가?
27 너희가 필요에 따라서는 지금도 거짓하는 행위를 하지 않는가?
28 이와 같은 모두를 이제는 하나하나 점검하고 다스려 봐, 실수함이 없이 그리 살아가야 함을 너희는 알아야 할 것이니라.
29 내가 너희에게 나의 법전을 3회 이상 정독하면 그 속에 있는 뜻을 안다는 것이 무엇인 줄 알겠느냐?
30 너희는 망각이 있기에 듣고 봐도 잊어 버리는 것이 나의 피조물 만백성 너희이니라.
31 그러나 너희가 머릿속에 기억하여 한 번 심어 놓으며 또한 그것이 지워지지 않는 것이 너희가 가진 특성이니라.

32 그러니 너희에게 3회 이상 읽도록 하
는 것은,
33 너희 가슴에 와 닿는 것, 그리고 너희
가 살면서 실천하는 것을 몰라서 죄를
지으며, 기억이 나지 않아 죄를 지으
며, 몰라서 행하지 않는 그와 같은 것
을 내가 사전에 예방하며 너희가 실
수하지 않게 하려고 내가 3회 이상 정
독하고 깨우쳐 네 것으로 만들라 하였
음이니,
34 너희는 과연 그와 같이 정독했는가?
35 그리고 정독했으면 그 중하고 귀한 것
을 메모하여 평소 생활 속에서 그를
읽고 너희 것으로 만들어 과연 변화되
는 삶을 계획적으로 질서 정연하게 그
와 같은 변화의 길을 가고 있는가?
36 너희 자신은 변했다 생각하며 나의 뜻
에 역사한다 하나, 나 여호와가 보는
너희는 아무것도 변한 것이 없는 그와
같은 형국에서 지금도 행하고 있음이
니,
37 변한 것도 있으나 변하지 아니한 것이
더 많음이니, 내가 너희를 볼 때는 하
나도 변하지 아니하였다 함이 여기 있
음이니라.
38 그러니 너희가 50퍼센트 이상의 그
변함을 역사하여 달리기 시작해야 할
것이니,
39 지금서부터 너희 자신을 들여다보도
록 그리 네 제자들에게 가르치라, 사
랑하는 나의 아들아!

7,808 번째 하나님 말씀

2003년 10월 6일 23시 01분

1 사랑하는 나의 아들아!
2 **"네, 아버님! 말씀하옵소서."**
3 네가 잡은 그 밧줄에 사랑하는 사람이
벼랑 끝에 매달려 있음이니, 너희가
잡은 그 밧줄에 사랑하는 사람이요,
또한 너희 이웃의 형제가 거기에 매달
려 있음이니라.
4 그러니 그 줄을 잡는 자가 힘이 달려
그를 끌어올리지 못하고 중도에서 그
손을 놓고 포기한다면, 그 매달린 자
는 결과가 어찌 되겠는가?
5 너희가 붙잡은 그 밧줄에 벼랑에 사
람이 매달려 있음이니, 너희가 그를
참고 인내하며 끌어올리는 힘이 부족
하여 그를 끌어올리지 못할 때, 결국
너희가 그 모두를 포기하고 밧줄을 놨
을 때 거기에 매달려 있는 너희가 사
랑하는 사람이요, 이웃의 형제는 어찌
되었는가?
6 너희가 밧줄을 놓아 버리는 그 순간에
결국 그 매달려 있는 사람의 운명은
죽음의 길밖에 더 있겠는가?
7 그는 처참히 죽음으로써 모든 것을 끝
내는 그와 같은 결과가 될 것이니라.
8 내가 너희에게 이를 왜 말하겠는가?
9 지금의 모든 믿음의 길을 가는 백성이
요, 그리고 하늘에 오르는 그 백성이
라는 자들이 벼랑에 매달려 있는 그와
같은 형국이 되어 있음을 너희는 알
아야 할 것이니라.
10 수억의 헤아릴 수 없는 그 백성이 지
금 벼랑에서 밧줄에 매달려 있는 형국

이니, 이것이 바로 오늘의 내가 법전
을 내리는 그 역사이니라.
11 그러니 나의 법전이 결국 무엇인 줄
알겠느냐?
12 이는 곧 너희가 매달려 있는 밧줄과
같이, 나의 법전은 밧줄이요, 그를 잡
고 있는 것은 너희라는 것을 잊어서
는 아니 될 것이니라.
13 나의 법전이 세상에 나가 만백성을 깨
우침이니, 너희가 그와 같은 형국으로
써 역사함이니라.
14 그 법전은 내가 내린 밧줄이니 그 밧
줄로 하여금 모든 백성이 벼랑에 매
달려 있는 그와 같은 형국의 역사가
이루어지고 있음이니라.
15 그러니 너희가 힘이 들고 어렵다 해
그 밧줄을 놓았을 때 거기에 매달려
있는 그 백성은 과연 결과가 어떠한
것이 되겠느냐?
16 이와 같은 형국이 오늘의 그 역사함이
니라.
17 그리하여 매달려 몸부림치는 그 백성
을 구원해야 하는 것이 나의 법전을
읽고 깨우친 너희임을 알아야 할 것
이니라.
18 지옥의 벼랑에 떨어진 자들은 어찌할
수 없으나, 너희가 나의 법전을 전함
이니, 너희가 전한 나의 법전의 밧줄
에 매달리는 그 백성을 구원해야 함
이니,
19 아무리 힘들고 어려워도 그 밧줄을 놔
서는 아니 되는 것이 너희임을 알라.
20 너희가 그 밧줄을 놓았을 때 그 모든
백성은 벼랑에 떨어져 죽음밖에는 무
엇이 더 있겠는가?
21 이제 나의 법전을 세상에 전함이니,
나의 법전의 그 밧줄에 매달리고 붙잡
는 그 백성이 이루 말할 수 없을 것이
니,
22 너희는 힘을 합하여 어떠한 역경과 고
통이 있다 해도 그 밧줄을 놓아서는
아니 되며 그 백성을 구하도록 그리
해야 함을 알아야 할 것이니라.
23 너희가 나의 뜻에 따라 행함에 한 점
의 부끄럼이 없는 삶을 살아 천사와
같이 변할 때,
24 한 사람의 의인이 그 밧줄을 붙잡고
있을 때 수십억의 백성이 매달려도 그
밧줄은 끊어지지 아니할 것이며, 한
사람의 그 의인은 절대로 거기에 딸려
가지 아니함이니라.
25 너희는 크나큰 고목에 묶어 놓은 것처
럼, 그리고 영원히 빠지지 않는 크나
큰 쇠말뚝에 밧줄을 묶어 놓은 것처
럼, 어떠한 것이 매달려도 절대 빠지
지 않는 그와 같은 힘으로 역사할 수
있는 것은 한 사람의 의인이 그와 같
은 역사를 할 수 있을 것이니라.
26 나의 아들을 따르는 제자들이 바로 의
인이요, 천사와 같은 자가 수십 명 수
백 명이 나왔을 때, 너희가 그 밧줄을
벼랑에 아무리 늘어트린다 해도, 그
백성이 그를 붙잡고 올라올 때까지 너
희는 버틸 수 있으며,
27 그들이 스스로 구원을 받을 때까지 그
들을 지탱할 수 있는 것이 의인이 되
는 나의 백성이니라.
28 수많은 백성이 그 밧줄에 매달려 있음
이니, 그 밧줄에 매달려 있는 그 백성
을 구원하는 것이 너희가 해야 할 일

이니,
29 이는 바로 너희가 천사와 같은 마음
으로 먼저 변하는 자가 있어야 함을
알아야 할 것이니라.
30 나의 법전이 세상에 내려가는 것으로
써 그 많은 밧줄이 나의 백성을 구하
고자 함이니,
31 이미 떨어져 지옥 불로 가는 자들, 지
옥의 열차를 타는 자들, 벼랑 끝으로
떨어지는 자들, 거기에 떨어지는 자들
이 그 밧줄을 잡고 매달리니,
32 그들이 얼마나 소중한 제 생명의 밧줄
이라 생각하겠는가?
33 그러니 그 줄을 놓아 버리며 놓친다면
무엇하겠는가?
34 그들의 희망이 모두 다 끝나 버리니,
그 밧줄을 놓지 아니하고 지탱할 것이
너희가 역사해야 하는 것이니라.
35 수천 수억이 매달려도 그 밧줄이 끊어
지지 아니하고 떨어지지 아니하며 밧
줄을 놓지 않는 것은, 너희가 의인이
되어 의인의 기둥을 깊이 심는 그곳에
매여 있는 밧줄만 모든 백성을 구원한
다는 것을 절대 잊지 말라.

7,809 번째 하나님 말씀

2003년 10월 6일 23시 08분

1 사랑하는 나의 아들아!
2 **"네, 아버님! 말씀하옵소서."**
3 나의 성령이요, 나의 뜻을 명받아 만
백성을 구하는 종교 지도자라는 그 백
성이 뭐라 말하는가?
4 너희가 인간과 인간끼리, 나라와 나라
끼리 죽고 사는 전쟁의 실마리가 풀어
지지 아니하고 얽히고설켜 너희가 죽
고 사는 그와 같은 현장이 벌어지는
것을 보면서 너희는 뭐라 말하는가?
5 이것이 곧 말세의 징조요, 말세의 그
역사가 시작되며 나 여호와로부터 재
앙이 시작된 것이라 그리 말하느니라.
6 태풍이 불어 와 너희가 피해를 보며
어떠한 자연환경으로 작고 큰 손해를
입는 것들, 그리고 인재로 인하여 이
루어지는 작고 큰 모든 것을,
7 너희는 다 지금이 말세요, 나 여호와
의 재앙이 시작되는 것이며 국부적으
로 역사하는 것이라 나의 피조물 만백
성들에게 그리 겁주고 그들을 으르고
있음이니라.
8 그러나 너희는 알아야 할 것이니라.
9 너희가 세상에 내려감이니, 나 여호와
가 60점이라는 한계를 너희에게 주어
그 속에서 너희의 삶에 따라 너희가
어찌 사느냐에 따라서 모든 걸 이루고
취할 수 있는 그와 같은 것을 내가 너
희에게 만들어 주지 아니하였던가?
10 내가 명하여 내려 주었다 함을 너희는
명심해야 할 것이니라.
11 그러니 지금 60점의 그 삶에서 이루
어지는 작은 재앙들은 너희의 육의
욕심에 의한 것이며,
12 너희 스스로 욕심에 의하여 자초한 그
런 것을 가지고 너희는 이 세상에 나
여호와의 재앙이 이미 시작되었다며
나의 피조물 만백성들을 겁주고 으르
지 말라.
13 불의 재앙이요, 물의 재앙이요, 어느
날 갑자기 이 세상이 부서지고 너희가
죽고 사는 그와 같은 재앙은 절대 없

음을 알라.
14 나 여호와는 백성에게 그와 같은 역
사를 내리지 아니함을 내가 법전에 기
록하여 전함이니,
15 이제 종교 집단이요, 지도자 그 사악
한 자들이 나의 백성을 겁주며 제가
구세주나 되는 양 저희 손으로 지은
죄의 온상인 교회에 와 기도하고 재물
을 바치며 금화와 은화를 바치지 아니
하면 구원을 받지 못한다고 말하는
자,
16 저희 자신이 어떠한 자들이며 제가
나로부터 어떠한 벌을 받아야 할 것
인지 알지도 못하는 자들이 지금 모두
재앙을 들먹거리며 나의 피조물 만백
성들을 그리 다스리고 있음을 알아야
할 것이니라.
17 여기서 너희는 명확히 알아야 할 것
이며, 너희 제자들은 자신을 가지고
만백성에게 전해야 할 것이니라.
18 나로부터 어떠한 재앙이 있으며 내가
손을 놓으며 내가 너희를 버리는 그
역사가 있다면,
19 어찌하여 내가 제3의 시대를 열어 나
의 아들을 통하여 160권의 대장정인
나의 성령을 태워 너희에게 내려보내
는 이 법전이요, 새로운 성경을 세상
에 보낸단 말이던가?
20 그러니 너희는 이것으로써 재앙이 없
음을 알라.
21 나 여호와가 제3의 시대를 역사하는
것은 내가 너희에게 지금 심판의 시
대를 역사하고 있으며, 이미 나의 심
판은 이 지상에서 역사하고 이루어지
고 있다 그들에게 전하라.
22 심판이라는 것이 얼마나 무섭고 두려
운 것인가를 너희가 아직 모르고 있
음이니,
23 인간 육의 세상에서 불의 재앙이요,
물의 재앙이요, 갑작스럽게 생긴 어떠
한 재앙의 변화, 그 모든 것이 너희가
나로부터 심판을 받아 지옥 불에 가
그 대가를 치르는 것보다 더 무섭고
두려움이 있다 생각하느냐?
24 너희는 심판의 결과보다도 더 무섭고
두려운 재앙이 없을 것이니 그리 알아
야 할 것이며, 육의 세상의 재앙은 없
음이라 그리 전하라.
25 재앙이 있으며 내가 너희를 버리며
손을 놓는다면,
26 어찌하여 제3의 시대의 역사를 이루
며 나의 아들을 세상에 보내 160권의
대장정을 만들어 이 지구가 존재하는
날까지 하늘에서 이루어진 지상의 낙
원을 이루는 그 역사를 천 년에 걸쳐
이룬다고 내가 말을 하겠는가?
27 나 여호와를 믿지 않는 백성 때문에
재앙을 내린다고 종교 집단이요, 지도
자들이 그리 으르고 겁을 주느니라.
28 그리하여 너희 손으로 지은 성전에 와
기도하고 경배하며, 너희에게 금화와
은화를 바치는 자는 구원을 받으며 그
렇지 않은 자는 구원을 받지 못한다고
말함이니라.
29 나 여호와가 재앙은 없다 하였으며,
30 내가 재앙을 내린다면, 나를 믿는다며
거짓된 자들이요, 나를 기만한 자들이
요, 지금 믿음의 길을 가는 백성 너희
머리에 내가 제일 먼저 재앙을 내릴
것이며,

31 너희에게 그와 같은 벌이 내려질 것
임을 알아야 할 것이니라.
32 그러니 너희 자신이 지금 가는 길이
어떠한 길인가?
33 나 여호와를 경배하며 나 여호와의 뜻
에 살아가는 그와 같은 것이 아니요,
34 너희는 나의 은혜를 저버리며 나를 기
만하며 나를 속이며, 나 여호와가 해
서는 아니 되며 하지 말라는 명령을
거역하고 사는 것이 오늘의 종교 집단
이요, 지도자들이니,
35 너희가 이방인이라는 나의 백성보다
도 먼저 너희에게 재앙이 내려짐을
알아야 할 것이니라.
36 그리고 너희는 여기서 알아야 할 것
이니라.
37 모든 백성이 나의 아들딸이니,
38 이방인이라 하는 자, 믿음의 길을 가
는 자, 고깔을 쓰고 춤을 추는 자, 점
술가라 하여 점을 치는 자, 그 모두는
다 나의 백성이니,
39 내가 구원하는 그 은혜를 내린다면
똑같이 너희에게 내려 준다는 것을
잊지 말라.
40 내가 내리고 안 내리는 것을 선별해서
내리는 것은 나의 고유 권한이니, 너
희가 감히 단죄하지 말라, 어리석은
백성들아!
41 저 자신이 오답을 가진 자가 정답을
가진 백성을 가지고 탓하니, 그 정답
을 가진 백성이 너희 보기를 어찌 보
는가?
42 불쌍하고 가련한 백성이라며 말없이
고개 숙여 웃고 있는 그들의 모습을
볼 날이 있을 것이니라.

7,810 번째 하나님 말씀

2003년 10월 6일 23시 14분

1 사랑하는 나의 아들아!
2 **"네, 아버님! 말씀하옵소서."**
3 모든 종교 집단이요, 지도자들이 나의
백성을 얼마나 불안과 공포의 도가니
로 몰고 가는가?
4 너희는 갑자기 어느 날 끔찍한 돌발적
인 재앙이 일어날 것이며, 어느 날 밀
어닥치는 그 재앙 속에 너희는 구원
을 받지 못하며 지옥 불로 가 고통을
당함이니,
5 갑자기 생기는 끔찍한 돌발 사태요,
그 재앙에 대하여 구원을 받는 길은
믿음의 길을 가는 백성이요,
6 그 길을 가지 아니하는 자는 그와 같
은 돌발적인 사태에서 구원을 받지 못
한다고 가르치느니라.
7 그와 같은 것이 오늘의 종교 집단이
요, 지도자들이 하는 짓이며, 그리하
여 모든 나의 백성에게 그와 같은 방
법으로써 복음이라 하여 그들을 깨우
치고 전함이니,
8 너희는 그와 같이 공포의 도가니로써
나의 피조물 만백성을 이끌고 가고 있
음이니라.
9 너희는 예수를 믿고 너희 손으로 지은
교회에 와 헌금을 바치며 모든 봉사를
하는 그와 같은 역사를 하지 아니하면
돌발적인 그 처참한 재앙에 살아남을
자가 없으며 견딜 자가 없다고 말하
느니라.
10 그러면서 너희는 그와 같은 생각을
하느니라.

11 나 여호와가 재앙을 내리며 부분적으
로 재앙을 내려 너희를 깨우치게 하
며,
12 그리하여 희생양을 가지고 내가 너희
백성을 다스릴 자, 그리고 믿음의 길
을 가는 자, 지금 나 여호와를 경배하
는 자는 피하여 다른 백성에게 재앙
을 내려 너희에게 그 은혜가 있음을
보일 것이라는 그와 같은 착각 속에
있으나,
13 그 깨달음에서 너희는 깨닫지 못하는
속에서 착각에서 벗어나야 함을 알아
야 할 것이니라.
14 너희는 알라.
15 지금의 교회요, 종교 집단이 회개하고
깨우쳐 본래의 인간의 본성이요, 나
여호와가 너희에게 처음에 심어 주었
던 그 성령의 아름다운 그 뜻대로 되
돌릴 수 없으며 돌아갈 수 없이 타락
된 것이 바로 너희임을 알아야 할 것
이니라.
16 그리하여 나 여호와가 너희를 심판하
기 시작하였으며 너희를 구분하는 역
사가 시작하였음을 알아야 할 것이니
라.
17 내가 나의 아들에게 일찍이 전했듯이,
너희는 육의 세상의 재앙이 두렵고 무
서우며 불바다요, 물바다로써 너희가
죽고 살며 화산이 터지며 지구가 깨지
는 이와 같은 것으로써 육신에 고통을
받는 그 재앙이 두려운 것처럼 너희는
나의 피조물 만백성들을 그리 인도하
지 말라 하였음이니라.
18 정녕 무섭고 두려운 그 재앙은, 너희
가 어찌 살았느냐에 따라서 그 심판을
받아 지옥 불로 떨어지는 그 벌보다
더 무서운 재앙이 없으며 그보다 더
고통스러움을 대신할 것이 없다 하였
음이니라.
19 너희가 어찌 살았느냐에 따라 나에게
심판을 받아 천국에 오르느냐 지옥으
로 가느냐 하는 것이 더 큰 재앙의 역
사거늘,
20 내가 어찌하여 그 돌이킬 수 없는 무
서운 재앙을 놓고, 육의 재앙이요, 육
의 모든 것을 끔찍한 돌발적인 재난으
로 너희를 심판한다고 말하는가?
21 육의 재앙이요, 아무리 끔찍한 돌발적
인 사태로써 내가 너희에게 물이요,
불의 심판을 준다 해도,
22 살아 있는 지옥 불에 가 영원히 그 죄
의 대가를 치르는 그것보다 더 무섭고
더 큰 재앙이 없거늘,
23 그와 같은 큰 재앙을 두고 내가 육의
세상에 무슨 재앙을 내린다는 착각을
하지 말라.
24 나는 나의 아들을 통하여 너희에게 육
의 재앙이 없음을 알리며,
25 심판에 의하여 너희가 그 잘못되어
무너진 삶으로 인하여 한번 들어가면
출구가 없는 지옥에 들어가 그 대가를
치르는 것이 너희에게는 제일 크나큰
재앙이며,
26 그 재앙이 기다리고 있으며 그 재앙의
길을 너희는 가게 되어 있거늘, 내가
어찌하여 임의로 너희에게 불의 심판
이요, 물의 심판이요, 끔찍한 재앙을
내린다고 생각하는가?
27 그 육의 세상에 내리는 재앙은 끔찍한
재앙이 아님을 알라 전하라.

28 너희가 정녕 나 여호와로부터 받는 그
재앙은 심판의 결과에 의해 지옥으로
가는 그 재앙이 무섭고 두려운 재앙일
것이니 그리 알라 전하라.

7,811 번째 하나님 말씀

2003년 10월 6일 23시 20분

1 사랑하는 나의 아들아!
2 "네, 아버님! 말씀하옵소서."
3 모든 죄악의 온상이 오늘의 종교 집단
이요, 지도자요, 그리고 너희 손으로
지은 그 건축물 안에서 믿기만 하면
구원을 받는다고 가르치는 자들이 인
간의 욕심을 버리지 못한 자들이니라.
4 그리하여 그들로 하여금 이 세상에 사
탄이 들끓게 되었으며 사악한 자들이
이 세상을 지배하는 그와 같은 형국이
되었음을 너희는 알아야 할 것이니라.
5 모든 종교 집단이요, 지도자들이 사랑
과 겸손으로써 살아가야 하거늘, 그들
이 제 마음속에 있는 인간의 욕심을
버리지 못함이니, 사탄의 자식으로서
전락된 자들이 그들이니라.
6 너희는 사탄의 자식으로서 되어 있지
않다 그리 말하나,
7 너희가 사탄의 자식으로서 되어 나의
피조물 만백성을 그리 가르치고 인도
하지 아니하였으면, 사탄의 가르침이
요, 사탄의 뜻을 전하지 아니했더라면
오늘에 이와 같은 험악한 세상이 되지
아니하였을 것이니라.
8 너희는 천사로서 존재하는 것이 아니
요, 나 여호와의 목자로서 역사하는
것이 아니요,
9 사탄의 자식이요, 사탄의 종으로서 활
동하고 역사했기 때문에 오늘에 이 지
상이 이와 같이 처참하게 타락되었음
을 너희는 알아야 할 것이니라.
10 지금의 나의 백성이 어찌 살아가는가?
11 나의 사랑하는 그 백성이 인간의 본
성을 다 저버렸으며, 그저 살아감에
있어서 먹고 마시고 즐기며 타락과 쾌
락의 그 속에 젖어들어 가는 것을 가
장 큰 기쁨이요, 행복이요,
12 그와 같은 시간을 많이 가질 수 있는
자가 축복받은 자라 지금 생각하며 나
의 백성의 생활이 그러함이니라.
13 인간의 욕심을 채우기 위해 인간으로
서는 상상할 수도 없는 죄악을 범하고
도 그 죄가 두렵고 무서운 것을 모르
며, 또한 그것이 죄라는 의식까지도
잊어버리고 사는 나의 백성으로 만들
어 놓은 것,
14 그것은 자기만을 위주로 살아가도록
가르친 종교 집단 지도자 너희가 사탄
의 자식으로서 역사했기 때문이니라.
15 그리하여 지금 모두를 다 잊고 살아가
는 그와 같은 백성이 되어 있음이니라.
16 너희는 육신의 정욕이요, 또한 재물의
남용이요, 그리고 가진 자의 만행이
요, 권력 있는 자의 만행이요, 권력을
가진 자가 인간을 짓밟는 그와 같은
차별화된 세상이 되어 있으며,
17 인간으로서는 감히 생각할 수 없는 그
잔인성이요, 폭력이요, 그 사악한 모
든 것을 휘두르고 남용하며 살아가도
록 가르친 것이 바로 너희임을 알아
야 할 것이니라.
18 자신만을 생각하며 자신만을 위해 역

사하는 것, 그리고 모든 인간의 본성
이요, 낳아 준 부모의 은혜요, 형제의
사랑마저도 다 짓밟게 한 것이 오늘
의 종교 집단 지도자 너희가 가르친
그 책임이요,
19 너희가 그와 같은 역사의 힘을 이루도
록 재물을 갖다 바치며 구원의 길이라
울고불고한 그 사악한 백성과 지도자
가 똑같은 자라 내가 말함이 여기에
있음을 알라.
20 이러한 나의 지상 낙원을 무너트리며
병들게 한 자들이 바로 무엇이더냐?
21 사탄의 자식이 아니고는 이와 같은 세
상을 만들 수 없으며, 이와 같은 형극
으로 이끌어 갈 수 없으며,
22 인간이 인간을 보기를 두려워하며, 인
간을 보기를 도적이요, 강도요, 사기
꾼이요, 거짓된 자로 불안과 공포로써
바라보는 그와 같은 세상이 되어 있음
이니,
23 인간이 인간을 믿지 못하는 그와 같은
세상보다 더 이상 비참하며 더 이상
사악한 세상이요, 종말이요, 너희가
말하는 말세의 세상이 있겠는가?
24 내가 일일이 구구절절이 너희가 행하
는 것을 하늘에서 바라보는 내 뜻을
다 기록한다면 밤을 새워 기록해도 기
록하지 못할 만큼 타락되어 있으며 썩
어져 있음이니라.
25 지금 이 세상에 나의 성령으로 임하는
백성을 찾아볼 수 없으며 내 뜻에 의
해 살아가는 백성을 볼 수 없으며 실
천해 가는 백성을 볼 수 없는 이와 같
은 형극이니라.
26 그러니 재앙이 올 것이며 갑작스러운
무서운 환란이 올 것이며 심판을 받는
다 말하는 그게 바로 무엇인 줄 알겠
는가?
27 저 자신이 죄 속에서 헤어나지 못하며
저 자신이 그와 같은 벌을 받고도 남
는다 생각하는 종교 집단이요, 지도자
요, 그리고 거기서 구원의 길을 간다
는 백성 그들이, 너희가 말하는 천벌
을 받고도 남을 죄를 짓고 사는 그 마
음이기에,
28 스스로 불안하고 겁이 나는 저희 마음
을 표현하는 것이 남을 위해서 하는
것처럼 남들만 해당하는 것처럼 지도
하고 떠들고 가르치는 자들이라는 것
을 잊지 말라.
29 너희가 죄를 짓고 지금이 말세라 하며
말하는 그 모두는 천벌을 받을 만한
죄를 지은 자들이기 때문에 그와 같은
말을 하는 자들이니,
30 그들이 바로 사탄의 자식으로 역사한
자들이 스스로 생각해도 제가 구원을
받을 수도 없는 그와 같은 한계요, 그
와 같이 타락된 것을 입으로 항변한
다는 것을 알라.
31 이제 나의 성령으로써 임하며 나의 성
령으로써 모두를 행하는 나의 아들을
따르는 제자, 너희가 있기에 오늘의
그 모두는 미래가 있으며,
32 너희가 있기에 나 여호와가 오늘의
너희를 기다리며, 너희가 말하는 어떠
한 재앙도 내가 세상에 내리지 아니
한다는 것을 알라.

7,812 번째 하나님 말씀

2003년 10월 7일 06시 35분

1 사랑하는 나의 아들아!
2 "네, 아버님! 말씀하옵소서."
3 내가 너에게 '나는 여호와이니, 내 뜻
을 받아 기록하여 만백성에게 전하라'
는 그 단 한 마디의 내 명령에 네가 오
늘을 가고 있으며,
4 네가 나에게 기도요, 경배를 드릴 때,
내가 십계명을 암송하라 하였음이니,
단 한 번도 암송하지 아니하고 나에게
경배하며 기도를 드린 적이 없음이니,
5 너는 이것으로써 모든 소임을 다한 나
의 아들이라 말해도 한 점의 부끄럼이
없음을 알아야 할 것이니라.
6 사랑하는 나의 아들아, 너의 제자에게
깨우쳐 주어야 할 것이니라.
7 참진리요, 하늘의 뜻은 간단한 것이
며, 너희 손안에 모두 다 있음을 알라
전하라.
8 내가 너희에게 거짓 하는 것은 살인
하는 것과 같기에 거짓 하지 말라 하
였음이니, 너희가 거짓말하는 것, 그
자체가 어디서 나오는가?
9 너희가 하는 말이 참진리냐 거짓이냐
하는 것은 너희 스스로 입에서 나옴
이니, 진실과 거짓은 하늘과 땅보다
더 차이가 나는 것이라 하지 아니하였
던가?
10 내가 너희에게 거짓 하지 말라 하는
것도, 너희 입을 통해서 나오는 그 말
이 거짓말이냐 아니냐 함이니,
11 이것은 다 너희가 마음먹기에 달렸으
며 생각에 달린 것이 아니더냐?
12 모든 나의 백성은 거짓말을 하지 아
니하고 살 수 없다고 말하나, 그 거짓
말이 나오는 것이 네 입을 통하여 네
의사대로 나오는 것이 아니고 남들이
그리 시키고 남들에 의해서 나오는 말
이더냐?
13 거짓말이라는 그 자체는 너희 입을
통해서 나오며 너희 생각에 의해서
나오는 것이며, 어떤 다른 것을 통해
서 나오는 것도 아님이니,
14 너희가 너희 입을 닫으면 거짓이 아니
될 것이요, 너희 입에서 나오는 말이
거짓말이냐 아니냐 하는 것은 너희가
알고 있음이니,
15 너희 입으로 말을 하지 아니하고, 그
말을 전하고 안 전하는 것에 거짓이
세상에 나오고 못 나오는 그와 같은
역사가 이루어지는 것이 아니더냐?
16 모든 세상의 이치가 그러하니라.
17 그와 같이 간단한 것을 너희는 지키지
못하며 행하지 못한다며 시시비비를
함이니, 그게 얼마나 나를 거역하는
백성이며 나를 욕되게 하는 백성인지
를 내가 일찍이 너희에게 깨우쳐 주
었음이니라.
18 너희가 살아가면서 나의 뜻을 지키고
행할 수 없는 것이라 말하나,
19 나의 법전이 세상에 나감이니 이를 지
키고 깨닫는 것이 하늘의 길이라 하는
자는 두려움과 무서움을 알 것이며,
20 그와 같은 마음을 갖지 아니한 자는
이는 인간이 지킬 수 없는 것을 쓸데
없이 제 생각이요, 제 뜻으로 그리 전
했다 말할 것이니라.
21 그러거든 그들에게 말하라.

22 '네가 네 뜻대로 모든 것을 기록하여
전하되, 160권의 대장정의 역사를 네
가 과연 기록할 수 있는가?' 그를 물
어보라.
23 제가 할 수 없는 것이라면 어찌하여
이를 인간이 역사한 것이 아니요, 나
여호와 창조주가 명했다는 그것 하나
깨닫지 못하고 어리석은가 그리 묻도
록 하라.
24 이제 너희는 그와 같은 당당한 모습
이요, 당당한 행동으로써 모두를 밀고
나가야 함을 잊지 말라.
25 이제 내가 오늘 아침 너를 통하여 말
하니,
26 거짓이 아닌 그 모든 것은 너희 입을
통하는 것이며 너희 생각을 통해서
나오며 너희로부터 모든 것이 이루어
짐이니,
27 너희가 입을 닫고 거짓을 하지 아니하
면 말이 헛 나오지 아니하며 세상에
전해지지 아니하는 것이니라.
28 너희가 나의 계명이요, 나의 법전을
지키고 살고 못 사는 것은 다 너희 손
에 달렸다 함을 깨우쳐 주라, 사랑하
는 나의 아들아!
29 그를 모르고서는 너희를 다스릴 수
없으며 너희가 역사할 수 없는 것이
니라.
30 이제 내가 너에게 다시 말하여 너의
제자들에게 전함이니,
31 나의 법전이 세상에 내려오니 어떠한
것도 이 법전을 대신해서 말할 수가
없으며, 이보다 더 위대한 강론을 들
을 수 없으며 이보다 더한 깨달음을
듣고 배울 수가 없는 것이니라.
32 어느 곳에 어떠한 스승을 찾아가 대화
하며 공부를 한다 해도, 다 너희 생각
에 미치지 못하는 것이 그들의 가르침
이요, 그들이 가진 것을 알게 될 것이
니라.
33 저희가 말하는 것은 하늘에 오르는 길
이요, 나 여호와의 뜻은 오로지 저희
를 따르고 저희와 다 같이 가는 것이
천국에 가는 길이라 말하며,
34 나의 법전이요, 나의 아들은 거짓 선
지자요, 잘못된 자라 말하며, 아무리
강론하고 깨우치는 것을 듣고 들어도
그것이 다 아이들 장난하는 것 같으며,
35 너희 생각이요, 너희가 깨닫는 그 세
상을 넘을 수 있는 것은 하나도 없음
이니라.
36 그것이 무엇인 줄 알겠느냐?
37 곧 나의 법전이니라.
38 너희가 욕심을 비우고 비웠을 때, 그
들이 얼마나 부질없는 짓을 하는지 알
수 있으나,
39 너희가 거짓 하는 마음이요, 욕심을
버리지 못하고 그를 듣고 볼 때는 현
혹되게 되어 있음이니,
40 이 세상에 참진리는 나 여호와가 나의
아들을 통하여 내리는 새로운 성경이
요, 나의 법전밖에 없음을 너희는 명
심하고 또 명심해야 할 것이니라.
41 사탄들이 모두를 다 사악하게 하며 현
혹할 수 있음이니라.
42 그리고 너희가 알다시피, 사탄이 착하
고 아름다운 자의 마음을 혼동하게 하
며 작은 역사를 이룰 수 있음이니라.
43 나 여호와를 속이며 나의 눈치를 보지
않는 그와 같은 상태에서 그들이 사악

한 짓을 더 할 수 있음이니라.
44 그리고 저희가 무엇인가를 이루고자 하는 그것도 나의 범주를 벗어나서는 절대로 할 수 없는 것이니라.
45 그러니 오로지 참진리요, 하늘에 오르는 길은 나의 법전이요, 새로운 성경 이것밖에 없음을 알라.
46 어떠한 역사에도 현혹되어서는 아니 될 것이며, 너희가 눈을 뜨고 마음을 열고 어느 선생에게 가서 강론을 듣는다 해도 이제는 너희 마음을 충족시킬 곳이 없느니라.
47 다만, 욕심을 버리지 못하고 본다면 거기에 미혹되어 지옥 불로 가는 그와 같은 인생의 삶을 살게 되는 것이 너희라는 것을 잊지 말라 전하라.
48 어느 곳에도 나의 법전이요, 나의 성령이 전해지는 곳은 더 이상 없음이니라.
49 한 시대에 내가 한 사람을 선택해 모든 것을 명하며, 두 사람에게 명함이 아니니라.
50 나의 아들 예수가 온다는 것을 예언한 자도 나의 아들보다도 더 능력이 있으며 더 앞에 가는 자가 아님을 너희는 알고 있지 않은가?
51 내가 성경에 보혜사가 온다고 전했으며, 그 뜻이 전해질 것이며 새로운 자가 역사한다는 것을 기록하여 너희에게 전했듯이,
52 그렇다 해서 그것이 나의 아들을 통하여 내리는 나의 성경보다 앞에 있는 것이 아니요,
53 안내자와 정녕 보내진 자와의 그 차이가 무엇인지 알겠는가?
54 주인과 종의 역할이요, 그 한계를 지금 구분하지 못하는 것이 나의 어리석은 백성이니 그리 알라.
55 너희에게 미리 온다는 것을 알려주는 것은 예언이요, 안내자의 역할을 하게 되어 있는 것이며, 제가 직접 보내져 온 것은 무엇이더냐?
56 보낸 자가 오는 것은 나의 뜻을 따라 역사하는 것이니, 이 세상에 나의 뜻으로 역사하는 것은 두 사람이 없으며 두 그림자가 없음을 알라, 사랑하는 나의 아들딸들아!

7,813 번째 하나님 말씀

2003년 10월 7일 06시 39분

1 사랑하는 나의 아들아!
2 "네, 아버님! 말씀하옵소서."
3 지금의 어리석고 불쌍한 종교 집단이요, 지도자들이 나의 백성을 미혹하고 현혹하여 저희 마음대로 그들에게 제왕적인 행동을 하기 위해 그들이 내세우는 것이 무엇인지 알겠느냐?
4 인간은 죄를 짓지 아니하고 살 수 없으며, 인간은 스스로 죄를 용서받을 수 없다고 말하면서,
5 인간이 죄를 짓는 것은 하늘에 오르는 것과 관계없으며 오로지 믿음이라는 그 길만 가면 죄를 용서받을 수 있는 것이라 가르침이니,
6 나의 백성이 이 길을 가야 할 것인지 저 길을 가야 할 것인지 스스로 판단을 못 하게 해 놓은 자들이니라.
7 너희는 여기서 그 백성에게 전해 주라.

8 누가 뭐라 해도 이 세상에 너희가 죄
지으며 사는 것, 그리고 어찌 사느냐
하는 그것이 바로 반드시 심판의 기준
이라는 것을 알아야 할 것이니라.
9 너희는 그를 모르는 자가 말하거든 그
들에게 깨우쳐 주라.
10 너희가 이 세상에 창조주 어버이로부
터 생명을 받아서 나왔음이니, 죽고
사는 그 원인이 어디 있는가 그것을
물어보라 말하라.
11 그가 말 못 하거든 그리 가르쳐 주라.
12 너희가 이 세상에 나로부터 성령을 받
아 나와 죽고 사는 것, 그 자체가 너희
의 죄 때문이라는 것을 깨우쳐 주라.
13 죄가 없는 자는 죽지 아니하며 영원히
존재한다는 것, 그러나 너희가 육을
갖고 죽고 사는 것은 죄에 따라서 죽
고 사는 것이니,
14 바로 너희의 죄를 가지고 죽고 사는
것은 육에서 일어나는 그 현실이라는
것을 안다면 너희는 결국 죄 때문에
죽게 됨이니, 그 죄 때문에 심판을 받
지 아니한다는 어리석은 말을 하지 말
라 그리하라.
15 너희가 죽어 가는 것은 죄 때문에 죽
음이니, 곧 그 죄로 인하여 죽어 나에
게 와 심판을 받음이니, 너희가 행한
그것으로써 모든 심판의 기준이요, 그
를 근본으로 하여 모두 역사하는 것
이니,
16 거기에 현혹되지 말며, 그와 같이 거
짓된 자들은 이제 그 모두를 중단하
라, 그리 깨우쳐 주라.
17 내가 다시 한 번 나의 아들을 통하여
너희에게 깨우쳐 줌이니라.
18 너희의 육이 이 세상에 나올 때 나로
부터 모든 것을 다 받아서 나오니,
19 내가 내린 그 심성의 아름다움을 가지
고 살면 너희가 죽고 사는 것이 없음
이니라.
20 너희가 죽는 것은 죄 때문에 죽는다는
엄연한 사실을 알라.
21 그러니 그 죄로 인하여 너희가 벌을
받는다는 것은 당연함을 알라.
22 너희의 그 죄가 얼마나 무섭고 두려운
가?
23 너희의 육의 생명이 죽고 사는 것도
죄 때문이니, 그 이치를 안다면,
24 너희가 하늘에 와 나에게 심판을 받아
죽고 살게 하는 것도 그 육의 죄에 의
하여 심판을 받는다는 것을 스스로 너
희가 알게 될 것이니 그리 알라, 사랑
하는 나의 아들아!

7,814 번째 하나님 말씀

2003년 10월 7일 06시 45분

1 사랑하는 나의 아들아!
2 **"네, 아버님! 말씀하옵소서."**
3 사랑하는 나의 백성 너희가 생각하기
에 따라 모든 것을 통제할 수 있으며
다스릴 수 있는 것이 인간이 가진 능
력이라 그리 말하였음이니라.
4 그와 같은 능력을 갖고 나의 백성을
바른길을 보며 하늘에 올라와 축복을
받도록 그리 가르치지 아니한 것이 오
늘의 종교 집단이요, 그들의 가장 어
리석은 행위가 무엇인 줄 알겠느냐?
5 내가 너희에게 마음 한자리 다스리며
생각하기에 따라서 세상은 다 바뀐다

고 하지 않았던가?
6 그러나 모든 종교 집단이요, 지도자 그 백성이 가장 어리석은 깨달음이 무엇이더냐?
7 나의 아들 예수를 믿기만 하면 그 보혈로써 은혜를 받는다 함이니, 나의 아들이 너희 병을 치료해 주러 세상에 온 것이 아니요,
8 너희 스스로 병을 치료하여 만백성을 구하는 그 의술을 가르치러 세상에 왔다고 생각하면 감히 그와 같은 말을 할 수 없는 것이 아니더냐?
9 나 여호와가 나의 아들을 세상에 보낸 것은 병든 너희를 고치고 치료해 주기 위해 나의 아들 예수를 보내지 아니하였음이니라.
10 나의 아들 예수가 아무리 많은 백성을 고친다 한들 그가 역사하는 3년 반 동안에 얼마나 많은 병든 자를 고치며 치료할 수 있다고 생각하는가?
11 그러나 나의 아들이 3년 반의 세월을 살면서 그가 병을 고칠 수 있는 많은 제자요, 백성을 육성해 놨다 하면, 그 기술을 전수해 주는 것이 당연하며, 그 기술을 전수해 줌으로써 이 세상에서 만백성들을 계속 치료하고 고칠 수 있는 그와 같은 역사가 이루어지는 것이 아니던가?
12 그러니 나의 아들 예수가 죽음으로써 보혈로 너희의 죄를 대속하여 구원하고자 이 세상에 온 것이 아니요,
13 나 여호와가 가르쳐 준 그 의술을 가지고 나의 피조물 만백성을 지옥에서 구원하며 그들에게 하늘에 오르는 길을 가르쳐 주는 그 방법을 전함이니, 곧 이를 생각해 보라.
14 나의 아들 예수는 나의 피조물 만백성에게 사람을 치료할 수 있는 의술을 전달하고 깨우쳐 주기 위해 세상에 온 것이요, 너희를 치료해 주기 위해 예수가 온 것이 아니라는 것 하나만 깨닫고 그 하나만 생각할 수 있는 지혜가 있다 해도,
15 오늘과 같이 나의 사랑하는 모든 백성에게 금화와 은화를 거둬들이는 사기극을 벌일 수 없을 것이며 그와 같은 방법으로 나의 백성을 인도한다 할 수 없음이니라.
16 너희 또한 너 자신이 구원을 받겠다는 그 욕심 하나를 버린다 하면 이와 같은 이치를 다 알 수 있는 것이 아니더냐?
17 어찌하여 너희는 나의 아들 예수가 너희 입안에 하나하나 밥을 떠 넣어 주는 그와 같은 형국을 하려고 세상에 왔다 생각하느냐?
18 나의 아들 예수는 너희에게 밥 짓는 방법을 가르쳤으며, 그 밥을 짓기 위해 곡식을 구하는 방법을 가르쳐 주려고 왔으며, 이와 같은 것을 가르쳐 주고 깨우쳐 주기 위하여 나의 아들 예수가 세상에 와 역사하였음이니라.
19 그리하여 참진리가 무엇이고 진리의 길이 무엇이고 하늘에 오르는 길이 무엇인지를 너희에게 깨우쳐 주고 가르쳐 주고자 하였느니라.
20 그러나 너희가 그 어렵고 힘든 길을 갈 필요가 없으며, 정도의 깨달음이요, 참진리를 간다면 오늘과 같이 교회를 지을 필요가 없으며,

21 궁궐과 같이 지어 아름다운 그와 같은
형태를 이룰 수 없으며 나의 피조물
만백성들이 너희에게 재물을 바치지
아니하였으며, 너희 말에 무조건 복종
하며 고리에 끌려가는 짐승과 같은 형
국으로 절대 따라가지 아니할 것이니
라.
22 그리하여 너희는 그들에게 고리를 채
우고 옹벽에 가두려고 그와 같은 사
악한 방법으로써 역사했음이니라.
23 그러니 나의 아들이 너희의 병을 직
접 치료해 주는 것이 아니요, 치료하
는 방법을 가르쳐 주기 위해 왔다면,
나의 아들 예수의 보혈로써 하늘에 오
르는 구원의 길을 역사하는 것이 아니
요, 너희에게 하늘에 오르는 길을 깨
우쳐 주고 가르쳐 주고자 하여 세상에
왔음이니,
24 나의 아들 예수가 너희에게 전하고자
했던 그 뜻을 그대로 알지 못하는 백
성은 의술을 배우지 못하는 백성이요,
밥을 떠먹을 줄 모르고 입만 벌리고
앉아 있는 그와 같은 백성이요, 떠 넣
어 주기를 바람이니라.
25 나의 아들 예수는 천 년 만 년이 되도
너희 입에 밥을 떠 넣어 주는 일은 없
으며 너희 병을 치료하는 것은 없을
것이니라.
26 그러하니 지금 모든 믿음의 길을 가는
백성이 지옥 불로 가며 나와 관계없다
는 것이요, 그저 굶어 죽는 자요, 그저
입을 벌리고 먹이 물고 오는 어미를
기다리며, 오지 않는 그 어미를 바라
보다 죽어 가는 것이 오늘의 믿음의
길을 가는 신도요, 구원을 받았다며
'아멘, 할렐루야!' 하며 악을 쓰며 울
고불고 광란하는 짓은 무엇이더냐?
27 배고파서 소리 지르다 그저 말라죽은
그 벌레요, 그 소리를 듣고 올라오는
뱀에게 먹히는 그와 같은 꼴이 되어
있는 것이 오늘의 믿음의 집단의 형태
라는 것을 내가 이리 상세히 나열하여
나의 법전에 기록하여 전함이니,
28 이 모든 깨우침이 인간의 생각으로써
너희에게 전해 주고 깨우칠 수 있는
역사라 생각하는가?
29 너희가 나의 법전을 읽고 보지 아니하
면 구원의 길을 볼 수 없다는 그 무서
운 사실을 다시 한 번 상기해야 할 것
이니 그리 알라.

7,815 번째 하나님 말씀

2003년 10월 7일 11시 31분

1 사랑하는 나의 아들아!
2 **"네, 아버님! 말씀하옵소서."**
3 나 여호와가 사랑하는 너희를 위하여
수없이 내릴 상과 상장이요, 상품이
그득히 쌓여 있다 하지 아니하였던가?
4 다만, 너희가 이를 받을 자격을 갖춘
우등생이 되었을 때 나 여호와는 너희
에게 그를 내리니, 그 기쁨이요, 나 여
호와의 가장 축복받는 길이라 하고 있
음을 아는가?
5 너희는 알아야 할 것이니라.
6 내가 너희에게 두 마음을 갖는 자가
되지 말며 두 뜻을 가지면 아니 되는
것이라 내가 그리 전하고 깨우쳐 주었
음이니라.
7 과연 나의 아들을 따르며 나의 법전을

가지고 공부하고 깨우치는 백성 너희
가 두 마음을 갖는 때가 없으며 두 마
음의 생각을 과연 하지 아니하고 살아
가는가?
8 너희가 두 마음에 흔들리며 두 가지
마음으로 항상 계산된 생각을 하고 있
다 하면, 너희는 정녕 나로부터 무엇
을 얻을 수 있으며 나로부터 무엇을
구할 수 있다고 생각하지 말라.
9 나 여호와가 너희에게 깨우치기를 두
마음을 가진 자보다 더 사악한 자가
없다 그리 말하였음이니라.
10 그리하여 두 마음을 가진 자는 내가
기억하지 아니한다 하였으니, 그는 두
마음 때문이 아니라, 두 마음을 가질
수 있는 것은 천 가지 만 가지 마음을
가질 수 있음이니,
11 천 번 만 번 변질되고 등 돌리고 돌아
설 수 있는 그와 같은 행위를 할 수 있
는 자이기에, 두 마음을 가져서는 아
니 되는 것이요, 그를 내가 용서하지
못한다 하였음이니라.
12 그러니 정녕 나의 아들을 따르는 자
요, 나의 법전을 가슴에 안고 정독하
며 그 많은 강론을 듣는 자, 너희가 과
연 두 마음을 가지고 있지 않은가?
13 앞에서 하는 말과 뒤에서 하는 말과
속마음과 겉 마음이 과연 다르지 아니
하는가?
14 어찌할 수 없어 그저 이 길을 간다는
생각을 하고 가지는 않는가?
15 밑져야 본전이니 한번 가 봐야겠다는
그와 같은 생각을 하고 이 길을 가는
백성은 아닌가?
16 너희가 그와 같은 마음으로 아무리 큰
것을 역사하고 아무리 큰 일을 한다
해도 그는 다 부질없는 것이니라.
17 이 세상에 너희가 말하는 재물이요,
금화와 은화를 하늘에 바쳐 구원을 받
는다는 그 거짓된 자들, 나 여호와는
아무것도 필요 없다 하지 아니하였더
냐?
18 오로지 너희의 믿는 마음이요, 너희가
나 여호와를 경배하는 그 마음, 그리
고 진심으로 나를 믿는 그것으로써 그
이상 더 원하는 것이 없으며 기쁨이
없다 하였음이니라.
19 너희가 아무리 나의 법전을 가지고 역
사하는 제자들이요, 나의 아들을 따르
는 자로 선택되었다 해도,
20 진정 믿는 마음이 아니요, 순간에 변
할 수 있는 그와 같은 마음자리를 가
지고 어떠한 것을 역사하는 것은 내가
그를 기억하지 아니한다 함은, 바로
너희가 나를 믿지 못하기 때문이요,
나를 경배하는 마음이 없기 때문이 아
니던가?
21 그러니 그 마음이 없는 자, 그 생각이
없는 자에게 내가 아무것도 받을 것이
없으며, 그와 같은 자로부터 내가 무
엇을 구하고자 함이 없음이니라.
22 그러니 나 또한 너희에게 내릴 것이
없으며 내가 너희에게 줄 것이 없음이
니라.
23 그러니 너희는 진정 나에게 어떠한 역
사를 하는 것보다도, 믿음의 자세가
소중함을 알라.
24 첫째는 나를 믿고 믿지 않는 것이 중
요한 것이 아니요, 너희가 나를 믿되
그 마음이 변하지 않는 그와 같은 꾸

준한 마음으로 갔을 때 모두 역사할
수 있음이니라.
25 수시로 변하며 때에 따라서 마음이 흔
들린다면, 그리고 계산을 앞에 놓는다
하면, 정녕 너희는 나를 믿는 진정한
그 마음이 없으며 그것이 흔들림이니
라.
26 과연 그와 같은 나로부터 선택된 백성
너희를 믿을 수 있으며 너희와 더불
어 큰 역사를 이룰 수 있다고 생각하
는가?
27 그와 같은 자는 그 역사를 이룰 수 없
는 것이 인간 세상에 살아가는 너희의
생활의 방편이니라.
28 그러니 믿지 못하는 자에게 내릴 수
없으며 줄 수 없으며, 믿지 못하는 자
에게 인간 세상에서도 그 비밀을 전할
수 없거늘,
29 하물며 하늘의 뜻이요, 하늘의 뜻을
역사하는 그와 같은 길을 과연 흔들리
는 그 마음의 자세로써 나 여호와가
너희와 동반하여 갈 수 있으며 내가
너희와 더불어 갈 수 있다 하는가?
30 이제 너희 제자들이요, 나의 법전을
읽고 깨우친 백성 너희는 스스로 너
희 자신을 다스려 보라.
31 과연 너희가 두 마음을 가진 자들이
아니며 수시로 마음이 흔들리지는 아
니하며, 너희 영혼이 나 여호와가 존
재함을 믿으며 어떠한 역경 속에서도
그리 가려 하는가?
32 너희는 다리 밑에서 거적을 깔고 나의
성령을 받아 만백성에게 전한다 해도
그 역사가 얼마나 위대한 것인지를 깨
우치며,
33 그와 같이 간다 해도 한 점의 부끄럽
이 없으며 너희 마음이 흔들려서는
아니 될 것이니라.
34 너희는 나의 아들이 다리 밑에서 거적
이요, 움막집에서 촛불을 켜놓고 성령
을 받으며 나의 법전을 기록한다 해
도, 오늘의 이 마음보다도 더 굳어진
마음이요, 굳건한 마음으로 나를 믿고
따를 수 있는 그와 같은 마음 자세가
되지 아니하는 것은 두 마음을 가진
자이니,
35 내가 너희에게 상을 내릴 수 없으며
준비된 상장과 상품을 내릴 수 없는
나 여호와의 아픈 마음을 알라.
36 너희가 어떠한 환경에서 나의 법전을
기록하든, 나의 아들이 토굴 속에서
하든 다리 밑에서 너희 말대로 걸인과
같이 거적을 깔아 놓고 나의 성령을
받아 기록한다 해도,
37 굳건히 그를 믿고 따르는 그 마음의
자세가 아니면, 나의 아들 예수로부터
등을 돌리며 그를 팔았으며 몇 번씩
배신하는 그와 같은 자들과 똑같으니,
38 그와 같은 백성과 하늘의 비밀이요,
하늘의 역사요, 창조주 나 여호와의
그 뜻을 어찌 같이하며 너희와 동행
할 수 있다고 생각하는가?
39 이것이 나 여호와의 마음이요, 나 여
호와의 뜻이니,
40 너희 자신을 먼저 돌이켜 보고 너 자
신의 가슴에 손을 얹고 너희에게 점
수를 매겨 보도록 그리하라.
41 나의 아들이 길거리에서 성령을 받아
기록한다 해도 너희는 과연 그를 따
를 수 있는가?

42 그를 따를 수 있는 마음의 자세가 아
니 된 제자들이기 때문에 예수가 죽어
갈 때 그를 따르지 아니함이니,
43 너희는 나의 아들이 예수처럼 죽어 가
는 그와 같은 형국이 되었을 때, 너희
손발에 피가 튀며 네 몸에 피가 튈까
봐, 소위 너희가 말하는 삼십육계 줄
행랑을 놓지는 아니하겠는가?
44 그러니 내가 너희에게 나의 아들 예
수의 그 제자들의 마음보다도, 나의
아들이 다리 밑에 그저 거적을 깔고
움막집에서 성령을 받으며 오고 갈 곳
이 없어 길거리나 남의 집 처마밑에서
성령을 받는다 해도,
45 너희는 위대한 나의 성령이요, 나의
뜻이요, 진정한 창조주의 뜻이라 하여
두 무릎 꿇고 경건히 그 뒤에 앉아 그
를 받도록, 그가 역사할 수 있도록 그
를 보필할 수 있는 자가 과연 얼마나
있는가?
46 그와 같은 준비요, 자세가 아니 되어
있는 너희라면 예수의 죽음과 같은
그 험악한 상황에서는 너희는 예수의
제자들보다 더 나약한 자요, 더 역사
할 수 없는 백성이니,
47 어찌 너희와 같이 나 여호와가 직접
하늘의 비밀을 의논하며 하늘의 역사
를 동행하여 이룰 수 있으며, 내 모두
를 너희에게 맡기고 던질 수 있겠는가?
48 너희 스스로 깨우치도록 그리해야 할
때가 왔음을 알라.

7,816 번째 하나님 말씀

2003년 10월 7일 11시 36분

1 사랑하는 나의 아들아!
2 "네, 아버님! 말씀하옵소서."
3 모든 너의 제자들과 나의 법전을 읽고
깨우친 백성, 법전을 접한 백성 너희
는 들어야 할 것이니라.
4 오늘 나의 아들을 통하여 160권의 법
전을 역사하여 세상에 전하며, 그가
죽을 때까지 하늘의 나의 뜻을 기록하
여 너희를 깨우쳐 주고 전함이니,
5 이는 나의 아들의 생각으로써 만드는
것이 아니요, 그는 그저 명하는 것, 내
리는 것만 가지고 나의 법전을 기록하
여 만들며 전하는 것이니라.
6 그리고 강론하며 너희에게 무엇을 깨
우쳐 주는 것은 그 자신이 말하고 가
르치는 것이 아니라는 것을 알아야 할
것이니라.
7 그 귀하고 소중한 의미 하나도 지금
모르는 자들이니, 제정신이 들어 있는
자요, 제정신이 있는 나의 아들을 따
르는 제자들이며 나의 법전을 읽고 깨
우친 백성인지 내가 너희에게 묻고자
함이니라.
8 나의 아들의 모든 강론이요, 법전을
기록하여 전하는 것을 그의 생각이요,
그의 뜻대로 한다 생각하는가?
9 자신이 말하고 가르치는 것이 아님을
너희는 알아야 할 것이니라.
10 나 여호와가 그에게 명함이니, 나의
뜻과 내가 역사하는 것을 직접 그에게
하달하며 메시지를 내려보낸다는 것
을 너희는 어찌 모르는가?

11 이를 너희가 봐야 할 것이며, 그 소중함을 먼저 알아야 할 것이니라.

12 정녕 그와 같이 한다면 나의 아들이 길거리에 앉아 기도한들 어떠하며, 거적을 깔고 앉아 촛불 밑에서 기도를 하여 기록한들 너에게 무엇이 관계있겠느냐?

13 내가 성서에 일찍이 기록하여 전한 대목을 너희는 모르느니라.

14 성서에 기록하여 전했느니라.

15 말하는 자, 그리고 다시 와 내 뜻을 전하는 자는 너희 속에서 말하나, 그가 곧 제 뜻으로 말하는 것이 아니요, 창조주 너희가 말하는 나 여호와 아버지의 성령의 뜻을 기록하여 전하는 그와 같은 역사가 이루어진다는 것, 그와 같은 시대가 올 것이라는 것을 내가 일찍이 나의 아들 예수를 통하여 성서에 기록하여 전하였음이니라.

16 지금 나의 법전 160권을 만드는 나의 아들은 바로 그와 같이 나의 아들로서 역사한 자요, 제 뜻대로 제 생각대로 기록하여 강론하며 너희에게 가르쳐 주고 전하는 것이 아니니라.

17 나 여호와의 성령에 의하여 나의 메시지를 그는 모든 정신을 다 집중하여 내가 내리는 것을 그대로 받아 기록하여 너희를 깨우치고 전하는 것을 알아야 할 것이니,

18 내가 내리는 것이요, 나 여호와의 뜻이요, 나의 성령을 나의 아들이 가르치고 강론하며 너희에게 전함이니라.

19 그것을 나의 아들이 역사하는 것이요, 인간이 역사하는 그와 같은 것으로써 생각하는 제자가 있으며 법전을 읽는 자들이 의혹하는 마음이 있다 하면,

20 너희는 가장 소중한 진주요, 보배를 네 손에 쥐여준 것을 던져 버리는 자이니라.

21 그것이 벌레처럼 보이기 때문이니, 그것이 바로 너희가 오늘의 역사하는 그와 같은 삶임을 알라.

22 마음을 비운 자는 너희 손에 있는 나의 법전이 보배요, 진주와 같이 보일 것이며,

23 죄가 있는 자는 절대 그것이 진주와 보배같이 보이지 아니하며, 살아서 움직이는 사탄이요, 마귀라는 그 뱀이 너희 손에서 꿈틀거리며 똬리를 트는 그와 같은 모습으로 보일 것이니라.

24 이와 같은 것이 나의 법전의 위대한 역사요, 나의 법전의 위대함을 알라.

25 그렇지 아니하면 나의 법전이 아니요, 나의 성령이 아님을 알라.

26 내가 다시 한 번 너희에게 전함이니, 죄 있는 자는 그리 보이며 죄 없는 자는 보배요, 소중한 진주처럼 보인다는 그것 하나만 알더라도 나 여호와가 성령으로써 내려보내는 것이요, 나의 아들이 역사하는 것이 아니라는 것을 알라.

27 나의 아들이 인간의 생각으로써 인간의 뜻으로써 기록하여 전한다면 그것을 어떠한 자가 읽든 그는 똑같이 느낄 것이며 똑같을 것이니라.

28 그러나 그 많은 백성 중에 이는 귀중한 보배요, 성령이요, 새로운 성경이요, 창조주 나 여호와의 뜻이라 하며 가슴이 설레며 받아들이는 자가 있음이니,

29 그들이 있기 때문에 이게 나의 법전임
을 너희는 잊어서는 아니 될 것이니
그리 알라.

7,817 번째 하나님 말씀

2003년 10월 7일 11시 43분

1 사랑하는 나의 아들아!
2 "네, 아버님! 말씀하옵소서."
3 앞으로 장차 미래에 오늘의 이와 같은
사악한 시대가 이루어질 것을 내가 성
경에 기록하여 너희에게 전하지 아니
하였던가?
4 형제가 형제를, 아비가 자식을 죽는
데 내어 주는 그와 같은 사악한 시대
로 변화되며, 형제와 부모와 자식 사
이의 모든 인간관계마저도 저버리는
그와 같은 시대가 온다 하였음이니,
5 지금이 바로 그와 같이 험악한 세상이
되지 아니하였는가?
6 물질만능주의로 물질을 가지고 하늘
에 오르는 천국의 표를 살 수 있다고
가르치는 사악한 종교 집단 지도자들
로 하여금 너희는 재물을 모으는 데
만 급급하며,
7 그리고 너희 손으로 지은 교회에서
울고불고하는 것으로써 구원을 받는
것이라 그리 가르침이니, 낳아주고 길
러 준 부모의 은혜에 감사함을 모르며
형제의 소중함을 모르느니라.
8 형제지간에 또는 아비와 자식 간에 서
로 죽는 곳에 자식을 내보낼 수 있는
그와 같은 세상이 온다고 내가 그리
말하였음이니,
9 자식들이 부모를 대적하여 죽게 하리
라고 내가 미리 예언하여 오늘의 이
사악한 시대를 내가 전하여 기록한 대
목을 너희는 다시 한 번 깨우쳐봐야
할 것이니라.
10 지금이 바로 그와 같은 세상이니, 이
와 같은 험악한 세상을 누가 만들었는
가?
11 모든 종교 집단이요, 지도자 너희가
그 원흉임을 알아야 할 것이니라.
12 지금 이와 같은 세상에 되어 버렸음이
니, 너희를 구원하고자 해도 구원할
길이 없다 함을 알라.
13 너희의 구원을 어디서부터 시작해야
하며 어디서부터 구원의 빛을 내려보
내며 어찌 다스려야 할 것인지 그 길
조차도 찾을 수 없는 것이 오늘날 굳
어진 잘못된 믿음이요, 신앙이니라.
14 너희의 잘못된 신앙이요, 잘못된 믿음
이요, 이를 바로잡을 수 있는 것은 아
무것도 세상에 없어, 마지막 단 한 번
의 기회를 너희에게 주기 위하여 나의
아들을 통하여 나의 성령을 세상에 책
으로 근거하여 내려보내느니라.
15 너희가 이를 보지 아니하며 더욱이 이
를 핍박하고 미워하며 받아들이려 하
지 아니하며, 되려 불살라 버리고 찢
어 버리는 그와 같은 행위요, 그 또한
오늘에 있을 것을 내가 미리 너희에게
알려 주었음을 알라.
16 너희는 진정한 참진리요, 진정한 가르
침을 받아들이지 아니하니, 이와 같이
다스릴 수 없는 그 백성을 구원하는
길은 나의 아들을 따르는 제자들이요,
너희가 나의 법전을 만들어 세상에 이
고 지고 전하는 그 길밖에 없음이니라.

17 그리하여 고통과 시련을 이기고 버티
는 백성으로 너희를 내가 선택한 자
라 그리 말함이 여기에 있음이니라.
18 그러니 너희 자신이 버티고 이기는
역사를 하는 백성이 되지 아니한다면
영영 나의 피조물 만백성들은 구원의
길을 볼 수가 없는 것이니라.
19 그리하여 그들은 출구가 없는 지옥으
로 떨어진다는 나 여호와의 뜻을 너희
가 알아야 할 것이니라.
20 내가 다시 한 번 너희에게 말함이니,
나 여호와가 항상 너희와 같이하며
동행하고 있다는 것을 잊지 말라.
21 너희는 두려워하지 말며 좌절하지 말
라.
22 이제는 나 여호와가 너희에게 나의
법전이 세상에 전해지면 바로 평등한
세상을 이루고자 역사함이니라.
23 나 여호와가 이루고자 하는 세상이 무
엇인 줄 알겠느냐?
24 나의 참진리는 선생이 없으며 가르치
는 자가 없으며 배우는 자가 없으며
제자가 따로 없으며,
25 이와 같이 구분되지 아니하고 서로 토
론하고 가르치는 그와 같은 세상이 열
리는 그것이 바로 나 여호와의 참진리
요, 진정한 것이니라.
26 너희가 참진리를 깨우치는 것은 인간
의 공부로써 깨우치는 것이 아니요,
인간의 배움으로써 모두 열리고 깨우
치는 것이 아니니라.
27 그리하여 나 여호와가 내리는 참진리
요, 나의 법전을 너희가 읽고 받아들
이는 것은 선생이 따로 없으며 제자가
따로 없으며, 다 같이 가르치는 자요,
다 같이 듣는 자요, 그리하여 열매를
맺어 가는 그와 같은 세상을 역사함이
니,
28 이것이 참진리요, 나 여호와의 뜻이니
라.
29 지금까지 교단에 서서 제왕적인 자리
에 서서 가르치고 깨우치며 그 백성을
이끌어 가는 종교 지도자들은 정녕 구
원의 길을 올 수 없으며 변화되는 역
사를 할 수 없는 자들이니라.
30 너희는 잘못된 사탄의 자식이 된 종교
지도자들 앞에 고개 숙여 굽신거리며,
종과 주인이요, 먹이를 주면 무섭게
달려오는 강아지처럼 너희가 꼬리를
내리고 있음이니,
31 너희가 거기서 진리를 어찌 보며 나
여호와의 뜻을 어찌 보겠는가?
32 너희는 무한한 변화의 역사를 이루지
아니하면 아무것도 이룰 수 없는 우매
한 백성이라는 것을 알라.
33 너희는 더 이상 종교 집단이요, 지도
자에게 재물을 바치며 구원을 받는다
하여 먹이를 주고 매로 다스리는 주인
앞에 꼬리를 내리고 기는 강아지 꼴로
써는 너희는 문밖의 것도 보지 못하
며, 자연의 움직이는 것을 아무것도
보지 못함이니,
34 진리요, 깨달음을 알 수 없으니 나의
법전의 내용인들 어찌 알겠는가, 이
불쌍한 백성들아!
35 너희는 나 여호와가 선생이 없으며 제
자가 없이 똑같이 변해 가는 세상이
요, 이것이 나 여호와의 진리를 가지
고 배우는 백성이요, 참진리의 길에
들어선 백성이 역사하는 것이요, 은혜

받은 것이요, 축복받은 것이라는 것을
전하도록 하며 그리 알라.

7,818 번째 하나님 말씀

2003년 10월 7일 11시 50분

1 사랑하는 나의 아들아!
2 **"네, 아버님! 말씀하옵소서."**
3 내가 성서에 기록하여 너희에게 전하기를, 나의 아들 예수를 세상에 내려 보내 그 역사를 한 것은 너희가 편안한 길이요, 화평한 길이요, 나의 아들 예수의 피로써 구원을 받았다는 편안하고 간단한 그 길을 오게 하려고 나의 아들 예수를 세상에 보낸 것이 아니라 적어 놓았음이니라.
4 그리고 가정의 화목을 위하여 나의 아들을 보낸 것이 아니요, 분란을 위해 내려보냈다는 내용도 기록되었을 것이니라.
5 그리하여 나의 아들을 세상에 내려보내는 것은 옳고 그름을 다스려 정리할 수 있는 검을 주어 세상에 내려보냈다 함을 너희는 어찌하여 두려워하지 아니하며 그 무서움을 모르는가?
6 과연 이 뜻이 무엇이더냐?
7 너희가 나의 아들 예수로부터 화평하여 편안한 길을 오도록 함이 아니요, 지금의 잘못된 자를 바로잡아 다스리려고 검을 손에 주어 세상에 내려보냈다 하였음이니라.
8 잘못된 자는 베어 버리며 가지를 쳐서 바로 세우고자 하는 것이 나 여호와가 예수를 세상에 내려보낸 그 뜻이라는 것을 성경에 기록하여 놓았거늘,
9 과연 그와 같이 무섭고 두려운 마음으로써 오늘의 종교 집단이요, 지도자들이 잘못된 가지를 다스리며 잘못되고 죄짓는 자를 다스리며,
10 하늘을 향하여 한 점의 부끄럽이 있는 삶을 사는 자를 바로 가라 가르치며,
11 나의 율법대로 역사하며 나의 십계명을 지키고 살아가야 한다고 다그치며 무섭게 몰고 가는가?
12 너희는 그와 같은 행위를 한 자들이 아니니라.
13 잘못된 것을 베어 버릴 자신이 없으며 잘못된 것을 벨 능력이 없음이니라.
14 너희는 두 마음을 가지고 있기 때문이니라.
15 우선은 재물을 거둬들이며 더 큰 교회요, 더 큰 성전이요, 그저 되나 안 되나 많은 백성의 머릿수를 모아 놓고 가르치는 그것으로써 역사하고자 하는 것이 너희의 가르침의 길이니라.
16 얼마나 너희가 어리석고 불쌍한 자들이던가?
17 그저 한두 사람이 모여 있는 곳에 나 여호와가 같이한다는 그 뜻을 가지고, 너희는 사람의 머릿수만 모아 놓으면 내가 너희에게 미친 듯이 달려가는 그와 같은 형국으로 나를 봄이니,
18 내가 사기 치는 정치인이요, 사기 치며 거짓 하는 자요, 내가 물건을 파는 장사꾼인가?
19 너희가 무엇이기에 내가 사람을 모아 놓은 곳에만 달려가는 것처럼 많이만 모아 놓으면 나 여호와가 너희와 같이 한다는 그와 같은 말도 안 되는 짓을 가지고 나의 피조물 만백성들을 그리

긁어모으는가?
20 진정한 나 여호와가 보낸 자요, 나 여
호와의 뜻에 따라 같이 가는 자들이
하나 둘이 모이는 것으로써 위대하다
는 그 역사의 가르침을 너희는 알지
못하는 자들이니라.
21 오늘의 너희는 잘못된 자를 베고 다
스리는 나의 아들 예수처럼 역사하는
것이 아니요, 나 여호와의 뜻을 거역
하는 행위만을 골라서 한 것이며, 나
의 뜻에 위배되는 그와 같은 행위만
지금 하고 있음이니,
22 다스리는 것은 고사하고 모든 사악한
씨앗을 잉태시키는 그와 같은 작업만
을 하는 자들이니라.
23 그리하여 내가 나의 아들 예수에게 검
을 들려 내려보내 너희를 다스리지
못하였음이니, 오늘 내가 나의 아들을
통하여 불칼의 검을 다시 내려보내어
오늘의 역사를 재조명하고 있음을 알
라.
24 그리하여 나의 법전이 내려가 너희를
심판하는 시대를 열고 있으며 심판은
지금 진행되고 있다는 것을 아직도 모
르고 있음이니, 이를 모르는 너희가
정녕 어떠한 역사를 이룰 것인가?
25 나도 이제 나의 아들을 통하여 너희에
게 지옥과 천국이 있으며 너희가 나
의 법전을 읽고 깨우치지 아니할 때
심판대에 서지 못한다고 가르치고 전
하는 그 말을 더 이상 하고 싶지 아니
한 것이 나 여호와니라.
26 그러나 이것이 정답이요, 하늘의 뜻이
기에 내가 너희에게 반복하고 반복해
서 또 전하는 이 무섭고 귀중한 의미
를 너희가 알지 못하면 아니 될 것이
니라, 불쌍한 나의 백성들아!

7,819 번째 하나님 말씀

2003년 10월 7일 11시 59분

1 사랑하는 나의 아들아!
2 "네, 아버님! 말씀하옵소서."
3 이 어렵고 힘든 길을 중단할 수가 없
음이니라.
4 그리고 너는 가야 할 것이며, 그 모두
를 역사할 것이며, 네가 죽어 나에게
오를 때까지 나의 성령을 받아 하늘의
그 많고도 많은 뜻을 다 쏟아 세상에
전해야 할 때가 되었음이니라.
5 너희가 하늘을 두루마리 삼고 바닷물
을 잉크로 써도 써도 모자란다는 나
의 성령의 뜻을 모두 이 세상에 전하
고 와야 하는 것이 너이니라.
6 내가 두 번 다시 나의 아들이요, 선지
자를 보낸다 하지 아니하였으며 이와
같은 역사가 없다 함을, 너는 그것을
알고 있는가?
7 그러니 네가 두려워하며 주저해서는
아니 될 것이며 너는 끝도 한도 없음
을 알아야 할 것이니라.
8 네가 정녕 나의 아들로서 만백성을 구
하는 종교 지도자라 하면, 네가 살아
있는 동안에 하늘의 모든 것을 다 내
려보내 만백성을 가르치고 전해야 할
것이니,
9 네가 잠시도 쉬어서는 아니 되며 잠시
도 멈추어서는 아니 되는 것이 너라는
것을 어찌하여 그리 깨우치지 못하는
가?

10 너 다음에 다음 선지자가 있으며 나의
아들이 있으며 나의 성령을 받아 만백
성을 구하는 그 역사가 다시 있다 하
면 내가 오늘 너의 이 고통을 덜어 줄
것이니라.

11 그러나 너는 아니 됨을 알라.

12 네가 마지막이요, 두 번 다시 없다는
것은, 하늘의 그 많은 나의 진리요, 너
희가 하늘을 두루마리로 삼고 바닷물
을 잉크 삼아 마를 때까지 다 쓰고 써
도 안 된다는 나 여호와의 뜻을 과연
네가 얼마나 많이 전해야 하는가?

13 너로서 마지막이요, 너의 인생이 끝나
는 것으로써 육의 문을 닫음으로써 모
두 끝나는 것이니, 네가 어찌 정신을
차리지 못하며 그 뜻 하나도 못 깨닫
는가?

14 네가 죽을 때까지 하늘의 모든 뜻을
얼마나 많이 전하고 오느냐에 내가 너
를 사랑하며 너를 버리고 안 버린다는
무서운 내 뜻을 알려 주어야만 되겠는
가?

15 네가 마지막이요, 두 번 다시 없다는
것은 그보다 더 무서운 역사함이 없음
을 알아야 할 것이니라, 사랑하는 나
의 아들아!

16 "네, 아버님! 알겠사옵나이다.

17 오늘의 하신 그 말씀이요, 전하신 그
뜻을 알겠사옵나이다.

18 제가 어떠한 길을 가야 할 것이며 어
찌 가야 할 것인가를 알겠사옵나이다.

19 아버님의 뜻 하나를 세상에 더 전하고
가는 것이 그 역사의 책임이요, 제가
다시 아버님으로부터 생명을 받아 이
세상에 존재하고 있다는 그 자체를 알
게 되었사옵나이다."

20 나의 아들아, 그것이 네가 가야 할 길
이며 네가 가야 할 운명이니라.

21 또한, 너를 따르는 제자 그들이 네가
더 역사할 수 있도록 돕고 같이 가는
선택된 자들이니라.

22 흔들리는 사다리를 잡고 하늘에 오르
는 너에게 연필이요, 종이를 쥐여 주
는 그와 같은 역사를 하지 말라 함이
무엇인 줄 알겠느냐?

23 네가 하나라도 더 받아 기록하여 하나
라도 더 세상에 전하고 와야 하는 그
와 같은 운명이기 때문에 그러함을 그
들 또한 이제 알아야 할 것이니라.

24 나의 아들아, 지금의 종교요, 믿음에
서 너희가 벗어나야 한다는 것, 그리
고 그 믿음의 길로써는 절대 구원을
받지 못한다는 것도 그들에게 심어 주
고 또 심어 주어야 할 것이니라.

25 너희는 나의 백성으로서 또 종교 지
도자로서 변화되지 아니하면 너희는
세상에 살 수 없음이니라.

26 내가 너희에게 가장 낮은 자세로써 고
개를 숙이고 살아가는 자로서 가라 그
리 말하였음이니,

27 이는 성령이 임하여 깨달음의 길에 들
어선 백성이 가는 길이라 함을 너희는
잊어서는 아니 될 것이니라.

28 오늘의 종교 집단 지도자들이 나의 피
조물 만백성들을 어찌 가르치느냐?

29 저희 앞에 가장 낮은 자로서 고개 숙
인 자요, 감히 항변하지 못하며 그리
고 저희 뜻대로 움직이며 저희 뜻대로
따라오는 그와 같은 백성으로 만들었
음이니,

30 여기에서는 정녕 하늘에 오르는 그 길
을 볼 수 없으며 은혜를 받을 수 없으
며 축복이 없다는 것을 너희는 알아
야 할 것이니 그리 알라.
31 너희가 생각이 미진하며 생각이 중단
되어 있으며 생각의 미래가 없어서는
절대로 너희는 구원을 받지 못함이니,
여기에서 벗어나지 아니하면 너희는
나로부터 구원의 길을 볼 수 없으며
나를 볼 수 없다는 걸 알라.
32 신도라는 자, 믿음의 길을 가는 백성
너희가 오늘의 종교 집단이요, 지도자
들에게 굴복하고 고개 숙이며 가장 낮
은 자세로 끌려가는 그와 같은 형국으
로써는 너희는 절대 하늘에 올 수 없
다는 것을 알라.
33 제자리에 서 있는 자, 스승과 같은 자
가 되지 아니하면 너희는 깨우침이
없을 것이니라.
34 인간 세상에서 스승이 제자를 가르침
이니, 그 제자가 스승이 가진 모든 상
식과 지식을 갖고 사회에 나왔을 때
그가 제대로 배운 자가 되느니라.
35 오늘의 종교 집단이요, 지도자들은 너
희가 한계선을 넘지 못하도록 끌고 감
이니라.
36 그러니 너희는 종교 지도자보다 더
깨달은 자, 더 높이 있는 자로 변하지
못하며, 항상 종과 같은 자요, 주인과
종의 사이를 벗어나지 못하며 그와 같
은 형국으로써 믿음을 간다면 그리고
삶을 그리 간다면,
37 너희는 정녕 나에게 오를 수 없으며
깨달음을 볼 수 없다는 것을 알라.
38 배움의 결과는 노력하는 자에게 있으
며 스승을 능가하고자 노력하는 자에
게 그 결과가 있듯이, 너희는 가르치
는 자, 배우는 자가 없는 그러한 높은
변화의 길을 가는 믿음의 길을 들어서
지 아니하면 정녕 구원을 받을 수 없
음이니라.
39 오늘의 종교 집단이요, 지도자들에게
너희가 끌려가는 형태요, 그를 넘지
못하며 그를 벗어나지 못하는 자는 빛
을 볼 수 없음을 알라.
40 내가 다시 한 번 너희에게 명함이니,
너희가 종의 관계로써 종으로서 평생
을 살아가며 종으로서 모두를 본다면
주인을 닮을 수 없으며 주인의 세상을
볼 수 없음이니라.
41 너희가 구원을 받으려면 그 주인을 능
가하는 그와 같은 깨달음으로 너희 스
스로 변화돼야 할 것이며,
42 종과 같은 자세요, 맹종하는 그와 같
은 삶으로써 종교 지도자를 우러러보
며 그 뜻에 그저 굴복하고 복종하며
끌려가는 그와 같은 형국으로써는,
43 너희는 주인과 종의 그 한계를 벗어나
지 못하도록 묶고 있는 사탄의 자식
들로 하여금 참진리요, 하늘에 오르는
길이요, 나 여호와의 뜻을 보지 못하
며 벗어날 수 없다는 것을 알아야 할
것이니라.
44 정녕 너희가 주인과 종의 사이에서
주인과 같이 벗어나지 못하는 자, 그
변화를 이루지 못하는 자는 절대 나
에게 올 수 없음이니라.
45 그리하여 그 깨달음의 속에서 낮은 자
세로 기어다니는 자세로써 지금 오는
그것은 아니 됨을 너희는 알아야 할

것이니라.
46 너희가 깨우쳐 알면서 낮은 자요, 종
과 같은 자세로 사는 것과, 아무것도
모르고 그저 끌고 가는 자들에게 종과
같은 자세로 가는 자는 엄연히 다름을
알아야 할 것이니라.
47 이제 나의 피조물 만백성들을 무조건
죄인으로서 낮은 자로서 끌고 가는
그 사악한 자도 너희가 스승과 같은
자요, 가르치는 자와 같은 그 깨달음
을 얻지 못하면,
48 구원은 각자 나에게 오는 것이요, 각
자 깨달음에 의하여 각자 행함으로 구
원을 받는 것이니,
49 항상 너희는 다섯이요, 열 개밖에 모
르나 천 개 만 개를 알아야 나에게 오
르는 것이니라.
50 그와 같이 다섯 개 열 개만 알고 살라
묶어 놓고 너희를 끌고 가는 사악한
자들을 단죄하며, 그들을 무너트리지
아니하고 거기에서 깨어나지 못하면
너희는 다섯밖에 모르니,
51 천 개 만 개가 하늘에 오르는 길이니
라.
52 내가 오늘 나의 법전에 기록하여 너희
가 벗어나고 깨어나야 한다는 것, 성
령으로 다시 태어난다는 것,
53 성령으로 변화되는 높은 역사함이 없
이, 오늘의 종교 집단이요, 지도자 앞
에 맹신하고 울고불고하며 그저 '옳
소, 맞습니다.' 소리 지르고 그 길을
가는 백성은 다섯 개 가지고 평생 울
고불고하다, 만 개를 알아야 하늘에
오를 것이니, 너희가 어찌 그 뜻을 알
겠느냐?
54 내가 그리하여 나의 법전을 통하여 나
의 아들에게 상세히 기록하여 전하는
이 뜻을 행하는 자는 구원을 받을 것
이요, 그렇지 못하는 자는 다섯만을
알고 몸부림치다 지옥으로 감이니 그
리 알라.

7,820 번째 하나님 말씀

2003년 10월 7일 12시 08분

1 사랑하는 나의 아들아!
2 "네, 아버님! 말씀하옵소서."
3 나의 아들을 따르는 선택된 제자들이
요, 그리고 나의 법전을 읽고 깨우친
만백성 너희는 알아야 할 것이니라.
4 어떠한 믿음의 종파요, 그 신도들이
요, 광분한 자들이 아무리 무서운 방
법으로써 너희를 공격하며 박해하고
핍박한다 해도 너희는 절대 주저하지
말며 두려워하지 말며,
5 나의 법전을 너희 손에서 놓아서는 아
니 됨을 알아야 할 것이니라.
6 너희는 인간 세상에 진실보다 더 위대
한 것이 없음을 알고 있지 않으냐?
7 나의 법전이요, 참진리를 너희가 어떠
한 방법으로써 만백성에게 전하고자
역사할 때,
8 지금의 모든 종교 집단 지도자들이 너
희가 가는 그 길을 방해하고 묻어 버
리고 감추려 아무리 몸부림을 쳐도,
9 참진리요, 나의 뜻이기에 영원히 감출
수가 없으며 숨길 수가 없는 것이 그
들이기 때문이니 그리 알라.
10 나 여호와가 나의 아들을 통하여 내리
는 나의 법전은 참진리요, 하늘의 뜻

이니, 인간 세상의 사악한 자들이 어
떤 수단과 방법으로 찢어 버리고 태워
버리고 감춰 버리고 묻어 버리려 해도
그 진실은 세월 속에서 더 감춰지지
아니하며 결국은 그 모두가 나오게 됨
이니라.
11 그리고 만백성이 그를 깨우치게 되어
있음이니라.
12 지금은 그들이 참진리의 길을 가는 너
희를 배신하며 욕되게 하며 매도하며,
너희가 이 세상에 존재하지 못하도록
사악한 방법을 다 동원하여 너희를
핍박하나,
13 세월이 지나면 반드시 알려지게 될
것이며, 이것이 나 여호와의 뜻이요,
참진리라는 것을 깨닫는 백성이 이루
말할 수 없이 거듭나는 은혜를 입을
것이니 그리 알라.
14 너희가 오늘의 고통과 시련을 겪고 산
다 해서, 너희의 육이 죽어 가는 그와
같은 세상에서 산다 해도,
15 너희가 오늘에 나의 법전을 만들어 만
백성을 구하기 위해 핍박과 고통 속
에 살다 죽어 나에게 온다 해도,
16 너희는 육의 세상에서 그를 볼 수 없
다 하나 영혼의 세상에서는 나 여호와
가 하나도 빼놓지 아니하고 모두 다
보고 있음이니,
17 내가 보는 너희의 행함이 얼마나 소
중하고 귀한 것인가를 알아야 할 것
이니라.
18 너희가 영혼의 세계에 왔을 때 오늘의
살아옴이요, 오늘의 행한 그 길이 얼
마나 아름답고 귀한 길인지, 창조주
나 여호와의 뜻에 의해 역사한 것임
을 그때 알게 될 것이니라.
19 이제 나의 법전을 찢어 버리고 태워
버리는 자, 너희를 핍박하는 자, 그리
고 감히 창조주 나 여호와가 직접 글
로써 써 내리는 이 참된 진리요, 하늘
의 나 여호와의 성령을,
20 보이는 것만으로써 전부인 것처럼 지
금 설치고 사는 그 백성이 그를 모르
기에, 너희를 지금 이 세상에 존재하
지 못하도록 그리하고 있음이니라.
21 그 불쌍한 자들, 보이는 것이 전부인
것처럼 착각 속에 살아가는 그 백성을
미워하지 말며 사랑으로 볼 수 있는
그와 같은 마음을 갖고, 그 백성과 시
시비비하는 일이 없도록 그리하라, 사
랑하는 나의 아들딸들아!
22 아무리 잘못 가고 아무리 잘못한다 하
더라도 그 모두를 사랑의 눈으로써 볼
수 있는 그와 같은 마음의 변화가 가
장 소중함을 알라.
23 너희를 핍박하고 욕하는 자를 미워하
고 그를 저주하고자 한다면 너희 마음
이 변한 것이 무엇이 있으며 다른 것
이 무엇이 있느냐?
24 잘못 가는 자, 미운 짓 하는 자, 인간
의 도리를 못 하는 자, 그와 같은 자들
을 모두 불쌍한 백성이라는 마음으로
들여다보면,
25 그들이 밉고 저주하기 전에 가련한 마
음이 들 것이니, 그것이 사랑의 싹이
트는 것이 아니더냐?
26 사랑하는 나의 아들딸들아, 그러니 온
갖 세상의 어떠한 것과도 너희는 시시
비비하지 말라 내가 전함이니라.

7,821 번째 하나님 말씀

2003년 10월 7일 12시 11분

1 사랑하는 나의 아들아!
2 "네, 아버님! 말씀하옵소서."
3 네가 너의 제자들을 사랑하며 그 생각
함을 내가 아느니, 그보다 더한 나의
사랑이 또한 그들을 보살피고 있음을
그들은 알아야 할 것이니라.
4 그리하여 내가 너희 마음의 자세를
다시 한 번 법전에 기록하여 전함이니,
5 잘못하지도 아니한 너희 앞에 잘못했
다고 악을 쓰고 대드는 자, 삿대질하
며 욕설을 퍼붓는 자, 정녕 잘못은 제
가 하고 나서도 너희에게 잘못했다
대드는 그와 같은 자,
6 이웃에 살아가는 그 백성이요, 너희가
그저 인간의 자세로써는 도와줄 수 없
는 그와 같은 행위를 하는 자,
7 그러면서 잘못된 것이 없는 너희에게
잘못했다 핍박하고 욕하고 대드는 그
자들에게 너희가 맞받아치며 그를 해
명하며 반박하려는 생각을 지우라는
나의 뜻을 알겠느냐?
8 오로지 너희 마음속에는 그들이 불쌍
하고 가련한 백성으로 보이는 마음으
로 변화되어야 한다는 것을 절대 잊
어서는 아니 될 것이니라.
9 그들이 가련하고 불쌍한 백성이라는
마음의 자세로 도와줄 수 있는 그와
같은 변화가 이루어져야 함을 알라.
10 모든 너희 마음이 그리 달라지고 변했
을 때 그것이 나 여호와의 마음이요,
나 여호와의 뜻임을 알라.
11 너희에게 억지를 피우는 자, 너희를
욕되게 하는 자, 그리고 제 잘못을 덮
어씌우려고 너희에게 삿대질하며 악
을 쓰는 자, 그들이 다 욕심이 그득 차
있는 자들이니라.
12 그 욕심이 그득 차 있는 자들이기에
너희에게 감히 그리 말함이니, 욕심에
차 있어서 창조주 나 여호와의 뜻이
요, 하늘의 내가 역사하는 것이 무엇
이며, 하늘에 오르는 길이 무엇이며,
정녕 인간이 살아가는 것이 무엇이며,
13 영혼과 생명을 모두 관장하는 나 여호
와로부터 받아 나가는 너희의 육과
영혼의 그 모든 것을 관장하며 그를
다스릴 수 있는 자는 유일한 창조주
나 하나뿐임을 너희는 알고 있지 않
으냐?
14 그들은 그것을 모르는 자들이니 그들
을 불쌍하고 가련한 마음으로 아름다
운 눈빛으로 볼 수 있도록, 자애롭고
슬기로운 마음이요, 눈빛으로 볼 수
있는 그 마음을 다스려 나가기를 바라
는 것이 나 여호와이니 그리 알라, 사
랑하는 나의 아들딸들아!

7,822 번째 하나님 말씀

2003년 10월 7일 12시 15분

1 사랑하는 나의 아들아!
2 "네, 아버님! 말씀하옵소서."
3 나의 아들을 통하여 내리는 법전이 이
는 인간의 생각이 아니요, 성령이요,
창조주 나 여호와의 말씀이라는 그 중
요하고 위대함을 그들에게 깨우쳐 주
고 전해야 함을 너희는 잊어서는 아
니 될 것이니라.

4 정녕 나 여호와의 뜻이요, 내가 역사
하는 모든 것이 얼마나 귀하고 소중한
것인가?
5 나의 성령으로써 만백성을 구하는 법
전이요, 나의 성령이요, 새로운 성경
을 전하는 나 여호와가 과연 너희를
얼마나 아끼고 사랑함을 알아야 할
것이니라.
6 이 세상에 살아가는 모든 백성이 무
엇을 모른다 하였더냐?
7 너희의 영혼과 육을 모두 아울러 관
장하고 다스리는 것은 오로지 나 여호
와 창조주 하나뿐이라는 것을 나의 피
조물 만백성들이 알지 못하고 살아간
다 하지 아니하였더냐?
8 그와 같은 것을 알지 못하는 자들은
나의 법전이요, 나의 성령이요, 그 모
두를 태워 내려보내는 것을 아무리 접
하고 읽어도 깨달아 알 수 없는 것이
그들이니라.
9 그러나 너희는 그 모두가 나 여호와
의 뜻이요, 내가 역사하는 것을 알고
있지 않으냐?
10 그는 바로 영혼과 육의 그 모두를 다
관장하고 주관하는 것은 이 우주 만물
가운데 창조주 나 여호와뿐이라는 것
을 너희는 알고 가는 백성이니,
11 그것으로써 너희가 얼마나 큰 은혜의
깨달음인지 알겠느냐?
12 지옥과 천국을 선별함도 나뿐이라는
뜻을 너희는 이제 알지 않느냐?
13 너희의 육과 영혼을 관장하는 자는 나
하나뿐임이니, 지옥과 천국의 선별함
이요, 천국의 문을 열고 닫는 것도 나
여호와만 역사한다는 그 뜻을 너희는
알 것이며,
14 그 의미가 변함없는 나 여호와의 가르
침이라는 것을 다시 한 번 깊이 깨우
치도록 하라.
15 너희는 영원히 변치 않는 참진리의 길
을 가는 것이 아니던가?
16 이 세상에 똑같은 삶을 살아가면서도
창조주 나 여호와의 뜻을 따라 순종하
며 참진리의 길을 가는 백성과,
17 나의 뜻을 거역하면서 비진리의 길이
요, 지옥의 길로 가는 그 자체가 얼마
나 무서운 것이요, 얼마나 고통스러운
것인가를 모르고 가는 그와 같은 백성
과 너희와의 그 차별화가 얼마나 무
서운 것이더냐?
18 그러나 그 모든 것을 너희만 알며 너
희만 은혜를 받으며 축복을 받아서는
아니 되지 않겠느냐?
19 그러니 너희가 그들에게 깨우쳐 주어
야 할 것이니라.
20 그들에게 전하라.
21 너희의 영혼과 육신의 모든 것과 지
상과 천국을 다 관장하는 것은 창조주
나 여호와뿐이며,
22 너희가 천국과 지옥의 문을 들어서고
못 들어서는 것은 나 여호와만 할 수
있는 것이요,
23 그리고 가장 작고 사소한 것, 번갯불
보다도 빨리 행하는 너희의 잘못이요,
악한 짓도 모두 다 나 여호와는 하나
도 지워 버리지 아니하며 그 모두를
다 너희 생활기록부에 기록함이니라.
24 그리하여 너희가 그를 놓고 심판을
받을 때, 거기의 점수에 따라서 너희
가 움직이고 행해야 한다는 그 무서

운 사실을 절대 잊지 말라 그리 말하
라.
25 너희에게 악을 쓰고 대드는 자, 너희
를 핍박하는 자, 그들을 불쌍하고 가
련한 눈빛으로써 사랑하는 눈빛으로
볼 수 있는 마음을 가지고 살아가는
것이 변화된 백성이요, 나의 법전을
읽고 깨우친 백성이 가야 하는 길이
라는 것을 하나하나 조목조목 너의 제
자들에게 전해 주라.

7,823 번째 하나님 말씀

2003년 10월 7일 12시 20분

1 사랑하는 나의 아들아!
2 "네, 아버님! 말씀하옵소서."
3 내가 나의 아들 너를 통하여 성령을
태워 내려보내는 이 법전, 이 귀중한
하늘에 오르는 길이요, 창조주의 말씀
이라 하는 이것이 너희 것도 아니요,
나의 아들 것도 아니요, 모든 백성 것
도 아니라는 것을 알라.
4 이는 오로지 나 여호와가 너희를 사
랑하며 너희를 구원하기 위한 나 여
호와의 것이며, 그리하여 너희에게 전
하고 역사한다는 그것을 명심하여 그
리 깨우치도록 하라.
5 그러니 나의 법전이요, 나의 성령을
가지고 만백성을 구하기 위해 선택된
백성 너희가 너희 것도 아니요, 나의
아들 것도 아닌 이를 가지고 함부로
다루며 함부로 역사하면 되겠는가?
6 그러니 너희가 이를 만들어 만백성에
전하는 데 최선을 다하라.
7 나의 법전에 기록되는 성령의 그 모든
뜻은 전하는 자, 창조주 나 여호와의
것임을 명심하고 또 명심하도록 그리
하며, 나의 것을 다루고 나의 것을 가
지고 너희가 역사한다는 것을 알라.
8 그리하여 나의 법전이 뭐라 말하였느
냐?
9 너희의 심판의 기준이라 말하였으며,
나의 법전을 접하지 아니한 백성은 절
대 심판대에 서지도 못하는 그와 같은
비운의 백성이라 내가 너희에게 가르
쳐 주었음이니라.
10 이와 같이 전하는 것을 가지고 너희
는 허황된 자요, 거짓 선지자요, 마지
막 말세에 모든 백성을 현혹게 하는
사탄이라 그리 말할 것이니라.
11 그러나 내가 성서에 기록하여 전한 한
대목을 내가 다시 한 번 나의 아들을
통하여 너희에게 전함이니, 나의 아들
예수를 통하여 내가 너희에게 뭐라
말하였느냐?
12 나의 아들은 그리 말했느니라.
13 '너희가 많은 사람 앞에서 나를 안다
고 증언한다면 하늘에 계신 내 아버지
앞에서 너희를 또한 그와 같이 안다고
증언할 것이며,
14 그러나 누구도 사람들 앞에서 나를 모
른다 한다면 나는 하늘에 계신 내 아
버지 앞에서 너희를 모른다 한다' 말
하지 아니하였던가?
15 그 뜻이 과연 무엇이더냐?
16 너희가 그 의미를 알아보라.
17 나의 아들 예수가 사람들 앞에서 나의
아들 예수라 증언하고 믿는 자는 그가
내 앞에 와서 너희를 증언해 준다 했
던 그 뜻을 안다면,

18 나 여호와가 지금 법전을 세상에 내려
보내면서 나의 법전을 직접 접하지 아
니하고 깨닫고 읽지 않는 자는 심판대
에 설 수 없으며 구원을 받을 수 없다
는 나의 무섭고 두려운 이 법전에 대
해 너희는 어찌하겠는가?
19 그래도 이를 부인하겠는가?
20 너희 또한 나의 법전을 읽고 정독하여
깨우치지 아니하는 자는 나에게 와 심
판을 받을 때,
21 나 여호와의 뜻에 따라 살았으며 그
뜻에 평생을 살았다 울고불고해도 내
가 너희를 모른다 하며, 내가 너희를
증거하지 아니한다는 그 뜻과 무엇이
다르겠는가?
22 나의 아들 예수가 나의 아들이라 모든
백성 앞에서 증거할 때, 너희를 나의
앞에 와 나의 아들 예수가 그를 인정
한다 했던 그와 같은 의미를 안다면,
23 내가 직접 관장하는 나의 법전이요,
새로운 성경을 세상에 내려보내면서
나의 것을 너희가 접하지 아니하며
읽지 아니하고 깨우치지 아니하면 그
누구도 심판대에 설 수 없으며 구원의
'구'자도 너희 입에 담지 말라는 그 의
미를 알게 될 것이며,
24 그것이 그럴 수 있으며 역사할 수 있
다는 것을 굳건히 믿어야 할 것이니
라.
25 그 성서의 대목과 나의 법전에 기록하
여 전하는, 나의 법전을 읽지 않고 깨
우치지 아니하는 자는 절대 심판대조
차도 설 수 없다는 그 무서운 가르침
이 같은 뜻임을 너희는 알 것이니,
26 그러고도 나의 법전을 읽지 아니하며
정독하지 아니하며 그 길을 가지 않는
불쌍한 백성은 그건 네 복이며 네 책
임이니 그리 알라.

7,824 번째 하나님 말씀

2003년 10월 8일 06시 38분

1 사랑하는 나의 아들아!
2 "네, 아버님! 말씀하옵소서."
3 내가 너에게 무엇을 보여 주었더냐?
4 "네, 아버님! 젊고 아리따운 여자가
사랑하는 두 살배기 아이를 안고 세상
의 삶을 포기하며 자살하여 죽어 가는
그와 같은 것을 보았사옵나이다."
5 너는 그를 보면서 무엇을 느꼈느냐?
6 "네, 아버님! 아버님께서 저에게 명하
신 것을 알고 있사옵나이다.
7 그 사랑하는 어린 딸을 안고 젊은 부
인이 죽어 갈 때, 저 자신의 팔자요,
저 자신이 어렵게 세상에 태어난 것이
며 제 생활이 어렵기에 원망하고 죽
는 것이 아니었음을 알았사옵나이다.
8 이 세상의 주변에 있는 형제요, 이웃
과 모든 사람,
9 똑같이 생명을 가지고 태어난 그 백
성이 사랑이 없으며 사랑이 메말라 있
으며, 이웃의 고통과 시련을 들여다볼
줄 모르며 서로 격려하고 위로할 줄
모르며,
10 어리석고 힘들다 하여 그를 핍박하며,
제가 게을러 살지 못하며 제가 노력하
지 못하여 그와 같은 주제가 된 것이
라 핍박하는, 인간의 그 사랑이 없는
그 마음이요, 핍박이 너무나 두렵고
무서워,

11 그를 저주하며 죽어 가는 마음인 것
을 알았사옵나이다.
12 이 세상의 모든 사람이 세상이 살기
힘들고 어렵다 하여 그들이 죽어 갈
때는 스스로 저희가 무능하고 잘못하
며 그를 죽음으로 몰아 간 사람들을
원망하는 것이 아니요,
13 주변에 있는 사람들이 사랑이 없으며
나눔이 없으며 보살핌이 없으며 인정
없는 사람들을 생각하며 그들이 죽어
간다는 것을 아버님께서 보여 주신
것을 보았사옵나이다."
14 사랑하는 나의 아들아, 그러하니라.
15 너희는 이웃에 사랑을 베풀며 사랑을
위해 살아간다고 말하나, 어린 딸을
안고 자살하는 그 여인이요, 자식들과
같이 죽어 가는 사람들이 저희 신세
를 한탄하며, 그들을 죽게 몰아 간 자
들보다도,
16 이웃과 세상과 형제의 그 냉혹함과 냉
정함이요, 그 비웃음이요, 사랑이 없
는 것을 원망하며 죽어 가는 것을 너
는 보았지 않느냐?
17 "네, 아버님! 보았사옵나이다."
18 이를 너의 제자들에게 전해야 할 것
이며, 인간 세상의 오늘의 마음이 그
러하며,
19 너희가 얼마나 황폐화되었으며 사랑
이 메말랐으며, 말로는 이웃의 고통을
같이한다고 하면서 그리하지 못하는
그와 같은 삶을 사는 백성 너희 스스
로 그를 깨우쳐야 함을 전하도록 하
라.
20 그리고 작으나 크나, 지금의 어렵고
힘든 그 마음을 말 한마디라도 격려해
주고 위로해 주는 따뜻한 말을 해 준
다면 그들은 결코 그와 같이 너희를
원망하며 죽어 가지는 아니하는 것을
너는 보았을 것이니라.
21 말 한마디까지 냉혹하며 무능한 자요,
바보요, 네가 저지른 일은 네가 잘못
했으니 그 대가를 받는 것은 당연하다
며 냉혹하게 잘라 말하는 자, 비웃는
자,
22 그리고 그와 같이 무너진 자를 즐거운
눈빛으로 보는 주변의 눈총이 따가워
그는 스스로 세상을 포기했으며,
23 서로 의지하고 돕고 살아가야 할 그와
같은 인간 속에서 황폐함을 느끼며 그
사악함을 느낌이니,
24 거기서 인간의 삶에 좌절하며 인간의
삶의 가치가 없는 것을 느끼며, 그리
하여 살아 있는 이웃을 원망하며 그
어린 딸을 안고 죽어 가는 여인의 그
마음을 보았으면,
25 죽어 가는 자들이요, 자살하는 자들이
요, 제 스스로 목숨을 끊는 자들의 그
마음이 그리 아프고 절여옴을 너의 제
자들에게 전하며, 세상 이치가 그러함
을 전하라.
26 이를 구원하며 이를 바로잡는 것을 바
로 인간 세상에 내가 하늘에서, 너희
가 말하듯이 이웃을 사랑하며 네 것을
나누어 주며 어려운 자를 돕고 살라
천둥번개처럼 소리를 지른다 해도,
27 그것이 백 년, 2백 년, 천 년이 지난
후손들이 그 소리를 들은 걸 인정하며
과연 그를 믿겠느냐?
28 바람결에 들린 제 귀를 의심할 것이며
그리하여 이웃에게 나누며 살라는 자

들을 바람결에 지나가는 소리를 듣고
미친 소리 한다고 비웃을 것이며,
29 그 사악한 욕심으로 제 앞에서 큰 것
을 놓고자 하는 마음이 변하지 아니할
것이니, 그걸 내가 어찌하겠느냐?
30 그리하여 나의 법전에 모두를 기록하
여 전하고 또 전해, 이를 보고 서서히
깨우쳐 가는 백성이 한 명이라도 나와
야 하는 것이 아니더냐?
31 그와 같은 자가 한 명이 나와 네 이웃
에 어린아이를 안고 죽어 가며 자식과
부모와 형제와 같이 죽어 가는 그 가
정에 따뜻한 말 한마디요, 위로의 말
이요, 서로 돕고 살아가는 길을 열고
협조한다면, 그것이 바로 많은 생명을
구원하는 길이니라.
32 내가 너에게 보여 준 그 한 장의 그림
의 그 여인의 마음을 너의 제자들에게
전하도록 그리하라, 사랑하는 나의 아
들아!

7,825 번째 하나님 말씀

2003년 10월 8일 06시 43분

1 사랑하는 나의 아들아!
2 "네, 아버님! 말씀하옵소서."
3 너희가 진정한 믿음이요, 참진리의 길
을 가지 아니하는 자는 나와 동행할
수 없으며, 나와 아무런 관계가 없으
며, 너희는 구원의 길을 갈 수 없다 함
을 나의 법전에 기록하여 전하였음이
니, 너희는 이를 깊이 깨우쳐 바로 가
야 함을 알라.
4 나 여호와가 원하는 길이요, 나 여호
와가 원하는 진정한 믿음의 길을 가지
않는 백성은 내가 역사하며 이루고자
하는 그 자체도 알 수 없음이니, 내가
너희를 불러 쓸 수가 없으며,
5 너희가 나와 같이 행하며 나와 같이
동행자가 될 수 없다는 것을 알아야
할 것이니라.
6 그러니 무조건 가는 믿음이요, 오늘날
울고불고하는 것을 진정한 믿음이라
믿는 오늘의 그 형태를 한번 들여다보
고 돌아다보는 그와 같은 현명함을 얻
지 아니하면 아니 될 것이니라.
7 너희가 이 세상에 말하는 것이 바로
무엇이더냐?
8 모든 교회라는 곳이 사업장으로 직업
적으로 변했다 하니, 너희는 대가를
받고 가르치는 자들이 아니더냐?
9 대가를 받고 가르치는 자는, 교단에
서 있는 스승이요, 선생들도 그 대가
를 받고 가진 상식을 제자들에게 가
르치는 데 최선을 다하듯이, 그들과
너희가 과연 무엇이 다르더냐?
10 대가를 받고 교육을 하는 선생은 인간
세상의 인간 교육을 시킴이니, 대가를
받고 나의 성령이요, 믿음을 가르치는
자들은 인간의 교육이요, 인간의 뜻을
가르치는 것임을 알아야 할 것이니라.
11 그러니 그와 같은 백성이 나와는 관계
없다 함을 알라.
12 사랑하는 나의 아들아!
13 "네, 아버님! 말씀하옵소서."
14 창조주 나 여호와가 너희와 다른 점
이 무엇이더냐?
15 나는 너희의 육과 영과 세상의 모든
것을 다 다스리며 통제하는 창조주 나
여호와이며, 너희가 말한 하늘에 계신

아버지라 그리 알아야 할 것이니, 그
두렵고 무서운 것을 어찌 모른단 말이
더냐?
16 이 세상 누구도 너희의 육의 세상과
영혼의 세상을 다 관장하고 다스리며
그를 지배할 수는 없는 것이니 그리
알라.
17 지금 육의 세상에서 재물을 받고 가르
치는 자는 육의 세상에 있는 것을 가
르치며 그 뜻을 전함이니, 그는 육의
한계에서 벗어나지 못하는 것이니라.
18 이 세상의 모든 육과 영혼을 관장할
수 있는 창조주 나 여호와가 존재함을
너희가 두렵고 무섭게 생각한다면, 오
늘의 삶을 어찌 살아가야 할 것인가
를 스스로 깨달을 것이니라.
19 이제 너를 따르는 제자들이요, 나의
법전을 읽은 백성 너희는 알라.
20 이 세상에 육과 영혼을 지배하는 것은
창조주 나 여호와뿐이니, 오늘 내가
나의 성령이요, 법전을 내리는 것은
바로 무엇이더냐?
21 너희의 육과 영혼을 같이 다스림이니,
이것이 나 여호와의 뜻이요, 내가 역
사하는 것이며 창조주가 이루고자 하
는 것이니라.
22 그러나 모든 종교 집단 지도자들은 어
찌 가는가?
23 너희는 한 길을 원하여 한 길을 선택
하여 가고자 하는 것이니라.
24 너희는 육이 존재하는 육의 생활이요,
육의 소중함은 뒷전으로 밀어붙이며,
그저 말로써 부르짖으며 그저 말로써
바라보고 가는 영혼을 위하여 영원히
사는 천국의 나라에 들어오는 그것에
만 모든 것을 맞추어 감이니라.
25 창조주 나 여호와는 모든 육과 영혼을
같이 다스리며, 육의 세상과 영혼의
세상을 모두 관장하고 지배하는 것이
창조주 나 여호와이니, 바로 그 뜻으
로써 역사하는 것이 나의 뜻을 가르치
며 내 뜻을 전하는 것이요, 나를 대신
하는 역사함이니,
26 과연 지금 나의 아들을 통하여 기록하
는 법전의 내용이 어떠하던가?
27 육만을 통제하던가?
28 영혼을 통제하기 위해서 내가 너희에
게 가르치느냐?
29 이것을 안다면, 진정한 진리요, 나의
성령이요, 나의 뜻이 어떠한 길이라는
것을 너의 제자들만큼이라도 알도록
그리 전하라, 사랑하는 나의 아들아!

7,826 번째 하나님 말씀

2003년 10월 8일 06시 48분

1 사랑하는 나의 아들아!
2 **"네, 아버님! 말씀하옵소서."**
3 나의 피조물 만백성이요, 나의 아들딸
들을 구원한다고 가르치는 종교 지도
자들이 지금 얼마나 사악하며 잘못
가고 있는가?
4 성서에 기록된 내용 하나를 너희에게
내가 다시 한 번 전함이니라.
5 '진실로 진실로 너희에게 이르노니 지
상에서 매인 그 모든 매듭은 하늘에서
매듭을 짓는 그 역사함과 같은 것이
라' 내가 성서에 기록하여 너희에게
전했음이니라.
6 그러니 너희가 지상에서 어찌 살며 어

찌 역사하느냐 하는 것이, 그리고 맺
어진 그 결과가 하늘에서 역사하는 것
과 똑같다고 내가 성경에 기록하여
너희에게 전하였음이니라.
7 너희는 한 획도 고쳐서는 아니 되며
한자도 더 빼고 더해서도 아니 된다고
그리 거품을 물며 소리를 지르고 있음
이니라.
8 그리하여 나의 뜻이요, 나의 성령이
지금 세상에 내려감이니, 이를 믿으려
하지 아니하며, 성서 외에는 어떠한
것도 절대 있을 수 없으며 믿을 수 없
다는 그와 같은 고집과 아집을 피우고
가는 자들이니라.
9 내가 진실로 너희에게 이르노니, 땅에
서 매듭진 것이 하늘에서 매듭짓는 그
결과와 똑같다는 그 내용을 너희가
안다면,
10 오늘을 어찌 살았느냐에 따라서 하늘
에서 그 모든 것이 똑같이 역사한다는
그 뜻이니라.
11 너희가 땅에서 콩이라는 것을 거둔 자
는 하늘에 와서 콩을 거둘 것이며, 너
희가 팥이라는 것을 심어 거둔 자는
팥을 거둘 것이며, 너희가 포도를 가
꾸어 거둔 일을 한 자는 포도를 거두
는 것이니, 내가 그와 같은 의미를 전
하였음이니라.
12 이는 바로 너희가 한 것에 대하여 역
사의 심판을 받는 것이며 너희가 역
사한 것만큼 하늘에 와서 그 결과가
이루어지는 것이니,
13 이는 곧 하늘에서 이루어진 것과 땅에
서 이루어진 너희가 한 행위는 똑같
이 이루어진다는 그 의미를 기록하였
거늘,
14 너희는 지금 육의 세상의 모든 것을
뒷전으로 밀어붙이고 오로지 믿음으
로 몸부림치며, 형제요, 부모요, 인간
관계의 기본의 도리를 벗어나서라도,
재물을 바치며 믿음에만 최선을 다하
며,
15 주일이라는 날만 안식일을 지켜 강론
을 듣고 그와 같은 역사를 하면 구원
을 받는다고 가르치고 있음이니, 과연
어떠한 형국으로써 이루어지는 것인
지 알겠는가?
16 너희는 행함이 중요함을 알라.
17 너희가 얼마만큼 선하고 아름다운 삶
을 살았느냐 그것으로써 그 매듭의 결
과에 따라서 하늘에서 그 모든 것을
그대로 심판을 받는다는 그 의미임을
너희는 어찌 모르는가?
18 알면서도 너희가 그리하지 아니하는
것은 나의 피조물 만백성들을 그저 마
음대로 종과 같이 부리고자 하는 그와
같은 사악한 너희 뿌리인 조상들의
그 잔머리로써 역사한다는 것을 잊어
서는 아니 될 것이니라.
19 내가 일찍이 말하지 아니하였더냐?
20 너의 제자들은 알아야 할 것이니라.
21 구약이요, 신약이요, 나의 법전도 중
요하나, 나 여호와가 직접 법전이 끝
난 다음에 또 내가 너에게 무엇을 내
리며 너의 제자들에게 내가 직접 명령
을 내렸다면, 그 명이 우선이요, 그것
이 가장 급한 것이요, 가장 소중한 것
이며 그것이 제일 상위에 있는 것이니,
22 지금 내가 나의 아들을 통하여 나의
법전이요, 책으로 근거하여 내리는 그

것보다 더 소중하고 귀한 것이 없으며
그보다 더 긴박함이 없으며, 그 명령
을 지켜야 하는 것이 가장 우선적인
대명임을 너의 제자들은 알라 그리 전
하라.
23 아무리 내가 너희에게 깨우치고 전해
도 그를 행하지 아니하며 그를 알지
못하며 그를 행동에 옮기지 아니한다
면, 이는 너희가 말하는 돼지우리에
진주를 던지는 것과 같으니,
24 너희는 돼지우리에서 진주를 받는 그
와 같은 짓을 하지 말라.
25 돼지우리에 진주를 던지니, 그를 못
본다는 것은 무엇이더냐?
26 너희가 돼지와 같이 개와 같이 짐승처
럼 어리석고 불쌍한 자가 되어 있다는
그 무서운 의미를 알아야 할 것이니
라.
27 나 여호와는 사람을 원하며 내 아들딸
들을 원하는 것이지 짐승을 원하지 아
니함이니, 짐승이 되고 안 되는 것은
너희에게 달렸음을 만백성에게 전하
라.

7,827 번째 하나님 말씀

2003년 10월 8일 15시 17분

1 사랑하는 나의 아들아!
2 "네, 아버님! 말씀하옵소서."
3 나의 피조물 만백성들을 하늘에 오르
는 길로 인도하며 나 여호와를 경배하
며 내 뜻에 살아간다 말하는 종교 집
단이요, 지도자들이 하늘에는 나 여호
와가 존재함을 믿는 가르침이요, 복음
이라 하여 전함이니, 나 여호와가 그
들을 덮어 두며 그대로 놔 둔다 해도
나 여호와가 존재하는 것은 전해질 것
이니라.
4 그러나 내가 그들이 하는 것을 모두
다 덮으며 그를 이제 단죄하고자 하는
것이 무엇인 줄 알겠느냐?
5 진정한 참진리의 길을 가지 아니하며
진정한 가르침을 가르치지 아니하며
사랑하는 나의 피조물 만백성들을 구
원의 길을 오는 것이 아니요, 지옥의
길로 인도하기 때문에,
6 저희 자신이 잘못 가는 믿음으로써
저희가 구원을 받지 못하며 지옥으로
가는 것은 관계없으나,
7 사랑하는 나의 피조물 만백성들 그 헤
아릴 수 없는 백성이 천국의 문을 들
어서지 못하며 그들이 무너지기 때문
이니라.
8 그리하여 나 여호와가 존재한다는 것
을 소리 지르고 복음을 전하는 그들의
행위를 막고자 하는 나 여호와의 뜻이
여기 있음이니라.
9 저희 스스로 구원을 받지 못하며 저
희가 하늘나라에 오르지 못함으로 인
하여 다른 백성까지 피해를 주지 아
니하며 나의 사랑하는 백성까지 지옥
으로 인도하지 아니하면,
10 그들이 이 세상을 다 덮든 나 여호와
가 존재한다고 하며 하늘에 오르는 길
이요, 진정한 믿음이라 하여 복음을
전하며 울고불고하는 그것을 그대로
두고 싶으나,
11 저희가 지옥으로 가며 천국에 못 오르
는 것은 아무런 관계가 없으나, 나의
사랑하는 다른 백성까지 천국에 오르

지 못하게 하며 지옥으로 이끌어 가는
그와 같은 행함이요, 그 역사가 이루
어지기 때문에,
12 나 여호와가 그를 바로잡으려 하며 그
를 다스리고자 하는 뜻이 여기 있음을
알아야 할 것이니라.
13 저 자신이 천국의 길을 모르는 자요,
하늘에 오르는 길을 모르는 그와 같은
자들이 남을 어찌 하늘에 오르는 길로
인도할 수 있겠느냐?
14 그들이 가는 길이 잘못되었고 나의
뜻이 아니기 때문에 그를 바로잡고자
하여 오늘날 내가 너를 통하여 지금
160권의 법전을 세상에 내려보내며,
15 지금까지 잘못 믿어 오며 잘못 흘러
온 그들을 다 다스리고자 하는 뜻이
여기 있음이니라.
16 저희만 지옥으로 가며 다른 나의 백
성이 잘못되어 지옥으로 가는 일이 없
다 하면 그저 나 여호와가 존재한다는
것, 그리고 예수의 보혈로써 은혜를
받았든 안 받았든 창조주가 하늘에 계
시며 저희가 죽어 와 그 대가를 치른
다는 그와 같은 깨달음은 전해질 것이
니 그리하여 내가 그를 다 덮어 주고
자 하나,
17 많은 백성이 그들로 인하여 천국이요,
나에게 오지 못하며 죽어 가는 형국의
역사가 이루어지기에,
18 내가 그를 바로잡지 아니하면 아니 되
기 때문에 오늘의 그 역사가 이루어짐
을 알아야 할 것이니라, 사랑하는 나
의 아들아!

7,828 번째 하나님 말씀

2003년 10월 8일 15시 22분

1 사랑하는 나의 아들아!
2 "네, 아버님! 말씀하옵소서."
3 내가 성서에 너희에게 전하였음이니
라.
4 '진실로 너희에게 이르노니 두 사람이
땅에서 합심하여 무엇을 이룬다면 하
늘에서도 내 아버지가 너희와 같이
그 뜻이 이루어질 것이며 그와 같이
너희는 알 것이라.' 예수가 성경에 기
록하여 그 뜻을 너희에게 가르쳤음이
니라.
5 그러며 뭐라 전했던가?
6 두 사람 이상이 내 이름으로 모인 곳
이 있다면 그중에 나 여호와요, 나의
아들 예수가 너희와 같이한다는 그와
같은 성경의 가르침이 있지 않은가?
7 너희는 여기서 그 의미를 깊이 깨우
쳐야 함을 알아야 할 것이니라.
8 두 사람이 땅에서 합심하여 이룬다는
것은 무엇을 의미하는 것이냐?
9 너희가 나의 뜻을 거역하는 것이 아니
요, 성령에 의한 삶이요, 창조주 나 여
호와의 뜻에 의해 살아가고자 하는
백성 둘이 손을 잡고 역사할 때, 나 여
호와가 너희를 기억할 것이며 너희를
사랑할 것이며,
10 너희가 지상에서 이루어진 것같이 그
뜻을 내가 받아들이며, 하늘에서 이루
어진다 함이니라.
11 너희가 죄짓고 사악한 행위를 하는 것
으로써 두 사람이 합심하여 이루어지
는 것처럼, 그리 사람을 모아 놓고 가

르치는 것만이 역사하는 것이 아니요,
12 여기에서 내가 너희에게 전하는 것은
성령이요, 진정한 나 여호와의 뜻을
이루고 그를 행하고자 하는 백성이 두
사람 이상 모여서 무엇인가를 합심하
여 땅에서 만들었을 때, 그것이 하늘
에서 역사한다는 그 뜻은 내 뜻을 역
사하는 백성에게 해당함을 알아야 할
것이니라.
13 두 사람 이상이 내 이름으로써 모인
곳에서는 예수가 같이하며 나 여호와
가 같이한다는 그 뜻은 과연 무엇이냐?
14 너희는 손으로 지은 죄의 온상에 많은
백성을 모아 놓으면 나 여호와가 같
이하며 나의 아들 예수가 같이하며
나의 성령이 그곳에 임하는 것처럼 지
금 그리 가르치고 있지 않은가?
15 그리하여 너희 손으로 지은 교회에
와서 모이기만 하면 그리고 나의 아들
예수의 이름을 찾으며 나를 경배만 하
면 구원을 받는다는 그 착각 속에서
하고 있음이니라.
16 천만 명이 아니라 아무리 많은 백성이
모인다 해도, 그 모인 것이 나 여호와
의 뜻이 아니요, 내가 명하는 그 길이
아니요, 성령으로 임하여 주재하는 그
와 같은 모임이요,
17 죄를 짓고 사악한 행위를 하는 것이
요, 그와 같은 마음으로써 모인 곳이
라면, 인원이 아무리 많다 해도 나와
는 관계없다는 그 의미를 알라.
18 두세 명만 모여도 나 여호와가 기억할
것이며 내 뜻에 의해 이루어진다는
그를 함부로 빙자하여 재물을 긁어모
으고 나의 피조물 만백성들을 이끌어
가는 그와 같은 도구로 써서는 아니
될 것이니라.
19 두 사람의 이름으로써 네가 나를 찾을
때 예수가 참석하며 나 여호와가 같이
한다는 그 뜻은,
20 내 뜻에 의해 역사하는 백성이 모여
서 뜻을 이루고 역사하고자 할 때, 항
상 내가 너희와 같이하며 너희를 바
라보며 지켜 줌이니 그리 알라.
21 그러니 이와 같은 것을 너희가 편한
대로 왜곡되게 가르치고, 깨우쳐 많은
사람을 손으로 지은 죄의 온상인 교회
에 모아 놓고 강론하고 설교를 듣기만
하면 구원을 받으며, 나 여호와의 성
령이 거기에 같이하며 나 여호와가 같
이함이니, 너희가 은혜를 받았으며 축
복을 받았다는 생각을 하지 말라.
22 죄짓고 사는 자, 죄의 역사에서 벗어
나지 못하는 자, 욕심이라는 마음의
공장을 뽑아내지 못한 자들은 아무리
많이 모여 울고불고 광란의 짓을 한다
해도 거기에 내가 임하지 아니하며,
나와 관계없는 집단이요, 나와 관계없
는 것이라는 것을 알라.
23 이제 나의 아들을 통하여 내가 나의
법전에 이와 같은 나의 뜻을 전함이
니, 나의 성서에 기록된 그 뜻을 모르
면서 그를 빙자하여 나의 백성을 이끌
어 가는 그와 같은 행위를 더 이상 해
서는 아니 될 것이며,
24 그를 이제 단죄하고자 하는 것이 나
여호와가 이루고자 하는 역사임을 알
라.

7,829 번째 하나님 말씀

2003년 10월 8일 15시 29분

1 사랑하는 나의 아들아!

2 "네, 아버님! 말씀하옵소서."

3 내가 나의 법전에 일찍이 기록하여 뭐라 말하였느냐?

4 나 여호와가 존재함을 믿으며 나의 아들을 믿으며 나의 법전을 믿고 따르는 그 백성은 심판을 받는 심판대에 섰을 때, 그 상이 얼마나 위대하고 큰 것인가를 너희가 알 것이라 내가 그리 전하였으며 그 의미가 무엇이더냐?

5 정녕 나의 법전대로 사는 것, 나 여호와의 성령대로 사는 것, 그리고 나의 아들을 믿으며 나의 법전을 믿으며 더불어 살아가는 것이, 인간의 육을 가진 백성으로서는 견디기 어려우며 넘기 힘든 길이고,

6 그 누구도 함부로 그리 갈 수 없으며 지키고 살 수 있다고 장담할 수 없는 그와 같은 험악하고 힘든 길이기에,

7 나를 믿고 따르는 자가 심판대에 섰을 때, 그 상이요, 그 축복의 영광은 너희가 상상할 수 없다고 내가 전한 그 뜻을 깊이 깨우쳐 너희 살과 뼈로써 만들어야 한다 하지 않았더냐?

8 성경에 기록되어 있는 모든 비유의 뜻이요, 그 위대함도 너희가 이와 같이 깨달음이 없기에 그를 행하지 못하며,

9 너희 마음대로 해석하며 너희 뜻을 가감하여 지금과 같이 험악한 세상이 되었음이니라.

10 너희는 나의 법전을 깨우쳐 정밀히 뒤져 보도록 그리하라.

11 그리고 성경의 구약과 신약을 잘 뒤져서 읽고 또 읽어 보라.

12 거기에 오늘같이 험악한 세상이요, 종말이요, 말세의 인간 세상이 이루어졌는가?

13 부모가 자식을 죽이는 그와 같은 형국이요, 또한 자식과 부모도 관계없이 형제도 관계없이 너희 자신의 안위를 위해서는 죽고 사는 것을 마음대로 그저 형제고 부모고 자식이고 간에 던질 수 있는 이와 같이 더 이상 갈 수 없는 험악한 세상이 이루어졌는가?

14 그대로 가르치지 못했으며 그대로 행하지 못하였기 때문이니라.

15 그러니 모든 종교 집단 지도자 너희가 오늘의 이 모든 책임을 져야 할 것이며, 너희가 죄의 근본이요, 원산지라 내가 함을 알아야 할 것이니라.

16 이제 내가 너희에게 명함이니, 내 법전이 나의 성령이요, 나의 뜻이요, 그리고 모두는 내가 역사한다는 것을 믿고 따르는 것이 정녕 인간으로서는 힘들고 어려운 길이나, 너희는 그 길을 넘어야 함을 절대 잊어서는 아니 되며 넘어야 함을 잊지 말라.

17 그렇지 아니하면 너희가 나에게 올 수 있는 그 상이요, 영광의 길이 없음이니라.

18 2천 년 전 나의 아들 예수를 따랐던 그 제자들도 나의 아들 예수를 사랑했고 그들도 예수를 따라서 목숨을 바치며 절대 버리지 아니하며 떠나지 아니하려고 안간힘을 썼으며 몸부림을 쳤던 것이 그들이니라.

19 그들 또한 지금의 너희보다도 더 무

서운 결심과 각오로써 예수를 따르며
그와 동반하겠다는 그와 같은 마음의
결심을 갖고 또 가진 것이 그들이니라.
20 그러나 그들은 인간의 육을 가졌기 때
문에 그들도 또한 거기에 무너졌으며
그 길을 가지 못하였기 때문에,
21 너희가 바로 나 여호와가 존재함을 믿
는 것으로써 얼마나 위대한 것인가,
그 의미를 예수의 제자들이 무너진 그
형국을 보고 알아야 할 것이니라.
22 그러나 너희는 인간의 힘으로써는 어
떠한 역사를 한다 해도 성령으로써 이
룰 수 없으며 역사하지 못한다고 가
르치느니라.
23 그러니 성령에 이르는 길이요, 또 천
사와 같은 삶을 사는 길은 인간의 힘
으로써는 절대 이룰 수 없으며 역사할
수 없다고 말하는 것이 오늘의 종교
집단이요, 지도자 너희이니라.
24 너희는 성령의 역사함이 없이는 절대
바로 설 수 없으며 구원을 받을 수 없
다고 말하며,
25 그를 할 수 있다고 생각하는 자들을
뭐라 말하느냐?
26 저희 자신이 그와 같이 역사를 할 수
없다 하나,
27 그를 역사할 수 있다는 백성이 있을
때, 그들을 교만한 자요, 오만한 자라
말하며 그는 거짓된 자라 그리 밀어붙
이며,
28 그 말에 귀를 기울이려 하지 않는 것
이 오늘의 종교 집단 지도자들이니라.
29 너희는 바로 서는 자, 옳은 진리를 가
르치는 자까지 길을 막으며, 그를 들
으려 하는 모든 백성까지 듣지 못하
도록 하여 지옥으로 이끌어 가는 것이
니라.
30 너희는 알아야 할 것이니라.
31 인간은 역사할 수 없다 하나, 그는 너
희의 변명이니라.
32 너희가 어떠한 각오와 노력으로써 어
떠한 역사를 이루겠다고 대들고 시작
하는 것만으로도 얼마나 큰 은혜요,
영광이요, 대단한 역사를 이루는 것인
지 알겠느냐?
33 내가 너희에게 물어보고자 하느니라.
34 그와 같은 길을 갈 수 없으며 역사할
수 없다고 말하는 종교 집단 지도자
너희에게 묻나니, 너희가 사나운 맹수
와 일대일로 지금 싸움을 하고 있다
하자.
35 물리면 죽는 것이요, 그를 죽이면 이
기는 그 싸움의 투쟁 속에서, 너희는
과연 거기에서 무슨 생각을 하며 다른
생각을 할 수 있겠는가?
36 너희는 거기에서 어찌하든 간에 이
맹수와 싸워서 이기는 방법과 이기고
자 하는 그 생각 외에는 아무런 생각
도 하지 못하며, 어떠한 것도 거기에
아무런 도움이 되지 아니할 것이니라.
37 그러니 너희 말로 죽기 아니면 살기로
써 최선을 다하여 그와 싸워 이기려
할 것이니라.
38 너희가 맹수와 싸워서 이기려는 것은
백 년도 안 되는 육의 생명을 지키려
고 죽기 아니면 살기로 모든 것을 다
동원하여 아무런 잡념 없이 그 싸움에
임하고 있으면서도,
39 영원히 사는 길이요, 죽지 않는 천국
의 나라에 오는 그 삶을 위해서 너희

는 과연 그만큼 각오가 되어 있으며 그만큼 노력하는 삶을 살고 있는가?
40 너희는 어떠한 말로써 변명하지 말며 이룰 수 없다는 말을 하지 말라.
41 너희가 이루지 못하며 역사하지 못할 것을 명하며 너희에게 하라 한다면 나 여호와가 정녕 공의의 하나님이요, 창조주 하나님이더냐?
42 너희가 나를 사탄이라 말하는 행위와 똑같음을 알라.
43 맹수와 싸워서 죽고 사는 촌각에 달린 그 마음의 자세로써 너희가 악을 버리며, 욕심의 뿌리를 버리며 성령이 임하는 그와 같은 마음의 자세로 굳건히 설 때,
44 이 세상에서 너희가 못 이룰 것이 없으며 역사하지 못할 것이 없다 함이니 그리 알라.

7,830 번째 하나님 말씀

2003년 10월 8일 15시 35분

1 사랑하는 나의 아들아!
2 **"네, 아버님! 말씀하옵소서."**
3 성경에 기록하여 내린 그 모든 비유의 뜻을 바로 알지 못하면, 너희는 그 의미를 왜곡되게 생각하게 되며 아무런 가치가 없음이니라.
4 또한, 나의 법전을 정독하고 깨우침에서 바로 깨우치고 네 것으로 만들고자 하는 욕심이 없는 밝은 마음이요, 청결한 마음으로써 법전을 접하지 아니하면, 너희는 거기에 들어 있는 소중한 그 의미를 알지 못함을 알아야 할 것이니라.
5 지금 나의 피조물 만백성들이 종교 지도자요, 집단 속에 있는 자들이 나의 사랑하는 백성을 얼마나 가혹하게 가르치며 그리 이끌어 가고 있는지 알겠느냐?
6 너희가 성경의 비유를 안다면 그 뜻의 위대함을 알 것이며 찬란한 빛을 볼 것이니라.
7 나의 법전의 한 구절 한 구절을 바로 이해하고 깨달을 때, 거기에 찬란한 빛이요, 역사함이니,
8 너희가 한 가지를 잘못할 때 그것으로써 끝나는 것이 아니요, 얼마나 잘못된 행위를 하는 것인지 알겠느냐?
9 그리하여 내가 오늘의 종교 지도자들이 가혹한 행위를 나의 백성에게 하고 있다 함이니라.
10 그들은 나의 백성을 이끌어 감에서 얼마나 잔인하고 가혹하게 이끌어 가는지 알겠느냐?
11 이는 곧 그들이 하늘에 오르는 길이요, 구원의 길을 보지 못하도록 옹벽으로써 그 앞을 다 가로막는 행위이기 때문에 그보다 잔인한 자가 없다 함이니라.
12 성도 된 백성이요, 그리고 신도라는 백성 너희 앞에 강론하며 설교하는 종교 지도자가 뭐라 말하느냐?
13 사랑을 베푸는 것이 나 여호와의 뜻이요, 나눔을 베푸는 것이 나 여호와의 뜻이거늘, 그들은 당당히 단상에 서서 나의 피조물 만백성에게 그리하느니라.
14 너희는 쓸데없는 세상 사람들과 상대하고 그들과 같이하며 그들과 나눔을

갖는 그와 같은 시간을 갖는 것은 아
니 되느니라.
15 그리되면 믿음이 무너지는 것이며 너
희 자신이 타락되어 지옥으로 가게 됨
이니, 그와 같은 행위를 해서는 아니
된다고 가르치는 종교 지도자가 없다
말하겠느냐?
16 정녕 지도자라면 그리 말해서는 아니
될 것이니라.
17 너희가 무너지고 쓰러지는 일이 있더
라도 많은 백성을 구하기 위해 그들과
상대하며, 그들과 더불어 생활하며 그
들 속에 뛰어드는 그와 같은 마음으로
가야 할 것이며,
18 너희가 교회에 나오지 못하고 헌금을
내지 못한다 해도 그것을 이웃에게 전
해 주고 나 여호와의 뜻을 전하는 그
것으로써 역사하며,
19 너희 자신을 무너트려 이웃을 구하는
그와 같은 마음으로 가라 해도 너희는
사랑을 실천하며 다 역사하지 못할 것
을,
20 같은 믿음이 아닌 자는 상대하지 말며
거리를 두라, 그렇지 않으면 네가 무
너진다 하니, 이것이 정녕 사랑으로써
할 수 있는 이야기던가?
21 나 여호와는 알다가도 모를 것이 너희
마음이니라.
22 너희는 불신자들과는 어떠한 것이든
같이 짐을 나눠서 지지 말며 같이 동
행하지 말며 같이 더불어 하지 말라.
23 그리고 어떠한 인간사의 역사도 해서
는 아니 된다 그리 가르치는 종교 지
도자가 없다 말하겠느냐?
24 믿는 자에게는 형제 자매라 하며 너
희만 같이해야 하며 너희와 같이 한
울타리에 한 종교 지도자에게서 강론
을 듣는 자, 너희는 자매요, 형제요,
그리 아름답게 서로 교분하며 살아가
도록 하라고 그리 가르치느니라.
25 너희가 헌금을 바치는 일, 교회를 위
해서 봉사를 하는 일, 그와 같은 일에
만 모든 것을 다 바치며 거기에 전부
를 다 바쳐야만 구원의 길을 받는 것
이요,
26 이웃을 위하여 교제하며 그 이웃과 인
간관계를 맺어 가며 그 이웃의 어려움
을 먼저 생각하며 그들과 더불어 짐을
나눠서 지고 같이 가며 동행하는 그와
같은 행위를 해서는 아니 된다고 가르
치는 것이 오늘의 사악한 종교 지도자
들이요,
27 감히 단상에서 그 입으로써 그리 말을
전하는 것이 그들이니라.
28 믿음을 같이 가는 자, 그리고 정해진
장소요, 설교하는 장소요, 너희가 헌
금 내는 장소요, 그와 같은 곳에 빠지
지 아니하며 열심히 참석하는 자,
29 그리고 남보다 많이 남보다 먼저 내는
그와 같은 자는 천국의 나라에 들어갈
수 있는 것이니, 너희는 이방인과 상
대하지 말며 거래하지 말라 함이니라.
30 이것이 과연 사랑으로써 역사하는 종
교 지도자의 가르침이더냐?
31 너희는 말을 배우는 아이에게 물어보
라.
32 그들도 나누어 줄 줄 알며 그들도 나
눠서 같이할 줄 아는 것이 그 어린아
이들의 마음이니,
33 그만도 못한 것이 오늘의 종교 집단이

요, 지도자이니,
34 이 세상을 이와 같이 험악하게 만들
었으며 말세의 세상을 만든 것이 너
희이니라.

7,831 번째 하나님 말씀

2003년 10월 8일 15시 41분

1 사랑하는 나의 아들아!
2 "네, 아버님! 말씀하옵소서."
3 너희의 중요하고 중요한 삶은 과연 무
엇이더냐?
4 지금의 믿음의 행태가 아니라 나의 율
법이요, 나의 계명대로 지키고 살려고
노력하는 것, 그리고 더욱 아름다운
삶으로써 살아가는 것,
5 또한 마지막 시대에 내리는 나의 법전
을 나의 성령이라 믿고 깨우쳐 그대로
행하고 살아가려고 노력하는 그와 같
은 마음을 가진 삶이 가장 중요함을
이제 만백성에게 가르쳐야 함을 알라.
6 지금의 모든 종교 집단 지도자들이 나
여호와를 경배한다는 요란한 행사보
다도, 너희 자신이 하늘을 향하여 부
끄럼이 없는 그와 같은 삶을 사는 그
것이 구원의 길이라는 것을 절대 잊지
말라.
7 스스로 너희의 잘못된 점을 깨우쳐
용서를 빌며, 두 번 다시 번복하지 않
겠다는 굳은 약속을 나 여호와에게 하
며,
8 또한 그 약속을 반드시 지키고 가는
그와 같은 삶을 사는 자가 바로 나에
게 오를 수 있는 백성이라는 것을 너
희는 어찌 모르는가?
9 이를 위배하는 자, 이를 지키지 않는
자는 정녕 무엇이라 해도 나에게 오
를 수 없음이니라.
10 아무리 요란하고 찬란한 행사로 울고
불고 광란의 짓을 하며 모든 것을 다
동원하여 요란한 짓을 한다 해도 그는
나와 관계없음을 알라.
11 제 죄의 부끄러움을 알며 죄를 짓지
않는 회개요, 그 약속이요, 그리고 나
여호와에게 너희 스스로 기도로써 약
속한 그 부분을 그대로 행하고 지키지
못하는 자는 나와 관계없는 백성이라
는 것을 너희는 알아야 할 것이니라.
12 제3의 시대에 새로운 성경인 법전을
내가 내림이니, 이대로 행하고 지키며
감사하다는 마음이요, 경배하는 마음
으로써 삶을 살아간다면 너희는 구원
을 받을 것이니,
13 너희가 나의 법전대로 행하는 것, 계
명대로 하고 사는 것이 가장 중요함을
만백성에게 가르치고 또 가르쳐야 할
것이니라.
14 그들이 듣기 싫어 돌아설 때까지 가르
치고 또 가르쳐서, 그들이 정녕 그와
같은 깨달음을 얻을 때까지 너희의
노고를 아끼지 말라, 사랑하는 나의
아들딸들아!
15 진정한 참진리의 길을 가도록 너희가
역사하며 그들을 안내해야 함을 잊어
서는 아니 될 것이니라.
16 그러기 위해 너희가 어떠한 삶을 살
아야 하겠느냐?
17 너희는 말과 행동이 아름다운 모습으
로써 아름다운 삶을 먼저 실천하고 살
아야 함을 절대 잊어서는 아니 되니라.

18 아무리 가까운 사이요, 아무리 친근한
사이라도 사랑이요, 화목의 그 근본인
말과 행동을 아름답게 하지 못한다면
아니 됨이니라.
19 부부지간이요, 가족간에 부모와 자식
사이라도 아주 부드러운 언행이요, 아
름다운 언행으로써 역사할 때 가족의
화목이 지탱되는 것이지,
20 부부지간이요, 자식과 부모 사이라도
거친 언행이요, 거친 행동을 한다면
절대 화목은 이루어질 수 없으며, 화
목이 지탱될 수 없느니라.
21 그와 같은 이치를 깨달았다면, 더욱이
이웃이요, 다른 형제요, 이웃의 백성
과는 어떠한 관계로 역사해야 하는가?
22 네 가족과 네 가족 속에서 하는 그 부
드럽고 유한 대화보다도 이웃과 대화
할 때 더 화목하고 사랑이 넘치는 그
와 같은 대화를 하는 모습으로써 먼저
바뀌어야 할 것이니라.
23 사랑하는 나의 아들을 따르는 제자요,
나의 법전을 읽고 깨우친 백성 너희는
오늘부터 아름다운 언어를 구사하며,
사랑을 실천하며, 화목한 마음으로써
모든 분위기를 이끌어 가는 그와 같은
삶의 행동으로써 먼저 바꾸는 데 최선
을 다하라.
24 말이 부드럽고 행동이 부드럽고 사랑
의 화목한 대화를 나눌 수 있는 오늘
의 삶으로 변화되는 그 훈련에 최선을
다하라.
25 그렇지 아니하면 너희를 보고 깨우치
는 백성이 없을 것이요,
26 그와 같이 역사할 때, 너희가 노력하
지 아니해도 나의 백성은 너희를 따
를 것이며 너희 말에 귀를 기울일 것
이니라, 사랑하는 나의 아들딸들아!

7,832 번째 하나님 말씀

2003년 10월 8일 15시 46분

1 사랑하는 나의 아들아!
2 "네, 아버님! 말씀하옵소서."
3 나의 아들 예수가 세상에 나와 죽음으
로써 그 단 한 번의 고통의 죽음으로
너희의 죄를 면하여 주었으며 너희는
모두 구원을 받았다고 말하며 그리 믿
고 가느니라.
4 그렇다면 나 여호와가 너희에게 물어
보느니라.
5 나의 아들 예수가 죽어 가는 그 고통
과, 자식을 살릴 수 있는 아비가 죽어
가는 자식의 그 고통을 바라보는 나의
가슴이 찢어지는 아픔에,
6 너희는 과연 무엇으로써 보답했으며
무엇으로써 역사했는가?
7 정녕 너희는 그와 같은 것을 단 한 번
이라도 생각을 해 보고 살아가는 백
성이던가?
8 그와 같은 마음을 가지고 사는 자라
면, 너희가 나의 아들 예수의 보혈로
써 구원을 받았으며 그 고통스러운 단
한 번의 죽음으로써 과거·현재·미래
의 모든 죄를 다 용서받았다 해도,
9 너희는 그 말을 입으로 담아서는 아니
될 것이며, 감히 그와 같은 말을 할 수
없을 것이니라.
10 사랑하는 자기 자식을 살릴 수 있는
극약을 가지고 있으면서도 몸부림치
는 자식에게 그걸 주지 아니하고 너희

를 위하여 죽음의 길을 선택하게 한
창조주 나 여호와가 하늘에서 너희를
내려다보니,
11 그 은혜를 입은 백성이 과연 그로 하
여금 구원을 받았다 하며 소리 지르고
나팔 불며 그와 같은 행위를 하며,
12 너희는 죄를 지어도 나에게 심판을
받지 아니하며 그 대가를 치르지 아
니한다고 광분하고 살 수 있단 말이던
가?
13 과연 너희는 무엇으로써 내 마음에
보답했으며, 나의 아들 예수의 그 죽
음에 잠시나마 보답하는 그와 같은 생
각이라도 과연 해 본 백성이던가?
14 그와 같은 백성이라면 지금처럼 무서
운 세상을 만들지는 아니하였을 것이
니라.
15 그와 같은 길을 간다는 종교 지도자들
이 재물을 긁어모으는 데 역점을 두
며, 나 여호와의 뜻을 거역하는 일만
하였으니,
16 그 길밖에 한 것이 무엇이 있으며 그
길밖에 역사한 것이 무엇이 있더냐?
17 내가 이 지상은 나의 육신의 일부라
하였거늘, 내가 짓지 말라는 그 교회
를 내 육신에 못을 박고 나무 뿌리를
박아 지으니,
18 그와 같은 사악한 짓이요, 나에게 고
통을 가중하는 일밖에 무엇을 역사했
는가?
19 그러면서 너희가 그러한 말을 할 수
있는가?
20 지금 너희의 삶의 모습을 한번 들여
다보며 믿음의 형태를 들여다보라.
21 그 얼마나 추하고 볼 수 없는 모습인
지 너희는 알 것이니, 한번 너희 자신
을 들여다보라.
22 그러면서 너희는 뭐라 말하느냐?
23 천사만이 사는 세상을 만들고, 하늘의
낙원을 지상에서 건설하겠다고 말하
며,
24 그 대명을 받은 자요, 그 역사를 위하
여 너희가 지금 존재한다고 그리 말
하고 있지 않은가?
25 너희가 말하는 구원의 길은 지금 과연
이루어졌다 생각하며 이루어질 것이
라 생각하는가?
26 너희는 말과 행동이 다른 자들이요,
오로지 그 마음에 욕심이 그득히 찬
것 외에는 아무것도 가슴에 안고 있지
않음이니,
27 내가 들여다보는 너희는 희생이요, 사
랑은 하나도 너희 가슴에 없는 것이
내가 보는 형국이요, 너희 모습이니라.
28 그러니 지금의 사악한 시대의 삶으로
써는 너희가 절대 구원을 받을 수 없
으며,
29 이와 같은 역사가 계속 지속한다면
이 속에서는 의인이 나올 수 없으며
하늘에 오르는 백성이 나올 수 없기에,
30 내가 나의 아들과 그 따르는 제자들을
통하여 160권을 세상에 만드는 역사
를 시작하며, 이와 같은 역사가 진행
됨을 너희는 알라.

7,833 번째 하나님 말씀

2003년 10월 8일 17시 37분

1 사랑하는 나의 아들아!
2 **"네, 아버님! 말씀하옵소서."**

3 이 세상에 많은 백성이 존재하나 지
금의 믿음의 길을 가는 그 백성이 눈
은 뜨고 있으나 앞을 보지 못하며, 귀
가 열려 있으나 듣지 못하는 그와 같
은 형국이라 말하였음이니, 내가 너희
에게 이를 물어보느니라.
4 귀가 있으나 듣지 못하는 그와 같은
사람에게 너희가 정녕 물어보라.
5 너희는 작은 소리도 들을 수 있으나,
그들은 천둥번개가 쳐도 과연 그 소리
가 귀에 들리는가?
6 그들은 절대 들리지 않으니 감감무소
식인 것이니라.
7 그러니 너희가 한번 체험을 해 보도
록 그리하라, 귀를 닫은 자가 얼마나
세상사를 들을 수 있는지.
8 어떠한 것도 알 수 없으며 들을 수가
없는 것이니라.
9 너희가 앞을 보지 못하는 그 백성에게
세상의 아름다움이 보이느냐고 물어
보라.
10 그는 아무것도 볼 수 없으며 기억할
수도 없는 그와 같은 형국이니, 너희
가 눈을 감고 낯선 지역에 가서 그 지
역을 한번 헤매 보라.
11 과연 너희가 무엇을 역사할 수 있을
것인가?
12 그와 마찬가지니라.
13 그러니 귀가 막혀 있으며 눈이 떠 있
어도 보지 못하는 자가 어떠한 것인가
를, 나의 아들을 따르는 제자 너희는
직접 체험하여 그것이 어떠한 것인가
를 한번 새삼스럽게 느껴 봐야 할 것
이니라.
14 그렇다면 그 말의 의미가 무엇이던가?
15 그러니 오늘의 종교 집단이요, 믿음의
길을 가는 백성이 그와 같은 형국이
라 하였음이니, 과연 그들이 얼마나
답답하며 얼마나 불쌍한 자들인가 보
라.
16 천둥번개가 쳐도 그 소리가 들리지 아
니하며, 아무리 아름다운 새들이 지저
귀고 아무리 아름다운 꽃이 피어 있어
도 보지 못하는 자요, 듣지 못하는 자
의 그와 같은 차이점이니라.
17 그러니 너희가 세상사에 정녕 귀를 막
고 한번 들어보며, 눈을 감고 세상을
한번 보도록 그리 전하며, 너희 제자
들에게 그와 같은 것을 한번 역사해
보라 하라.
18 그러니 눈을 감은 자요, 귀가 막힌 자
가 얼마나 불쌍한 자며 가련한 자인가
를, 그리고 그와 같은 것이 얼마나 나
여호와의 무서운 뜻인가를 알라.
19 모든 종교 집단이요, 지도자들이 그와
같이 귀가 막혔으며 눈이 닫힌 자들이
라 함이니,
20 또한 너희는 여기서 깨우쳐야 할 것
이니라.
21 귀로 듣지 못하는 자는 천둥소리가 들
리지 아니하며, 눈으로 보지 못하는
자는 그 아름다움을 보지 못하는 것처
럼,
22 너희가 그 마음자리를 다 비우고 나면
세상사의 모든 것이 다 그와 같이 보
이며, 그와 같이 볼 수 있음이니라.
23 너희가 욕심이라는 그 뿌리를 버리고
마음을 비우고 세상을 보면 눈은 있되
보지 못하는 사람처럼, 너희는 보되
보는 것이 없으며 듣되 듣는 것이 없

으며 듣지 아니함이니, 이것이 너희에
게는 필요한 것이며,
24 깨우친 자요, 진정한 나의 법전을 읽
고 변화된 백성이 그러하니라.
25 그러니 지금 너를 따르는 제자들이요,
나의 법전을 읽고 깨우친 만백성 너희
는 다시 한 번 너희 자신을 돌아다보
라.
26 과연 너희는 천둥이 쳐도 듣지 못하
는 사람처럼 너희의 마음의 경지가
그리 변화되었으며 너희의 마음이 그
리 다스려졌는가?
27 그리고 정녕 눈을 감고 한 치 앞을 볼
수 없는 것처럼, 너희가 눈을 뜨고 있
으면서 세상사를 보지 아니하며 보지
않는 것처럼 살아가는가?
28 너희가 듣는 것을 다 들으며 보는 것
을 다 본다면, 그때마다 부닥치는 그
모두를 너희 자신이 다스릴 수 있는
경지에 오르지 못했으며, 너희 자신이
비어 있지 못한 자라는 것을 알아야
할 것이니,
29 그와 같은 역사의 삶을 가는 것이 나
로부터 선택된 너희라는 것을 절대
잊지 말라.
30 나 여호와가 만백성을 구원하는 역사
에 나에게 부름을 받은 자들이 너희
니, 너희가 얼마나 귀하고 소중한 은
혜요, 축복을 받은 것인가?
31 그러니 너희가 나에게 그 은혜를 보
답하는 길은, 눈이 떠 있어도 보지 않
는 자요, 귀가 열려 있어도 듣지 아니
하는 자요, 그와 같은 마음의 수양이
요, 경지에 다다르도록 최선의 노력을
다하라.
32 그것만이 너희가 역사함이니라.
33 그러니 이 기도요, 이 법전을 읽은 백
성 너희는 정말 귀를 막아 보며 눈을
감고 세상을 보라.
34 그와 같은 마음으로 눈을 떴어도 보지
아니하며 귀가 열렸어도 듣지 아니하
는 것이 너희가 가야 할 길이니,
35 이를 선별해서 듣고 선별해서 볼 수
있는 그 지혜를 갖도록 그리하라, 사
랑하는 나의 아들딸들아!

7,834 번째 하나님 말씀

2003년 10월 8일 17시 42분

1 사랑하는 나의 아들아!
2 **"네, 아버님! 말씀하옵소서."**
3 나의 사랑하는 백성 너희가 뭐라 말
하느냐?
4 이 세상에 육을 가지고 살아가는 그
속에는 절대적인 자유로움이요, 자유
는 없으며 행복이라는 것은 없으며,
절대적인 행복이라는 것은 없다 그리
말하며, 자유로움과 행복은 끝이 없다
그리 말하지 않느냐?
5 그리고 너희는 절대적인 풍요로움이
라는 것이 인간의 마음에는 있을 수
없다고 말하며 그리 전하지 않는가?
6 그러면서 너희는 절대적인 정의로운
것이 인간 세상에선 이루어질 수 없으
며 그와 같이 행할 수 없다고 말하지
아니하느냐?
7 그러나 그 모두가 과연 무엇 때문에
그리되는지 생각해 보라.
8 그 절대적인 풍요로움이요, 절대적인
정의로움이요, 절대적인 행복이요, 아

름다움이요, 더 소유하고자 하는 그와
같은 마음을 버리지 못하는 것은 너희
가 자초한 것이니,
9 그건 바로 너희 개인이 가슴속에 가
진 욕심이라는 사탄이 너희를 지배하
고 네 가슴에 앉아 있으며, 그 사탄의
씨가 뿌려져 있기 때문임을 알아야 할
것이니라.
10 욕심이라는 마음속에 있는 그 공장을
다 파괴하지 못하였기 때문에 그 모두
가 이루어지는 것이 아니더냐?
11 그리고 종교 집단이요, 지도자 너희가
또 말하느니라.
12 절대적인 의인이 있을 수 없으며, 너
희가 아무리 노력해도 구원을 받을 수
없으며, 인간이 제아무리 노력한다 해
도 십계명대로 지키고 살 수 없으며
그대로 행하고 살 수 없다고 가르침
이니, 이 모두는 또한 다 무엇이더냐?
13 너희 가슴속에 자리 잡은 그 사탄이
요, 웅크린 욕심이라는 것 때문이니
그리 알아야 할 것이니라.
14 육의 세상에서 너희가 바로 살지 못
하며 구원이요, 영혼의 세상으로 바로
치닫지 못하며 나에게 달려오지 못하
는 것도 욕심이라는 그 무게가 너희를
붙잡고 있으며 너희를 움직이지 못하
도록 매어 놓고 있음을 알아야 할 것
이니라.
15 풍랑에도 떠나가지 않도록 굳게 매 놓
은 그 배의 밧줄보다도 더 강하고 더
단단한 쇠줄로써 욕심이라는 것이 너
희의 선하고 아름다운 그 마음을 붙잡
고 있음이니, 너희가 움직이지 못하며
전진하지 못하는 그와 같은 형국이니
라.
16 어떠한 고통과 시련이 있다 해도 그
끈을 끊는 그와 같은 자는 절대적인
자유요, 절대적인 풍요로움이요, 절대
적인 정의로움이요, 이 세상에 너희가
의인으로서 천사가 되는 길을 역사한
다는 것을 스스로 체험하고 알게 될
것이니라.
17 이를 완성하고자 나의 백성 너희를
이 지상에 내보냈으며, 내가 지금 선
택한 백성 너희를 보냈음을 알아야
할 것이니라.
18 이를 완성하고 지키는 백성이, 너희
뿌리요, 너희 후손이 이 세상을 통제
할 때, 과연 그때도 이 세상이 낙원이
요, 풍요로운 세상이 없겠는가?
19 그러니 그때야말로 풍요로움이요, 정
의로움이요, 이룰 수 없다는 그 모든
것이 다 이루어지는 것을 너희는 알
아야 할 것이니라.
20 지금 욕심의 뿌리를 버리지 못한 그
백성이 하늘에서 이루어진 것같이 이
땅에서 이루어 달라는 그와 같은 기도
를 드리지 말라.
21 욕심을 버리지 못한 너희가 그와 같
은 기도를 천날 만날 드려도 그것은
내가 듣지 아니하며 이루어질 수 없음
이니라.
22 내가 너희에게 다시 한 번 명하노라.
23 지상의 낙원을 하늘처럼 만들어 주고
이루어 달라 말하기 전에, 너희 개인
을 다스리며 개인이 변하는 그와 같은
삶을 이루라.
24 하늘에서 이루어진 것같이 지상의 낙
원이 이루어지는 것은 너희 개인 개인

이 변화되며 개인의 역사에 달렸으며,
25 개인의 손에 달렸으며 너희 한 사람
한 사람이 어찌 변하느냐에 달린 것
이요,
26 내가 하늘에서 이루어진 것같이 지상
에 낙원을 역사해 주는 것이 아니라,
너희 개개인의 손으로, 너희 마음으
로, 너희 말과 행동으로써 그 모든 것
이 이루어지고 안 이루어지는 것이니,
27 각자 너희의 책임임을 전하라, 사랑하
는 나의 아들아!

7,835 번째 하나님 말씀

2003년 10월 8일 17시 48분

1 사랑하는 나의 아들아!
2 "네, 아버님! 말씀하옵소서."
3 나의 법전이요, 새로운 성경이 세상에
내려가 구원할 자와 버릴 자를 선별함
이니 그게 바로 심판의 시작이니라.
4 그리하여 법전이 내려가기 시작하였
음이니 심판의 시작은 지금서부터이
니, 그와 같은 자를 선별하기 위한 그
역사가 이루어지며,
5 내가 천 년이라는 길고도 긴 세월 속
에 너희가 어떠한 백성으로서 역사하
는 것인가, 그때 가서 선별되는 그 후
손이 세상에 존재하여 지상의 낙원을
이루고자 하는 것이 나 여호와의 뜻이
라 하지 아니하였던가?
6 천 년에 걸쳐 변화의 역사를 이루고자
함이 나 여호와의 뜻이니라.
7 그리하여 나의 아들을 따르며 나의 성
령이요, 나의 법전이요, 새로운 성경
이라 믿고 나의 아들을 따르는 너희
제자가 있으며 참진리의 길을 그대로
보고 곧바로 가는 너희가 이 세상에
존재함이니,
8 이는 나 여호와의 기쁨이요, 나 여호
와가 더 이상 바랄 것이 없음을 너희
는 알아야 할 것이니라.
9 그리하여 너희처럼 살아가는 백성이
세상에 존재하여 지금 나의 법전을 만
들어 만백성을 구하고자 역사하는 너
희가 있는가 하면,
10 또한 나 여호와가 존재함을 의식지
아니하며, 나를 생각지 아니하며, 그
저 스스로 살아가는 그와 같은 백성이
있으니, 이들을 너희는 뭐라 말하느냐?
11 이방인이라 그리 말하지 않는가?
12 그러나 나 여호와가 지금의 믿음의 길
을 가는 백성보다도 이방인들이 깨우
쳐 내 품에 돌아오기를 더 바란다면
과연 너희는 어떠한 생각을 하겠느냐?
13 지금 믿음의 길을 간다는 그 백성이
과연 어찌하는지 알겠느냐?
14 그들은 뿌리가 다 썩어져 있으며 뿌리
가 다 제 기능을 할 수 없도록 그리 썩
어져 있는 나무이니라.
15 그러니 땅에서 뿌리를 내리지 못하는
그 나무에 아무리 물을 부어 주고 객
토를 한들 무엇하는가?
16 이미 썩은 뿌리에는 토양을 아무리 좋
은 것을 섞고 물을 준다 해도 그 뿌리
를 더 썩히는 역할만 함이니라.
17 그리하여 내가 그들에게 더 이상 직접
성령을 내리지 아니하며 전하지 아니
하는 것이 여기 있음이니라.
18 모든 나무가 썩어서 다 시들어 말라
가듯이, 지금의 믿음의 길을 가는 모

든 백성이요, 신도라는 자들, 그리고
지도자라는 자들이 다 뿌리가 다 썩을
대로 썩어져 있음이니라.
19 그리하니 그들은 대지 위에 뿌리를 내
릴 수 없으며 제자리를 지킬 수 없으
며 역사할 수 없는 그와 같은 나무니,
20 오로지 그들은 말라 죽어 가는 그것밖
에 없는 나무들이니라.
21 그러니 거기에 물을 붓고 부은들 어
찌하겠느냐?
22 과연 그와 같은 자들을 어찌 내가 더
용서하며 인내하고 기다려야 한단 말
이던가?
23 사랑하는 나의 아들아!
24 지금 내가 너희와 같이 나의 뜻을 따
르는 사랑하는 나의 아들딸이요, 그리
고 나를 모르고 살아가는 그 백성이
요, 그리고 나를 안다며 부르짖는 뿌
리가 썩고 썩은 그들에게는 어떠한 것
을 내려도 그들을 구원하고 다시 재생
시킬 수가 없는 것이니라.
25 그러나 이 세상에 단 한 가지의 처방
법이 있음이니, 그것이 무엇인 줄 알
겠느냐?
26 지금 나의 아들을 통하여 내리는 160
권의 법전을 그들이 받아 읽고 깨우쳤
을 때,
27 정녕 그 썩은 뿌리는 소생할 것이며,
이 아름다운 자연에 그 나무의 뿌리는
살 것이며 제 생명이 살 것이며, 말라
죽는 그와 같은 고통을 면하게 될 것
이니라.
28 그러나 그것이 정녕 저희의 생명수라
는 것을 생각하는 자가 없으며 그를
깨우쳐 역사하는 자가 없으며,
29 그를 찢어 버리고 태워 버리며 그저
사탄이요, 이단이라 말하며,
30 제 뿌리가 썩는 것을 모르고 지금 그
것이 영원히 존재할 줄 알며, 제 이파
리가 지금 시들기 시작했으며 줄기가
시들어 가는 것을 모르는 자들이니라.
31 그러니 대지 위에 뿌리를 내리지 못하
고 썩어 가는 그것을 지탱하는 것은
단 한 가지뿐이니 과연 어찌하겠느냐?
32 너희가 어렵고 힘들다 해도 그 썩어져
가는 나무에 생명수의 역할을 할 수
있는 나의 법전을 전해 주는 데 너희
가 어찌하겠는가?
33 그것은 다 너희 과제요, 너희 몫이니
라.
34 나 여호와는 그와 같은 형국을 내가
너희에게 전해 주었음이니라.
35 나의 법전을 만들어 참진리의 길을 가
는 사랑하는 너희가 있어 나 여호와
가 기쁘며, 그리고 너희가 이방인이라
는 아직 모르고 사는 백성을 나는 더
기다리고 있으며,
36 오늘과 같이 종교 집단이라 하여 눈이
감겨 있고 귀가 막혀 있는 옹벽 속에
있는 그들을 구원하기는 너무나 힘들
고 어려운 길이라, 내가 나무를 예로
들어 너희에게 가르쳐 주었으니,
37 이를 구원하고 버리는 것은 너희 소임
이며, 나의 소임이 아님을 이제 알라.
38 너희는 단단한 그 처방이요, 구원할
수 있는 그 처방을 가지고 그들에게
읽히고 정독시키는 그와 같은 기회는
너희 몫이니, 나 여호와는 너희 처분
을 바라는 것뿐이며 너희 노력을 바
라볼 뿐이니 그리 알라, 사랑하는 나

의 아들딸들아!
39 썩고 썩은 나무를 너희에게 살리라는
그 명을 내리는 내 마음이 너무 아프
며 내 가슴이 아픔이니라.
40 나의 아들 예수가 그들을 살리기 위해
그와 같이 역사하다 그는 어떠한 결과
를 갔느냐?
41 가장 고통스러운 그 죽음의 길을 선택
하였음이니,
42 그들을 구원하고 살리고자 너희가 접
근할 때 맹수보다도 더 사악한 방법으
로 너희를 물려 하니,
43 우리에 가둬 놓고 며칠 굶긴 맹수에게
토끼요, 사슴 한 마리를 던졌을 때 그
맹수가 얼마나 무섭게 그를 포획하겠
느냐?
44 그보다 더 잔인하고 사악한 자들이니
라.
45 그저 맹수는 공격하여 그를 포획하면
되나,
46 그들은 이것저것 수천수만 가지 방법
을 동원하여 나의 법전이 세상에 존재
하지 못하도록 그 사악한 짓을 할 것
이니,
47 그러니 너희 몫이라 함을 잊지 말라,
사랑하는 나의 아들딸들아!

7,836 번째 하나님 말씀

2003년 10월 8일 17시 54분

1 사랑하는 나의 아들아!
2 "네, 아버님! 말씀하옵소서."
3 오늘의 길고도 긴 그 여정의 세월이니
라.
4 나의 아들 예수가 세상에 내려와 모두
를 역사하고 간 그 세월보다도 더 긴
세월에 내가 너를 통하여 나의 법전을
만들어 만백성을 구하고자 세상에 내
려보냄이니,
5 내가 이와 같은 역사를 이루는 것은
무엇인 줄 알겠느냐?
6 너희가 지금의 믿음이요, 나에게 오르
는 그 길을 간다는 그 순박하고 가련
한 나의 백성을 잠에서 깨우기 위함
이요,
7 그들이 스스로 깨어나기를 바라며, 그
리하여 진정한 참진리요, 진정한 나
여호와의 뜻을 연구하며 그 길을 달려
와 구원을 받는 길을 가도록 안내하기
위하여 지금 내가 이 법전을 만들어
세상에 보냄이니라.
8 이제 너희는 그들에게 전하라.
9 믿음의 길을 가는 길을 오늘과 같이
예배를 드리는 것, 그 형식적이고 외
형적인 겉치레 속에서 모두를 다 바
치는 그와 같은 추한 모습으로써 가지
말라 전하라.
10 너희는 화려하고 웅대한 형식이라 말
하나, 그 모두는 추하고 추한 냄새가
남이니 나 여호와가 보는 그와 같은
형국이니라.
11 너희가 나의 피조물 만백성들을 하늘
에 오르는 길이요, 성령을 가르치며
참진리를 인도하는 자들이 허례허식
이요, 그 형식에 대한 시간이 반이 지
나가며, 재물을 거둬들이기 위한 그와
같은 계산법이 또 반을 지나감이니,
12 너희가 과연 나의 피조물 만백성들에
게 깨우치는 시간이 어디 있는가?
13 너희는 그저 소리 지르고 악기를 동원

하며 울고불고 그와 같은 형식으로써
그 귀중한 시간을 흘려보내는 그 믿
음에서 모두 깨어나며,
14 차분히 나의 진리요, 조용히 앉아 성
경의 한 구절을 읽고 깨우칠 수 있는
그 은혜를 나에게 받도록 그리하라.
15 너희가 조용히 앉아 마음을 비우고 성
경을 읽을 때, 그 성령이 빛남을 알 수
있으며 그 의미를 알 수 있거늘, 너희
는 그와 같은 자세가 아니요,
16 형식적이요, 외형적인 것에 젖어 있는
자들이요,
17 큰 교회요, 많은 집단의 백성이 그 위
용에 믿음을 흘러가는 것이요, 무엇인
가를 이해관계를 계산하며 큰 곳을 찾
는 자, 그리고 능력 있는 자를 찾는 그
와 같은 인간관계의 교류를 위해서 믿
음의 문턱을 두드리는 자는 과연 없던
가?
18 그러니 시작부터 장사꾼이요, 시작부
터 계산된 믿음으로 가니, 거기서 싹
이 트고 싹이 틀 때 어떠한 것이냐?
19 제가 그와 같은 길로써 믿음을 갔음이
니, 그들을 보고 또한 믿음을 오는 자
들이, 있는 자와 교류하며 있는 자에
게 은혜 입으며 덕을 보고자 믿음을
시작했으니,
20 저보다 못한 자가 오면 저를 그와 같
이 이용하기 위해 저에게 온 것이 아
닌가 그리 의혹하고 의심함이니,
21 아래위로 똑같은 그 마음속에 사랑이
어디 있으며 진정한 진리의 믿음이 어
디 있느냐?
22 내가 보는 모든 백성이 그와 같은 형
국으로 거의 다 거기에 젖어 있으며
빠져 있는 것이 너희 형국이니라.
23 너희는 알아야 할 것이니라.
24 내가 너희에게 원함이니, 이제는 너희
스스로 개인을 다스리며 개인 스스로
변하며 너희 자신이 변하는 그와 같은
믿음으로 조용히 가는 생활이요,
25 그 속에서 가정의 화목과 가정을 다스
리는 그와 같은 믿음의 길로써 가정
예배로써 모두를 다스리는 그와 같은
변화의 역사를 이루도록 하라.
26 너희의 가정이 화목한 예배를 드리는
그 순간에 모든 사회는 화목해질 것이
며, 화합하는 세상은 건설될 것이니
그리 알라.
27 그것이 내가 역사하는 뜻이니, 너희
스스로 그를 행함이 나의 뜻이라는 것
을 알라.
28 그와 같은 행위가 그것이 모두 다 무
엇인 줄 알겠느냐?
29 너희 자신이 변하며, 가정이 화목한
예배를 드리며, 가족끼리 기도하는 그
와 같은 화목한 역사가 이루어질 때,
30 거기에 사랑이 싹트며, 작은 가정의
사랑이 싹트며, 가장 작은 신뢰가 뿌
리를 내리는 그와 같이 역사하는 가정
을 이루었을 때,
31 영원한 성령이 너희에게 임할 것이며,
영원히 무한한 성령을 내가 너희에게
부어 줘, 너희로 하여금 그와 같은 사
회를 이루고 이 지상에 뿌리를 내릴
수 있도록 내가 너희를 쓰고자 함이
니 그리 알라.
32 너희 개인이 스스로 변하며 가정이 스
스로 변하는 그와 같은 믿음의 세상으
로써 내가 풍부한 성령을 너희에게 무

한대로 내려 부어 줄 것이니 그리 알
라, 사랑하는 나의 아들딸들아!
33 형식에 의한 믿음이요, 형식에 의하여
가는 그들을 깨우치라.
34 그리고 그들을 잠에서 깨우라, 사랑하
는 나의 아들딸들아!
35 형식에 의한 그 모두는 아무것도 아니
며, 너희가 나에게 원하는 약속이 이
루어지는 것이 없으며, 나에 의하여
무엇이 얻어지는 것이 없으며, 너희에
게 내려지는 것이 아무것도 없음이니,
36 나와 너희와 관계없는 자들이라 함이
여기 있음이니라.

7,837 번째 하나님 말씀

2003년 10월 8일 18시 01분

1 사랑하는 나의 아들아!
2 "네, 아버님! 말씀하옵소서."
3 이제 나 여호와가 너희에게 그 모든
실상을 밝혀 주지 않느냐?
4 지금의 수천 년 동안 흘러오는 그 많
은 교회요, 그 안이 잘못되었다 하지
않았더냐?
5 사탄이 진을 치고 앉아 있으며, 나의
사랑하는 백성을 지옥으로 이끌고 그
들을 지옥으로 보내려고 포획 작업을
쉬지 않고 하고 있음이니라.
6 그들은 밤과 낮을 가리지 아니하고 그
와 같은 사악한 짓을 하고 있음이니,
7 육의 형태를 가진 그들 자신이 그와
같은 일을 하는지, 저희가 나 여호와
의 뜻에 의해 역사하는 백성인지 나
의 뜻을 거역하는 것인지, 그 지도자
들 자신도 모르는 자들이 수없이 있
음이니라.
8 그리하여 그들을 깨우쳐야 할 것이니
라.
9 그리하여 그들을 구원하고자 내가 나
의 법전을 세상에 내려보내며,
10 또 이방인이라는 나 여호와의 뜻을 모
르는 그 백성이 지표가 없으며 사랑
이 결핍되어 있으며, 세상에 나누며
사는 것이 결핍된 그 백성의 가슴속에
사랑이 무엇인가를 심어 주며, 사랑의
그 결핍에서 해방될 수 있도록 나의
법전을 그들에게 또한 전해 주는 그
역사를 이루고자 하는 것이 나 여호와
의 뜻이니라.
11 그리하여 나의 법전을 만들어 세상에
내려보내며, 나의 법전을 읽고 깨우치
도록 내가 그리 역사함이니라.
12 그들을 깨우쳐 역사하며 그들을 지옥
불에서 구원하는 그 구출 작업을 내가
역사할 수 있겠는가?
13 나 여호와가 너희에게 그리 역사할
수가 없음이니라.
14 오로지 나의 아들을 통하여 나의 법전
이요, 나의 성령이요, 너희가 하늘에
오르는 그 길을 책으로 만들어 근거하
여 너희에게 전함이니,
15 정녕 그 불쌍한 나의 백성의 구출 작
업에 임하는 역사는 너희가 해야 하
는 것이 아니냐?
16 바로 그와 같은 육을 가지고 사는 삶
이요, 똑같은 백성 너희가 그 역사를
해야 하기 때문이니라.
17 나 여호와가 이를 역사하여 나의 사랑
하는 백성을 구원하기 위하여 지금
나의 아들을 따르는 제자요, 내가 사

랑하는 나의 아들딸 너희를 거둬들였으며 내가 너희를 불러 썼음을 알며, 그리하여 지금 너희에게 명령을 내림을 알아야 할 것이니라.
18 이 모든 구출 작업은 오로지 너희만을 통해서 이루어질 수 있으며, 그 누구도 역사할 수 없는 작업이니라.
19 그리하여 너희는 나에게 불려 온 자들이며 내가 너희를 불렀음이니, 너희가 얼마나 소중하고 귀한지 알라.
20 오늘의 육의 세상에 너희가 가진 것이 없으며 역사한 것이 없으며 남 앞에 당당히 내놓을 것이 없다 하여 미약한 백성이라 하지 말라.
21 인간 세상에서 가장 성공자요, 승자는 뭐라 하였느냐?
22 너희가 죽어 나로부터 구원을 받는 그와 같은 역사를 얻는 자가 가장 승자라 하지 아니하였던가?
23 그러니 이 세상 만물 중에, 그 수많은 백성 중에 창조주 나 여호와의 뜻에 따라 내가 불러서 다스리는 백성이면, 너희가 무엇이 부족하며 무엇이 남만 못한단 말이던가?
24 너희는 자신과 용기를 가지고 행하고 전진하라.
25 그 모든 답은 나 여호와가 너희에게 줄 것이니라.
26 성서에 일찍이 기록하여 전하지 아니하였더냐?
27 너희가 전도하는 자, 가르치는 자, 깨우치는 자, 진정 나로부터 명받은 자는 스스로 말을 하나, 그 말이 제 마음에서 나오는 것이 아니요, 나 여호와의 성령으로써 나 여호와의 성령을 그 가슴에 전함이니,
28 그 가슴을 통하여 역사하는 것이지, 너희가 직접 하는 것이 아니라 내가 성경에 너희에게 일찍이 깨우쳐 전하였으니,
29 바로 너희 가슴을 통하여 나의 성령을 가지고 모든 것을 역사하는 너희거늘,
30 어찌하여 오늘의 모습이요, 오늘의 살아가는 그 모습을 가지고 두려워하며 좌절하며 용기를 잃어 가는가?
31 그와 같은 백성이 되어서는 절대 아니 됨이니라.
32 그 누구도 너희를 대적할 수 없으며, 그 누구도 너희를 꺾을 자, 없으며, 그 누구도 너희 위에 설 자가 없음을 알아야 할 것이니라.
33 이제 너희가 어떠한 백성과 어떠한 지도자들과 갑론을박한다 해도 너희가 그들에게 뒤질 것이 없으며,
34 이는 곧 나의 성령이요, 내가 너희 가슴에 성령을 내려보내, 너희 것으로 대답하는 것이 아니요, 나 여호와 것으로써 대답하는 그와 같은 역사를 이룰 수 있는 그 단계에 와 있는 자들이 오늘 나의 아들을 따르는 제자요, 선택된 너희임을 알라.
35 내가 불러 쓰는 너희에게 그와 같은 용기를 주었거늘, 어찌하여 너희는 오늘의 너희 자신의 삶이요, 여태껏 남에게 뒤지며 살아왔던 일, 남에게 종과 같이 부림을 받고 어렵고 힘든 삶을 살아온 그 환경에서 어찌하여 벗어나지 못하며,
36 육의 세상의 그 고리를 놓지 못하고 나약한 자요, 불쌍한 자요, 어려운 자

요, 가진 것이 없는 자요, 능력 없는
자요, 남들 앞에 당당히 말할 수 없는
자라 말하는가?
37 그것은 육의 세상의 계산법이요, 육의
세상에 역사하는 것이니라.
38 너희는 하늘나라의 법에 적용되는 것
이며 하늘나라의 뜻에 사는 것이며 나
여호와를 대신하여 역사하는 자들이
니, 불안해하지 말며 겁먹지 말라.
39 이제는 당당히 나설 때가 되었으니 그
리 알라, 사랑하는 나의 아들딸들아!
40 이제 나의 법전을 또 더 깊이 정독하
고 역사할 때, 그 누구도 너희에게 대
적하는 대화를 할 수 없는 그와 같은
때가 머지않아 올 것이며,
41 지금도 감히 이 세상의 어떠한 백성도
너희와 대적할 수 없는 경지에 너희가
올라와 있음을 알라.
42 너희가 확인하지 아니하고 대화하고
역사해도 그 모두가 준비되었음을 알
라, 사랑하는 나의 아들딸들아!

7,838 번째 하나님 말씀

2003년 10월 8일 20시 41분

1 사랑하는 나의 아들아!
2 "네, 아버님! 말씀하옵소서."
3 너의 제자들에게 전해야 할 것이니라.
4 너희가 160권의 나의 법전을 접하는
그것보다 더 큰 은혜와 영광이 없음이
니,
5 너희가 나의 법전을 접하고 읽고 깨우
칠 때마다 나 여호와가 내리는 불칼에
맞는 그와 같은 삶을 살아가고 있지
않으냐?
6 너희가 악습을 하나 버릴 때마다 나로
부터 검을 맞는 것이요,
7 그리고 잘못된 것을 깨우쳐 두 번 다
시 그 일을 하지 아니하며 회개하고
눈물짓는 것, 그 자체가 또한 무엇이
더냐?
8 그게 바로 너희가 나로부터 검을 맞
는 그와 같은 길을 가고 있음이니,
9 불필요한 가지요, 잘못된 것을 나 여
호와가 하나하나 다듬어 완벽한 조각
품을 만들어 가는 그 대상으로써 너희
가 선택된 자들이니, 그보다 더 큰 은
혜와 영광과 축복이 과연 어디 있다
말하느냐?
10 나의 피조물 만백성 너희는 그들에게
전해야 할 것이니라.
11 그들이 오늘의 다스림이요, 저 자신이
변하는 그 역사를 알지 못하며 믿음의
가는 길이요, 구원의 길이라 하고 간
다 해도,
12 그들은 너희같이 확신이 없으며 그 마
음속에 정해짐이 없으며 굳건한 믿음
의 자세가 서 있지 아니함이니라.
13 그들은 진정한 성령의 믿음이요, 나
여호와의 뜻으로 가기 위해 너희처럼
나로부터 검을 맞으며 곱게 다스려 가
는 것이 아니라,
14 인간 세상의 사는 삶에서 얽히고설킨
이해관계에 얽혀 있는 그와 같은 상태
에서 믿음의 길을 감이니, 그것이 내
가 잘못되었다 함을 너희는 알아야
할 것이니라.
15 이제 내가 나의 아들을 통하여 너희에
게 전함이니, 오늘 이후부터 나의 아
들과 제자 너희들은 이와 같은 변화

의 역사를 이루라.
16 너는 한 점의 부끄럼이 없는 그와 같
은 선지자요, 나의 아들로서 서는 데
최선을 다할 것이며,
17 너희 제자들은 또한 나의 아들이 보
기에 한 점의 부끄럼이 없는 그와 같
은 마음의 자세로써 다스려 나가며 그
삶을 살도록 그리하라.
18 너희는 나의 음성을 듣지 못하며 나를
보지 못하며 나로부터 명을 받지 못함
이니, 나의 아들을 통하여 내 모두를
내림이니라.
19 너희는 나의 아들에게 한 점의 부끄럼
이 없는 그와 같은 제자로서의 삶을
살아가는 데 오늘부터 그를 보며 최선
을 다할 것이며,
20 나의 아들 너 또한 너의 제자들에게
한 점의 부끄럼이 없는 그와 같은 서
로의 삶을 살 때 너희가 하나가 됨이
니,
21 너희가 하나가 되는 것은 곧 나의 분
신으로서 모두를 역사한다는 것을 알
라, 사랑하는 나의 아들딸들아!

7,839 번째 하나님 말씀

2003년 10월 9일 0시 03분

1 사랑하는 나의 아들아!
2 "네, 아버님! 말씀하옵소서."
3 내가 불로써 직접 써 내린 그 친필이
요, 십계명이 몇 가지더냐?
4 열 가지의 계명이니라.
5 너희가 이 세상을 살아가면서 지키고
행하여 하늘에 구원을 받는 것을 열
가지로써 압축시키고 줄여서 너희에
게 그 간단한 정답을 내려 주었음이니,
6 너희가 하늘에 오르는 길이요, 이 세
상에 사는 그 모든 역사를 열 개로 쪼
개서 내가 너희에게 전한 것이 아니
더냐?
7 그러니 그 열 개 중에서 다섯 개만 바
르게 지킨다 해도 너희는 중간의 점
수를 따는 것이 아니더냐?
8 그러니 그와 같은 이치를 깨우치고 생
각해 봐야 할 것이니라.
9 그러니 너희가 나의 십계명을 얼마나
지키고 사느냐 하는 것은 너희가 다
섯 개의 계명을 지키며 하나를 더했을
때는 60점의 점수를 넘기는 것이 아
니던가?
10 너희는 나의 계명에 기록되어 있는
'네 부모를 공경하라'는 것, 그것이 얼
마나 소중한 것인 줄 알겠느냐?
11 내가 너희에게 그리 말하였느니라.
12 너희가 지금 교회요, 모든 성전이요,
성막에 가서 바치는 것, 그리고 주일
을 찾으며 거기에 재물을 바치며 십일
조를 바치는 그와 같은 행위를 네 부
모를 위해서 행하는 것이 우선이라 내
가 그리하지 아니하였던가?
13 네 부모가 너희를 구원해 준다면 너
희는 지금의 교회에 오지 아니할 것이
며, 너희 부모에게 지금보다도 더 열
성을 다할 것이라 내가 그리하지 않았
던가?
14 그러나 부모에게 잘하며 부모를 공경
하며 효성을 다하는 것이 구원을 받는
다고 내가 꼭 그와 같은 말을 전해야
만 하겠느냐?
15 나의 십계명이요, 이 세상을 열 개로

나눈 그중에 하나요, 10분의 1이 '네
부모를 공경하라.' 함이니,
16 네 부모를 공경하는 것이 하늘에 오르
는 길이요, 구원을 받는 길의 근본이
라는 것을 너희는 어찌 모르는가?
17 내가 성경에 기록하여 '네 부모를 공
경하는 것이 하늘에 오르는 길이라'
그리 꼭 너희에게 전해야만 되겠는가?
18 전하지 아니하여도 그 의미가 거기 있
음이니라.
19 열 중에 하나요, 10분의 1을 차지하고
있음이니 그것이 얼마나 방대한 것이
더냐?
20 수천 수억 가지를 내가 열 개로 줄여
서 전했음이니, 그중에 10분의 1이
'네 부모를 공경하라.' 함이니라.
21 그것이 바로 부모에게 공경하는 자는
구원을 받는다는 그와 같은 가르침이
요, 그 의미가 거기 있는 것을 너희는
지금 모르는 자들이니라.
22 그러니 너희가 얼마나 어리석고 불쌍
한 백성이더냐?
23 그러나 너희는 이제 그를 깨우쳐야
할 것이니라.
24 네 부모를 공경하는 것이 하늘에 오르
는 길이요, 근본이라는 것을 만백성에
게 전하라.
25 그것이 내가 너희에게 모든 것을 압
축해서 내린 십계명 중의 10분의 1이
라는 것을 잊지 말라.
26 그와 같은 마음의 자세를 가지고 살아
가도록 그리하라.
27 내가 너희에게 임하노니, 나의 법전을
기록하고 만들고 만백성에게 전하는
너희는 알아야 할 것이니라.
28 내가 나의 아들을 통하여 너희에게
내려보내나, 이는 너희 것이 아니요,
나 여호와의 것이며, 내가 역사하고
주관하는 것이라는 것을 알아야 할
것이니라.
29 지금 나의 법전은 나의 주관하에 내
뜻이요, 내가 모두를 역사하는 것이니,
30 나를 경배하며 나에게 오르며 구원을
얻겠다는 그 백성이 내가 내린 십계
명을 지키지 아니하고, 내가 나의 아
들을 통하여 내리는 새로운 성경이요,
법전대로 살 수 없으며 이를 지키지
못한다는 것은 무엇이더냐?
31 너희가 나를 버리며 나를 떠남이니라.
32 창조주 나 여호와가 너희에게 명하는
것을 듣지 아니하면 너희를 인간이라
할 수 있겠는가?
33 내가 너희에게 명하고 지시하는 것을
따르지 아니하고 지키지 아니하는 것
은 인간이 아니기 때문에 행하지 아
니한다는 그와 같은 뜻임을 알아야 할
것이니라.
34 너희가 인간이고자 한다면 계명을 지
킬 수 없다고 말하지 아니하며 지키
지 아니할 수 없음이니,
35 너희가 계명을 지킬 수 없다, 그리 행
할 수 없다 그리 말하는 순간에 너희
는 인간이기를 포기하는 자들임을 알
아야 할 것이니라.
36 창조주 나 여호와로부터 버림을 받은
자는 과연 무엇이라 말하였느냐?
37 나의 법전을 지킬 수 있다 없다 시시
비비하는 것, 나 여호와의 성령이요,
새로운 내 뜻을 내려보내는 것을 가지
고 시시비비하는 자들은 인간이기를

포기하는 자들이니 그리 알라.
38 너희가 인간으로서 모두를 포기하면 무엇이던가?
39 너희는 짐승과 같은 삶을 사는 것이니, 그 무서움을 알아야 할 것이니라.
40 나의 십계명이요, 나의 법전대로 그와 같이 행하고 지키고 살 수 없다고 말하는 자는 인간이기를 포기하는 자니, 너희가 무엇으로 전락하는가?
41 그건 너희가 짐승과 같은 삶을 살고자 하는 것이 아니던가?
42 그 의미를 깊이 깨우쳐야 할 것이니라.
43 그리고 모두를 압축하여 내린 열 가지 계명 중에서 그 하나가 '네 부모를 공경하라.' 함이니,
44 너희가 잘못된 죄의 온상인 교회에 와 울고불고 재물을 바치는 것을 네 부모에게 하면, 네가 구원의 길에 들어설 수 있으며, 구원의 빛을 볼 수 있는 것이요,
45 10분의 1은 모두 면죄받는다는 그 위대한 역사를 너희가 이룰 수 있는 것이 그것이라는 것을 잊지 말라, 그리 깨우쳐 주라.

7,840 번째 하나님 말씀

2003년 10월 9일 0시 06분

1 사랑하는 나의 아들아!
2 "네, 아버님! 말씀하옵소서."
3 너희가 나 여호와를 만나며 나를 보려 하며 나의 음성을 듣고자 한다면, 너희 마음속에 있는 욕심의 공장을 다 뽑아 버리며 욕심을 비우지 아니하면 그 역사는 이루어질 수 없으며,
4 나를 볼 수 없으며, 너희는 하늘에 오를 수도 없는 그와 같은 길을 가는 백성이라 내가 나의 법전에 일찍이 기록하여 전하였음이니라.
5 그러니 너희가 나를 볼 수 있으며 나에게 오를 수 있는 백성이라면, 성령으로 임하지 않는 백성이면 절대 이룰 수가 없으며,
6 너희가 아무리 무엇인가를 역사하고자 한다 해도 나 여호와는 너희에게 약속과 언약을 내리지 아니하며, 내가 그와 같은 것을 행하지 아니한다는 것을 너희는 알아야 할 것이니라.
7 그러니 너희는 어떠한 것도 나로부터 받을 수가 없으며 역사할 수 없는 것이 너희이니, 마음의 욕심을 비우지 아니하면 아무것도 이룰 수 없다는 것을 알라.
8 그리하여 너희 자신부터 청결한 몸과 마음을 갖춤이 무엇보다도 중요하다 하지 아니하였던가?
9 청결한 마음과 몸을 가진 자, 그가 곧 천사니, 그가 의인이요, 하늘에 오를 수 있는 기본이라 함을 잊지 말라.
10 너희는 영혼의 집인 육과 영혼이 같이 존재하는 것이니라.
11 그러하니 내가 나의 아들을 통하여 너희에게 뭐라 가르쳤더냐?
12 너희의 육과 영혼을 모두 통제할 수 있는 것이 나 여호와 창조주요, 오로지 유일한 너희 아버지인 나만이 이룰 수 있다고 말하지 아니하였던가?
13 그리고 너희 또한 그리 형성되었다고 내가 가르쳤음이니라.

14 너희의 육은 영혼을 관리하는 집이요, 영혼은 육의 집을 빌려 존재한다고 그리하지 않았던가?
15 그러니 육과 영혼이 같이 깨우쳐 가는 그것만이 하늘에 오르는 길이요, 나에게 오를 수 있는 그 길이라는 가르침을 절대 함부로 들어서도 아니 되며, 그저 듣고 잊어버려서도 아니 됨을 너희는 알아야 할 것이니라.
16 이를 명심하고 명심해야 할 것이니라.
17 내가 나의 아들을 통하여 너희에게 깨우쳐 주기를, 너희 집을 돼지우리처럼 만들어 놓고 주인만 깨끗하게 몸단장하고 손님을 초대할 때, 과연 그 손님이 기쁜 마음으로 그 집을 방문한다 하였느냐?
18 방문하지 아니할 것이라 했듯이, 너희가 그와 같이 육의 삶을 바로 하지 못했을 때, 너희는 절대로 구원을 받을 수 없으며 나에게 오를 수 없다는 내 가르침을 다시 한 번 나의 법전에 기록하여 책으로 만듦이니,
19 너희가 이 대목을 읽거든 너희의 육이 얼마나 소중하며 영혼이 얼마나 소중한지 알며, 그 모두가 다 병행하여 같이 가지 아니하면 아니 됨을 알아야 할 것이니라.

7,841 번째 하나님 말씀

2003년 10월 9일 0시 14분

1 사랑하는 나의 아들아!
2 "네, 아버님! 말씀하옵소서."
3 너희가 말하기를, 인간은 의인이 될 수 없다 그리 말하며, 인간은 그와 같은 형태로써 절대 다시 날 수 없다고 그리 말하느니라.
4 그러나 너희는 재물과 헌금을 하고 울고불고 회개 기도를 하면 모두 다 다시 태어나며 너희가 지은 죄는 모두 다 사해진다고 그리 말하지 아니하는가?
5 그러나 너희가 그와 같은 역사를 이루는 것은 무엇이더냐?
6 이는 너희가 죄가 없는 것이요, 의인이 되는 것이요, 너희가 죄를 짓지 아니하고 회개를 하여 천사와 같이 깨끗해졌다면 그것이 바로 의인이 되는 것이 아니더냐?
7 그러나 너희가 기도하고 회개함으로써 모든 죄가 지워진다고 그리 가르치는 것은 너희가 의인이 되는 것이 아니던가?
8 그 순간만큼 너희는 죄가 없으니, 의인이 된다는 것을 어찌 모르는가?
9 그러니 너희는 수십 번 기도할 때마다 의인이 되거늘, 어찌하여 의인이 될 수 없다고 그리 가르치는가?
10 너희가 의인이 되는 것은 죄를 빌고 용서를 비는 그 순간에 회개했을 때 너희는 깨끗하니,
11 그때가 바로 너희가 의인이 되는 것이거늘, 어찌하여 인간은 의인이 될 수 없다고 그리 말하고 가르치는가?
12 너희가 교회라는 곳에 와서 회개하고 재물을 바치는 것이 자신들이 의인이 되는 날이 아니던가?
13 그러니 너희가 그 교회요, 그리고 주일이요, 그리고 그 성전에 와 재물을 바치며 나에게 기도하며 예배라는 것

을 드리고 찬송하며 광란의 짓을 하는
것은 무엇을 하는 것이냐?
14 나 여호와로부터 너희가 의인이 되는,
나에게 허락받는 도장 받는 날이 아니
던가?
15 내가 내려다보기는 그러하니라.
16 너희가 말하는 것을 내가 하늘에서 듣
고 보니,
17 너희는 의인이 될 수 없다 하며 회개
하면 깨끗해졌다 하니, 깨끗한 것이
의인이요, 천사이니라.
18 그러니 너희가 예배 보려고 주일에
모이는 날은 무엇이더냐?
19 너희가 회개하고 깨끗해졌으니 그 허
락을 받기 위해 나에게 오는 것이 아
니던가?
20 그러니 의인의 허락을 받기 위해 모
이는 것이 그날의 그 장소이니라.
21 그러나 너희는 알아야 할 것이니라.
22 너희가 의인의 허락을 받으며 의인으
로서 인정을 받고자 나에게 고하는 그
날, 나 여호와는 그곳에 있지 아니하
며, 너희가 하는 이야기를 듣지 아니
하고 귀를 막고 있음이니, 이를 어찌
하겠는가?
23 나 여호와는 그 시간에 너희의 교회
에 없음을 알라.
24 지금 이와 같은 형국으로써 이끌어 가
는 것이 너희며, 인간은 절대 의인이
될 수 없기 때문에 재물을 바치고 모
두 기도하고 경배한다 함이니라.
25 그러니 경배하며 회개하고 지워지면
바로 그것이 의인이 되는 것이요, 너
희가 의인의 역사를 하는 것이요,
26 의인의 역사함을 증명받기 위해 나에
게 주일마다 오며 울고불고하는 그 행
사가 거기에 뜻이 있음을, 내가 보기
에는 그러하느니라.
27 그러나 나는 그곳에 없다 하였음이니
라.
28 다만, 붉게 물든 사탄의 종이 그곳에
상주하고 앉아 너희를 포획하고 있는
것을 나는 보고 있음이니라.
29 그러니 붉게 물든 그 사탄이 너희를
지금 하나하나 지옥으로 인도하는 그
와 같은 행위를 하는 그 장소에서 너
희는 회개했다 하며 은혜 받았다 하
며 그리 말하고 있음이니라.
30 회개했다는 것이 바로 의인이 되었다
말하는 것이나, 너희는 그게 아님을
알아야 할 것이니라.
31 너희는 항상 스스로 행함에서 한 점
의 부끄럽이 없는 삶을 살아가는 것이
우선이며, 먼저 행해야 할 것이니라.
32 내가 너희에게 일찍이 말했듯이, 말로
써 나의 아들을 찾으며 울부짖는 것으
로써 아무런 역사도 이룰 수 없는 것
을 알라.
33 내가 나의 법전에 기록하여 전했듯이,
나의 아들이 어떠한 역사를 행하든 지
금의 나의 아들이 어떠한 기적과 역사
를 행하든, 그것은 너희에게 구원을
받으며 천국의 문을 열어 주는 것과는
아무런 관계없으며,
34 어떠한 기적을 역사한다 해도 그 능
력에는 미치지 못하는 것이 하늘의 법
도임을 너희는 알아야 할 것이니라.
35 나의 아들 예수가 세상에 나와 그 임
무를 마쳤다 하였음이니, 그는 바로
나로부터 명받은 것을 너희에게 전하

고 그 역사를 했음이니라.
36 그러나 예수가 그리해도 너희가 천국
의 문을 들어올 수 있는 그 권한이 없
으며 그 문을 열어 줄 수 있는 것이 아
니요, 그 역사를 행하는 것이 아니니
라.
37 나의 아들 예수가 어떠한 기적을 이룬
것은 나의 뜻에 따라 이루었으나, 그
기적으로 하여금 그와 같은 권능의 역
사를 보인다고 해서 천국의 문을 열어
주는 능력이 있는 것이 아님을 알라.
38 나의 아들이 머리가 하얘져 너희에게
역사의 능력을 보일 때 그것이 너희가
천국의 문에 들어서는 것은 아니니라.
39 그것과 천국의 문에 들어서는 것은 구
분되어 있으며,
40 천국의 문은 그 누구도 열 수 없으며,
거기에는 아무도 허락하여 들어오고
들어오지 못하는 그 명령을 내릴 수
없는 것이 하늘의 법도요, 하늘의 뜻
이라 한 그 이치를 깨우치고 세상의
믿음의 길을 다시 간다면,
41 너희는 머릿속이 안개가 걷히는 것처
럼 무엇인가를 깨닫는 지혜를 얻게 될
것이니라.

7,842 번째 하나님 말씀

2003년 10월 9일 0시 19분

1 사랑하는 나의 아들아!
2 **"네, 아버님! 말씀하옵소서."**
3 모든 종교 집단이요, 그들이 지금의
흘러오는 그 세월 속에 나의 피조물
만백성들을 하늘에 오르게 한다고 역
사하는 자들이, 깨달음의 지도자요,
목자라는 자들이 무엇을 부르짖고 사
느냐?
4 그들은 지금까지 모두 다음과 같은 말
을 부르짖고 살아왔음이니라.
5 모두 다 '회개하라.' 하며, 회개하지 아
니하면 아니 됨이라는 그것이 가장 먼
저 부르짖는 말이 아니던가?
6 나의 아들 예수까지도 그가 가장 부르
짖은 것이 회개하고 깨우치라는 것을
전했음이니라.
7 그리고 모든 깨달음의 길을 가는 종교
집단이요, 너희가 힘차게 그리고 자신
있게 부르짖는 말이 무엇이더냐?
8 모두 '회개하라. 회개하지 아니하면
지옥 불에 간다'고 그리 가르치느니라.
9 회개하는 자만 구원을 받으며, 회개하
지 아니하는 자는 지옥에서 벗어나지
못한다고 가르치고 또 전하지 않느냐?
10 그와 같이 회개하라는 것이 과연 무엇
이던가?
11 너희가 회개하는 것은 인간의 삶의 그
잘못도 또한 회개하는 것이나, 지금
너희가 회개하라 하는 성서에 기록되
어 있는 것은,
12 잘못 가는 종교 집단이요, 지도자들이
참진리요, 나 여호와의 뜻이 세상에
내려가며 그와 같이 역사하는 것을
무조건 이단으로 몰아붙이고 배척하
고 핍박하는 그와 사악한 행위를 하는
것,
13 그것을 회개하라는 것이 주된 골자요,
성경에 기록된 회개함은 그 회개라는
걸 너희가 깨달아야 할 것이니라.
14 내가 성서에 나의 아들을 통하여 너희
에게 회개하고 반성하라 한 것은, 너

희가 지은 죄를 회개하고 반성하라는
것이 아니요,
15 믿음의 길을 가는 백성으로서 잘못
가는 자들이요, 회개하라고 부르짖는
자들이 참진리는 무조건 배척하며 그
저 짓밟으려 하며, 이 세상에 존재하
지 못하게 하는 잘못된 종교 집단들이
물리적으로 행사하는 것,
16 그 행위를 회개하라는 것이 가장 큰
회개의 원천이요, 부르짖음이니라.
17 너희가 육의 잘못하고 회개하는 것은
스스로 누구나 다 깨닫고 갈 수 있음
이니, 그것은 너희 자신이 다스려 나
가면 될 것이니라.
18 내가 회개의 원칙이 뭐라 하였더냐?
19 회개라는 것은 너희가 잘못한 것을
두 번 다시 반복하지 않는 것이 회개
의 의미라 하였음이니라.
20 나의 아들 예수도 세상에 나와 너희에
게 가장 먼저 부르짖는 것이 회개하는
백성이 되라 하였으며, 그리고 깨우쳤
다 하는 자들이 모두 회개하라 하였음
이니라.
21 나의 아들 예수가 그 시대에 2천 년
전에 회개하라는 것은 무엇인 줄 알
겠느냐?
22 잘못 가는 종교 지도자로서 그 백성
이 엉뚱한 짓 하는 것, 사악한 짓 하는
것, 우리 부자의 이름을 팔아 잘못 가
는 그와 같은 짓을 하는 그들에게 회
개하며 깨우치라 전한 것이 바로 예수
의 부르짖음임을 너희는 알아야 할
것이니라.
23 이제 회개하라는 것, 회개하는 방법을
내가 너희에게 가르쳐 주었으며, 회개
하라는 그 원천의 큰 뜻이 무엇인 줄
알겠느냐?
24 종교 집단이요, 나를 믿는 자들이 잘
못 가는 자요, 잘못 가는 자들이 진정
한 나의 태양이요, 진정한 빛이 세상
에 내려와 만백성을 구하는 생수를 부
어 놓은 것을 못 붓게 하며, 그를 붓지
못하게 하며 훼방 놓는 자, 그리고 기
름을 붓는 자,
25 그와 같은 자들에게 회개하라는 것이
가장 큰 회개의 의미니라.
26 오늘의 종교 집단 속에서 구원을 받았
다 말하는 자, 천국의 문에 들어올 수
있는 자격을 얻었다 하는 자,
27 그리고 거짓 선지자요, 재물을 거둬들
이기에 혈안이 된 자요,
28 모든 교회라는 곳을 너희가 지금 사
업장으로 바꾼 자요,
29 내가 나의 아들 예수를 통하여 하나의
돌이요, 두 개의 돌이 역사하지 못하
는 것이 내 뜻이라 그리 나의 아들을
통하여 전했거늘, 너희는 얼마나 많은
성전이요, 궁궐 같은 것을 지어 놓았
는가?
30 그와 같은 자들에게 회개하라는 것이
니, 그들이 회개의 큰 뜻에 걸려 있는
자들이라는 것을 알라.
31 그를 버리지 아니하는 그들은 정녕 회
개를 모르는 자요, 그 큰 죄의 회개를
하라는 것이 너희에게 내가 전하는,
성경에 기록된 회개의 의미라는 것을
알라.

7,843 번째 하나님 말씀

2003년 10월 9일 0시 23분

1 사랑하는 나의 아들아!
2 "네, 아버님! 말씀하옵소서."
3 하늘에 오르는 그 길이 얼마나 어렵고
힘들며 두려운 길이더냐?
4 너희가 나의 아들 예수의 이름을 부르
며 그리고 나를 찾으며 경배하고 또한
내 뜻에 따라가는 그 행동을 한다 해
도,
5 너희 자신이 하는 그 행위가 진정한
참진리요, 아름다운 뜻이요, 한 점의
부끄럼이 없는 그와 같은 행동으로써
살아가지 아니하는 자는 어떠한 것도
나와는 관계없다는 것을 알아야 할
것이니라.
6 너희가 나의 아들 예수의 이름으로써
나 여호와의 이름으로써 어떠한 권능
을 행사한다 해도,
7 참진리요, 나의 계명에 따라 살아가는
길이 아니면 구원이 아니요, 너희 자
신도 구원을 받을 수 없다는 엄연한
하늘의 법도를 나의 법전에 기록하여
만백성에게 전해야 할 것이니라.
8 이는 무엇을 의미하는가?
9 말로써 구원받고자 하지 말라 함이니
라.
10 말로써 하는 것이 아니요, 나 여호와
의 뜻에 의해 정녕 그 행함을 실천하
고 사는 것, 내가 내린 계명이요, 나의
율법대로 행하고 믿고 그와 같이 역사
하는 자만이 나에게 구원을 받을 수
있는 것이요,
11 그 근본을 흩트러 놓고 그 근본을 떠
나서는 어떠한 것을 역사해도 너희는
구원을 받을 수 없으며 나에게 오를
수 없다는 것을 알라.
12 너희가 우리 부자의 이름을 팔아 어떠
한 일을 하고 역사를 한다 해도 이는
나와 관계없다는 것을 너희는 명심해
야 할 것이니라.
13 진정한 참진리요, 행함을 모범으로 하
며 행함에 한 점의 부끄럼이 없이 살
아가는 그와 같은 것을 벗어나서 나를
찾고 나를 역사한다 해도,
14 너희가 나를 위하여 나의 아들 예수라
해도 이 세상 것 다 바친다 해도 나는
너희를 모르는 자라 그리할 것이니 그
리 알라.
15 나 여호와가 역사하고자 하는 뜻에
벗어나는 어떠한 것도 용서치 아니하
며 어떠한 작은 행위까지도 내가 용서
하지 못함이니, 너희는 그 모두를 용
서받지 못함을 알아야 할 것이니라.
16 그러니 근본적인 나의 뜻을 어기고 너
희가 어떠한 역사를 이루며 권능을 바
라며 나를 위하여 살아가는 삶을 살았
다 해도,
17 그것은 나와 관계없는 너희 인간의 생
각이요, 인간의 욕망에 의해서 역사하
는 것이니 그리 알라, 사랑하는 나의
아들딸들아!

7,844 번째 하나님 말씀

2003년 10월 9일 06시 37분

1 사랑하는 나의 아들아!
2 "네, 아버님! 말씀하옵소서."
3 나 여호와가 너에게 나의 뜻이요, 성

령을 내리지 아니하면 네가 받아 기록
하지 못하며 또한 네가 나에게 경배하
며 기도하여 나의 성령을 받고자 너
자신을 다스리지 못한다면 이 또한 이
룰 수 없는 것이니라.
4 그러니 내가 너에게 내림이니, 네가
받을 준비를 하고 있으며 네가 준비를
하고 있어 네가 나에게 경배하는 마음
으로 있을 때 내가 너에게 성령을 내
림이니, 그리하여 과연 무엇이 이루어
지는가?
5 하나의 법전이요, 한 권의 법전이 세
상에 나옴이니, 그것이 쌓이고 쌓이는
그 노력 속에서 모두 역사하지 아니하
느냐?
6 내가 내릴 때 네가 그를 받아 하나하
나 기록함으로써 나의 법전이 한 권
한 권 세상에 역사하여 나가지 않느냐?
7 그러니 이제 너희 제자들도 그와 같은
이치를 깨달아, 너희 가슴에 있는 악
습을 하나씩 버리는 그 훈련에 돌입하
도록 그리하라.
8 그리하지 아니하거든 십계명처럼 열
가지씩 단위로 나눠 기록하여 손에 들
고 다니며 너희의 그 악습을 버리도
록 그리하라.
9 그래도 아니 되거든 그 악습을 목에
써서 걸고 다닌다 하더라도 그와 같은
노력으로 열 개씩 고쳐 나간다 하면,
10 과연 나의 법전을 찾고 강론을 듣고
공부하는 그 세월 속에 너희가 얼마
만큼 변화되겠는가?
11 너희가 모든 것을 변하겠다는 생각,
그리고 모든 악습을 뽑겠다는 그와 같
은 생각에서 그리 두루뭉술하게 가는
믿음의 자세로써는 너희가 아무것도
고칠 수 없음을 알라.
12 정녕 너희가 그 악습을 고치지 못하
거든, 어린아이가 명패를 달고 다니듯
이 1번서부터 10번까지 무엇 무엇을
고치겠다고 써서 네 목에 걸고 다니며,
13 항상 그를 보고 네가 고치는 그와 같
은 노력을 해서라도 한 가지씩 그리
고쳐 나간다면,
14 세월이 흐르는 동안에 나의 법전이 역
사하여 세상에 전해지듯이, 너희도 그
와 같이 하나하나 깨끗하게 변화되는
그 역사를 이룰 것이니라.
15 그와 같은 노력이 없이는 너희는 절대
아무것도 역사할 수 없으며 변화될
수 없음을 알라.
16 저절로 그대로 변하며 저절로 너희에
게 역사되는 것은 없음이니라.
17 그와 같은 노력과 너희가 가는 길이
힘들고 어렵기에, 인간의 노력이요,
인간의 한계로써는 아무것도 이룰 수
없다며 너희의 마음을 이용하는 것이
며, 너희 생각을 사악하게 이용하는
것이 지금의 사탄의 후예가 된 종교
집단이요, 지도자들이 하는 그 방법이
니라.
18 그들이 인간을 다스리고 이끌어 가기
위해 얼마나 노력하고 연구했겠는가?
19 그러니 그 인간의 생각이 오늘에 너희
를 지배하게 되었음이니, 너희가 나
여호와의 뜻이요, 인간의 생각이요,
그 자체도 구분하지 못할 만큼 그리
만들었음이니라.
20 너희 인간 세상에서 남의 것을 변조하
며 남의 것을 모방하는 그와 같은 역

사가 있음이니라.
21 그러니 너희가 남의 것을 놓고 진짜
보다도 더 명확하게 진짜와 똑같이 만
드는 그와 같은 행위가 있듯이,
22 지금 나의 모든 백성이 하늘에 오르
는 길이요, 참진리를 깨우치는 그것도,
23 너희가 비진리를 가지고 진리보다도
더 아름다운 것처럼, 그리고 진리보다
도 더 완벽하게 인간을 개조하고 만들
어 그것으로써 지금 나의 피조물 만백
성들을 현혹하고 있음을 알아야 할
것이니라.
24 나의 백성에게 강론하고 설교하는 것
도, 나의 아들을 통하여 내리는 것은
나의 참진리요,
25 그러나 그들이 단상에 서서 나의 아들
의 강론보다도 더 위대한 것처럼 위장
하고 포장하여 그리 말하니,
26 가짜를 진짜보다도 더 확실하게 만들
어 놓으며, 인간 세상에서 제조물을
위조하는 것처럼 나의 성령을 위조한
것이니라.
27 그러니 너희는 여기서 들어야 할 것
이니라.
28 너희가 위조하여 만든 그 물품을 아
무리 똑같이 만들며 더 위대하고 더
완벽하게 만든 것이라 그리해도,
29 그것이 가짜는 가짜요, 모조품이 모조
품인 것은 세월이 지나면 알게 되며,
그것을 가진 자는 알 수 있는 것이 이
세상의 법도가 아니더냐?
30 그러니 내가 너희에게 두려워하지 말
라 함이니라.
31 진실은 어떠한 방법으로써도 묻히지
아니하며, 진실은 어떠한 방법으로써
지워지지 아니하기 때문에,
32 나의 법전은 이 세상에서 세월이 가면
갈수록 그 뜻을 알게 되며 그 진가를
알게 되는 그와 같은 역사를 이룰 것
이니라.
33 다만, 내가 내리는 것을 받을 수 있는
자세가 되어 있는 네가 받으며, 네가
준비되어 있기에 내가 내려 법전이 한
권 한 권 역사를 이루어 나가는 것처
럼,
34 너희의 악습도 하나하나 그리 고쳐 가
는 그 훈련을 하나를 확실히 고친 다
음에 또 다음에 도전하는 그와 같은
마음으로 가라.
35 그리하지 아니하면 너희는 천사와 같
이 의인이 될 수 있는 길이 없음을 알
라.

7,845 번째 하나님 말씀

2003년 10월 9일 06시 41분

1 사랑하는 나의 아들아!
2 "네, 아버님! 말씀하옵소서."
3 인간 세상에 살아가는 것도 너희가
지켜야 할 예의범절이 있으며 또 친구
와 인간관계요, 부모와 자식 사이에도
넘어서는 아니 되는 그 한계가 있고
또 지켜야 할 그 선이 있는 것이 인간
세상의 삶의 도리가 아니더냐?
4 그것이 인간 세상에서 너희가 지키고
살아가는 도리이니라.
5 그러나 지금 사랑하는 나의 백성을 천
국에 오르는 길로 인도한다는 종교 집
단이요, 지도자요, 그들을 지금 내가
바라보는 그 형태가 과연 어떠한지 알

겠는가?
6 그들은 정녕 넘어서는 안 되는 길이
요, 저희가 행해서는 아니 되는 그와
같은 곳에 지금 넘어 가 있음을 알고
있는가?
7 너희가 나 여호와에게 얼마만큼 도전
하고자 하며 나 여호와를 능멸하는 행
위를 하고 있는가?
8 너희가 나 여호와를 경배하며 기도하
는 그 아름다운 마음으로써 세상을 살
아가면 될 것을, 너희는 넘어서는 안
되는 그 선을 넘고자 함이니,
9 이는 곧 너희가 나에게 도전하는 행
위요, 나 여호와에게 도전하는 그 강
도가 얼마만큼 높은 도전의 행위를 하
고 있는지 알고 있는가?
10 모든 종교 집단이요, 지도자요, 그들
이 제왕적인 자리를 지키고자 하며 저
희가 지배자가 되고자 하며, 나의 사
랑하는 백성을 종으로 다스리고자 하
는 그와 같은 생각을 가지고 있는 자
들이니, 그들은 나를 능멸하는 그와
같은 행위를 하고자 하는 것이요, 나
를 넘고자 하는 행위를 하는 것이요,
11 정녕 너희가 유일한 창조주 신이라
하는 나 여호와의 자리에 와 있는 것
처럼, 그리고 그 모두를 역사한 것처
럼 그리 넘어서는 안 될 그 선을 너무
나도 멀리 넘어왔으며 너희가 지켜야
할 그 한계를 벗어나 온 것이 너희임
을 알라.
12 나 여호와가 도저히 용서할 수 없으며
더 이상 바라볼 수 없는 그와 같은 선
까지 나에게 오만함을 보이는 것이
오늘의 종교 집단이요, 지도자 너희가
하는 행위이니라.
13 그리하여 나 여호와가 그를 다스리고
자 하며 그를 바로잡고자 하며, 나의
법전을 내려 너희부터 다스리고자 하
는 것이 나 여호와의 뜻임을 알아야
할 것이니라.
14 이 세상에서 넘어서는 아니 되는 그와
같은 선을 넘어 지금 만행을 부리는
것이 너희라는 것을 절대 잊지 말라.
15 이를 나 여호와가 묵과하지 아니함이
니, 그리하여 나의 법전을 세상에 내
려보내 그들을 다스리기 시작하며 그
들을 체벌하는 역사가 시작되었다 함
이니 그리 알라.

7,846 번째 하나님 말씀

2003년 10월 10일 06시 37분

1 사랑하는 나의 아들아!
2 "네, 아버님! 말씀하옵소서."
3 내가 너에게 한 폭의 그림을 보여 주
었음이니, 그와 같이 네가 앞으로 가
야 할 길이며 그 그림이 과연 어떠하
던가?
4 "네, 아버님! 예수가 세상에 나와 만
백성들에게 강론하고 그들을 깨우칠
때, 많은 군중이 그를 따랐으며 그 강
론을 들었사옵나이다.
5 그것은 예수님을 따르는 제자들이 그
를 모은 것이 아니요, 그리고 또한 예
수님이 기적을 역사함으로써 그를 모
은 것이 아니라,
6 그를 핍박하는 자들, 그리고 그를 무
너트리고자 하는 자들 예수님을 핍박
하며 예수님을 경멸하며 예수님을 무

너트리고자 하는 그와 같은 행위를
하는 자들로 하여금 그 군중은 늘어
나기 시작하였으며, 그 군중은 강론을
듣기 시작하는 역사의 그림을 보여 주
었사옵나이다.
7 저도 또한 그보다 더한 고통을 넘고
넘을 때 모든 백성이 저의 강론을 들
으며 법전을 읽는다는 것을 아버님께
서 깨우쳐 주심을 보았사옵나이다.
8 제가 강론을 하니 제 옷을 찢어 버리
며 제 멱살을 잡으며 제가 서 있는 단
상을 무너트리며 오늘의 이 성전에
불을 지르고자 하며 외부에서 많은 사
람이 핍박하며 그들이 반박할 때,
9 모두 열 명이 와서 방해하면 스무 명
이 모여들며, 백 명이 방해하면 2백
명이 모여드는 그 역사 속에서만 모두
를 다 강론하고 전할 수 있다는 것을
저는 보았사옵나이다."
10 그러니라, 나의 아들아!
11 예수가 역사한 것도 그 제자들이 많
은 군중을 모아 강론을 듣고 나의 뜻
을 전한 것이 아니며, 그를 핍박하는
자들로 하여금 그 백성이 모이게 되
었음이니,
12 너희도 또한 그와 같은 고통이요, 그
와 같은 길을 반드시 가게 되며, 그를
넘어야 한다는 것을 잊어서는 아니 될
것이니라.
13 네가 서 있는 단상에 와 너를 무너트
리고 끌어내리며 네 옷을 갈기갈기 찢
는 그와 같은 행위를 하는 자들이 수
없이 있을 때,
14 그들로 하여금 그 몇 배의 백성이 네
가 강론한 것에 귀를 기울이며, 저희
가 서 있는 자리가 어떠한 자리인가를
깨닫는 그 역사요, 그와 같은 전철을
반드시 거치고 가야 역사함을 알아야
할 것이니라.
15 "알겠사옵나이다."
16 내가 너에게 뭐라 말하였느냐?
17 "항상 생각을 한발 앞서 가지 아니하
면 절대 만백성을 깨우는 그와 같은
역사를 이룰 수 없다는 것을 말씀하
신 것을 들었사옵나이다."
18 똑같은 길을 역사하되, 한 발짝 앞에
서서 가지 아니하면 만백성을 이끌어
갈 수 없다는 것, 그래서 항상 생각을
앞에서 해야 하며 먼저 연구하는 그
와 같은 노력이 없이는 되지 않는다는
것,
19 모든 백성과 똑같은 수준이요, 똑같은
생각에서 가는 것은 아무것도 역사할
수 없기에, 항상 한 발짝 앞에 나가 생
각하는 그와 같은 삶을 살아가야 한다
는 것을 너는 잊어서는 아니 되며, 너
의 제자들에게 그리 전해야 할 것이
니라.
20 너희가 한 발짝 앞서 생각하는 것은
노력하기에 달렸음이니, 이를 명심하
고 또 명심하라.
21 모든 것을 만들고 역사하되, 너희가
똑같이 그림을 그린다 해도 한 발짝
앞에서 나가는 사람의 그림을 남들은
보고 따를 것이며, 그를 보고 경탄한
다는 것을 잊어서는 아니 될 것이니
그리 알라.

7,847 번째 하나님 말씀

2003년 10월 10일 06시 42분

1 사랑하는 나의 아들아!
2 "네, 아버님! 말씀하옵소서."
3 오늘에 수천 년 동안 믿음의 길을 오
는 그 백성이요, 참진리의 길을 연구
하며 나 여호와에게 오르는 역사를 가
르친다는 그 백성이 참진리는 뒤로하
며 비진리에 매달려 있음이니,
4 나 여호와가 이루고자 하는 그 역사의
속을 들여다보지도 못하며 보지도 못
하고 그저 겉에서 맴돌다 죽음의 길을
선택하여 그와 같이 온 자들이니,
5 구원받은 자 없으며 내 옆에 온 자가
없다 함을 너희는 알아야 할 것이니
라.
6 지금 모든 종교 집단이요, 지도자들이
정녕 나의 참진리요, 나의 뜻에 따라
연구하고 강론하며 가르치는 것이 아
니요, 육의 생각이요, 저희의 교리대
로 가르치기에,
7 나 여호와가 역사하고자 하는 것을 바
라보지도 못하며 그를 생각지도 못하
며, 그 안을 들여다보지도 못한 그와
같은 것이 오늘의 그들의 믿음이요,
그들이 가는 길이니라.
8 그리하여 내가 그들이 나와 관계없다
한 의미를 너희는 알아야 할 것이니
라.
9 참진리의 길을 가고 참진리를 연구하
는 길이 아니면 너희가 정녕 나를 볼
수 없으며 나에게 오르는 길을 볼 수
없거늘,
10 내가 너희에게 일찍이 말하기를 수박
겉핥기와 같은 오늘의 믿음을 온 것이
라 그들에게 그를 전하고 깨우쳐 주라
했듯이,
11 그들은 수박을 쳐다보는 그와 같은 형
국으로써만 모두 다 끝나 버린 자들이
니, 그들은 정녕 나의 뜻에 의해 역사
하는 것이 아님을 너희는 알아야 할
것이니라.
12 이제 내가 성령을 내려보내 기록한 나
의 법전을 읽고 깨우치는 너를 따르는
제자들은 그 속을 들여다보며 그 속에
서 역사함이니라.
13 그리하여 거기에서 새싹이 나기 시작
하며, 성장하는 변화의 역사를 이루어
야 하니,
14 진정한 참진리를 들고 '나를 따르라!'
하며 달려가는 그와 같은 형국이 되
어, 만백성들이 그를 보고 달려가는
그 변화의 역사가 이루어지지 아니하
면 절대 아니 됨이니라.
15 그러니 오늘의 힘들고 어려운 그 길이
라 해도 주저해서는 아니 될 것이니라.
16 너희는 여기서 깨우쳐야 할 것이니라.
17 나의 아들 예수를 따르는 그 제자들이
말하기를, 곡식의 이삭을 주워 먹으며
배가 고파 허기진 그와 같은 길을 가
도록 한 것이 무엇이더냐?
18 그들 또한 고행의 길이요, 마음을 다
스리지 못하며 마음을 비우지 못하였
기 때문에, 오로지 그들에게 그 훈련
을 임한다 말했느니라.
19 그러나 이제 너를 따르는 그 제자들은
나의 법전을 읽고 손수 만들며 그리고
이를 전하고 강론을 함이니, 나의 뜻
을 그들보다 깊이 깨우칠 것이니라.

20 그들은 예수가 강론하는 것을 듣고 그
저 그때마다 깨우쳤음이니, 깨우치고
난 다음에 배가 고프고 힘들며 추운
잠자리에 들 때, 그들은 모두 다 잊어
버렸으며 그대로 기억하고 사는 그 제
자들이 아니었음이니라.
21 우선 그들은 추운 잠자리가 따듯하기
를 바라며, 배고프면 빵 한 조각을 더
얻고자 하는 생각으로써 그들은 그날
들었던 강론을 다 잊어버리는 그와
같은 삶을 산 것이 그들이니라.
22 아무리 배가 고프고 힘이 들어도, 진
정한 믿음이라면 그 배고픔의 빵보다
도 강론 들은 것을 더 가슴에 안고 새
겨야 하나,
23 그들은 인간의 생각을 버리지 못하였
기 때문에 빵을 먼저 생각했으며, 더
운 잠자리를 먼저 생각했으며, 추운
잠자리를 먼저 생각했기에,
24 그들이 말로 전하는 그것을 기억하여
그 역사를 이루지 못했음이니라.
25 그러나 너희는 내가 나의 아들을 통
하여 책으로 근거하여 말을 함이니,
너희가 배고픔을 면했을 때 책을 볼
수 있으며 추움을 면할 때 또 책을 볼
수 있음이니, 그것이 은혜요, 사랑이
요, 축복을 받은 백성이니라.
26 그러나 너희도 그와 같이 힘들고 어
려운 그 길에서 깨우침을 얻을 것이니
그리 알라.
27 마음을 비우지 아니하는 자는 그 물욕
에 의해 항상 넘어지게 되어 있음이니
라.
28 어린아이들이 위에서 밑으로 미끄럼
을 타듯이 항상 그보다 더 빠른 속도
로 무너지게 되어 있는 것이 너희기에,
29 완벽하게 너희 자신을 다스려 서지
아니하면 아니 됨을 알라.

7,848 번째 하나님 말씀

2003년 10월 10일 11시 26분

1 사랑하는 나의 아들아!
2 "네, 아버님! 말씀하옵소서."
3 너희와 같이 똑같이 육을 가졌으며 그
고통을 모두 느끼는 나의 아들 예수가
내 우편에 와 앉아 있다 하였음이니,
너희는 그 뜻을 알겠는가?
4 그는 간단한 것이니라.
5 너희가 육을 가지고 행하지 못하는 그
와 같은 삶이요, 너희가 역사하지 못
하는 것을 예수는 그리 살았으며 그리
행하고 실천했기 때문임을 알아야 할
것이니라.
6 그러나 너희는 뭐라 말하느냐?
7 예수는 성령으로써 잉태하여 특별히
선택된 자이므로 고통도 없으며 시련
도 없을 것이며, 손바닥에 못을 박는
그 고통을 예수는 느끼지 못할 것이라
너희는 그리 생각하나,
8 그를 느끼지 아니한다면 예수가 너희
와 다른 것이 없으며 다른 역사함이
무엇이 있겠는가?
9 너희 몸에서 피가 흐르듯이 예수의 그
몸에서도 피가 흘렀음이니, 너희의 다
리와 팔과 손에 못을 박으며 또 묶는
다 하면 그 고통이요, 그 저려 옴은 나
의 아들 예수도 너희와 똑같이 그 모
두를 겪고 그 고통을 인내하였음을 알
아야 할 것이니라.

10 그러기에 예수가 나의 우편에 와 앉아
있으며 나의 나라에 와 존재하는 것
은, 너희가 지금 행하고 살지 못하는
그와 같은 삶을 역사했으며 그를 지
키고 행했기 때문이니, 너희는 그를
알아야 할 것이니라.
11 일찍이 예수의 행함이 인간과 똑같은
한계에서 그 모두를 초월했으며 그를
인간으로서 인내했다고 그리 믿고 깨
닫는다면 오늘과 같은 이 역사는 있을
수 없을 것이니라.
12 너희는 성령으로써 잉태하여 특별히
나로부터 명받아 간 예수이기 때문에,
그 손을 묶고 손에 못을 박아도 고통
에 저리지 아니하며 아픔이 없다 그리
생각할 것이며, 나 여호와가 모두를
보호했으며 장막을 쳤을 것이라 그리
생각하나 그건 절대 아니니라.
13 그러니 이제 나의 아들이 60이 다 되
어 너희와 똑같은 인생을 살면서 그
와 같이 변하는 그 모습을 봤을 때, 너
희가 그때도 그와 같은 생각을 과연
할 수 있을 것인가?
14 너희는 그와 같은 변명이요, 그와 같
은 이유를 생각하지 말며,
15 오로지 나의 아들 예수가 내 우편에
와 있는 것을 영광이요, 축복이라 그
리 생각하기 전에,
16 그리 올 수 있는 것은 예수와 같이 그
모든 것을 인내하며 인간으로서 넘을
수 없는 그 한계에 도전하여 그를 넘
었기 때문이니,
17 너희도 그와 같이 할 수 있으며 그와
같이 역사하는 것이 내 우편에 와 앉
을 수 있는 길이라는 것을 절대 잊지
말라 그리 깨우치라.
18 너희는 이제 환상적이요, 꿈속에서 헤
매지 말며, 현실적인 깨달음이요, 모
두 현재 이루어지고 역사하는 그것을
볼 수 있도록 그리 깨달아야 할 것이
니라.
19 그리하여 너희가 현실적인 것을 알지
못하기에 성서에 기록되어 있는 나 여
호와의 뜻이요, 내가 명하는 것을 한
자도 제대로 알지 못한다 함이 여기
있음을 알라.

7,849 번째 하나님 말씀

2003년 10월 10일 11시 32분

1 사랑하는 나의 아들아!
2 **"네, 아버님! 말씀하옵소서."**
3 너희는 성경의 구절을 특별한 것이라
하여 어렵게 생각하며 너희 마음대로
생각하지 말라.
4 나 여호와의 뜻이요, 성령은 간단하고
편안하며 너희가 가장 이해하기 쉽게
그리했으나,
5 너희가 어렵게 문제를 풀어 가며 그
답의 방향을 모르고 지금 행하고 있기
때문임을 알아야 할 것이니라.
6 나의 아들 예수가 세상에 내려와 나의
피조물 만백성 너희에게 '회개하라!
깨우치라! 하늘나라에 창조주 아버지
가 계심을 너희는 알라.' 그리하여 예
수가 새로운 역사를 이루어 가고자 너
희에게 부르짖고 그 역사를 이룰 때,
7 나의 아들 예수가 세상에 올 것이라
그리 말한 선지자도 있지 않은가?
8 그는 지금의 선지자 저희는 감히 따

라갈 수 없으며 그 신발끈도 맬 자격
이 없는 자들이요,
9 그와 같이 능력이 있는 자요, 권능이
있는 자요, 나 여호와로부터 선택된
자가 올 것이라며 예언자들이 미리 와
서 전하고 또 깨우쳐 주지 아니하였던
가?
10 선지자들이 미리 와서 나의 아들 예수
가 세상에 올 것이요, 온다는 것을 너
희에게 알려 주었으나,
11 그를 믿지 않으려 했으며 믿지 않은
것이 믿음의 길을 가는 그 백성이었으
며 나를 경배하는 백성이 한 행위이
니라.
12 그리 온다는 것을 믿지 아니하였으니,
나의 아들 예수가 세상에 나왔으나
그를 믿지 아니하였음이니라.
13 그는 한 시골 구석의 목수의 아들로서
그저 보통 사람이요, 보통 청년이요,
그저 좀 더 깨달음이 있으며 영이 좀
맑아 너희보다 나은 소리를 하는 것
이라 그리 치부 하며,
14 또 이단이요, 사탄이라 밀어붙이며 그
를 절대 믿지 아니하였음이니라.
15 그러나 너희는 여기서 알아야 할 것
이니라.
16 모두 회개하라는 것이 예수의 부르짖
음이요, 모든 선지자요, 예언자가 부
르짖은 것이 바로 회개를 중점으로 회
개를 위해서 모두 부르짖지 아니하였
던가?
17 그러니 너희는 그와 같이 일맥상통하
여 하나로 흘려가는 그 뜻을 알아야
할 것이니라.
18 그리고 나의 아들 예수는 나로부터 성
령으로써 명받아 세상에 나간 자요,
누구도 그 역사를 할 수 없는, 바로 예
언자가 말한 그 나의 아들 예수였음이
니라.
19 예수가 세상에 온다는 것을 미리 전하
여 깨우쳐 주었음이니, 성경에 기록되
어 있는 그 내용을 너희는 과연 어찌
하여 그대로 이해하고 깨닫지 아니하
려 하는가?
20 2천 년 전에 나의 아들 예수가 온다는
것을 예언한 그 예언자들이요, 선지자
들의 말을 듣지 아니하고 그와 같은
행위를 했듯이,
21 성서에 기록되어 있는 그 내용마저도
믿지 아니하려 하며 그와 같은 것을
인정하지 않으려 하는 것이 2천 년의
그 백성이나 오늘의 종교 집단이요,
지도자들이나 똑같은 행위를 하고 있
음을 알라.
22 나의 성경에 기록하여 전했느니라.
23 보혜사가 따로 올 것이며 새로운 자가
올 것이라는 것을 그리 기록하여 전했
느니라.
24 너희는 어찌하여 선지자가 예수가 온
다고 한 것을 믿지 아니하였듯이,
25 성서에 기록되어 있는 것은 한 획을
지우고 써서도 안 되고 빼도 더해도
안 된다며 가슴에 안고 더 이상 소중
한 것이 없다고 몸부림치며 그대로 행
한다면서,
26 어찌하여 성서요, 책으로 근거하여 전
한 그 소중한 것을 믿지 아니하려는가?
27 나의 성령의 법전을 너희에게 그대로
전하고 그대로 깨우치는 것처럼, 그
성경에 나의 아들을 통하여 새로운 시

대가 온다는 것, 창조주 나 여호와의 역사가 이루어지는 시대가 온다는 것을 거기에 기록해 놓았거늘, 너희는 믿지 아니함이니라.
28 그리하며 나의 법전이 그와 같은 것이 아니요, 사탄이요, 잘못된 것이라 하며 그를 핍박하고 박해하는 이와 같은 일을 지금 행하고 있음이니라.
29 이제 너희는 알아야 할 것이니라.
30 나의 아들 예수가 온다는 것을 예언한 그것을 들으면서도 믿지 아니하고 그를 죽게 한 자들의 고통은 이루 말할 수 없을 것이며, 그 대가를 치르는 것은 상상을 하지 못할 것이니라.
31 지금 나의 법전을 세상에 보내 미리 나의 법전이요, 성령이 내려온다는 것을 명시하여 가르친 그 법전이 지금 세상에 내려가거늘,
32 이를 박해하고 이에 동참하지 아니하는 자는 지옥 불에 가서 얼마만큼 처참한 그 대가를 치르는지 그것을 알아야 할 것이니라.
33 여기에 동참하는 백성만이 구원을 받는 것임을 알라.
34 새로운 시대요, 새로운 역사가 뒤에 올 것이며 역사한다는 것을 성서에 기록해 준 내용 그대로 믿고 그대로 따르면 될 것이니, 거기에서 너희 마음대로 생각하지 말라.
35 그렇다면 정녕 어떠한 것이 진정한 참 진리요, 그리고 새로운 보혜사가 내려오는 것인가, 그를 한번 깨우쳐 보면 알 것이니라.
36 종교 집단이요, 지도자들 너희가 성서로 비유하는 것을, 지금 나의 아들처럼 답이 정확한 이와 같은 나의 성령을 기록하여 160권의 대장정의 법전을 역사하며 책으로 증거하는 이것이 바로 하늘의 뜻이 아닌가?
37 너희는 어찌하여 그것 하나도 들여다보는 그 안목이 없단 말이던가?
38 여기에 동참하지 아니하는 자는 그 대가가 무엇인가를 알 것이니라.
39 동참하는 백성 너희도 그 은혜가 무엇인가를 또한 알 것이니,
40 그때 가서 서로 알 때, 너희는 하늘과 땅이요, 지옥과 천국이요, 육의 세상에서 하늘나라를 모르듯이, 알 수 없듯이, 갈 수 없듯이, 그와 같이 멀고도 먼 차이가 있음을 알아야 할 것이니라.

7,850 번째 하나님 말씀

2003년 10월 10일 11시 37분

1 사랑하는 나의 아들아!
2 "네, 아버님! 말씀하옵소서."
3 모든 종교 집단이요, 그 백성이 모든 죄의 사함을 받았으며 저희는 모두 구원의 역사의 그 길을 가고 있다 말하면서, 무엇 때문에 그들이 죄의 용서를 빌며 용서를 해 달라 울고불고 대성통곡을 하는 그와 같은 행위를 하는가?
4 그 자체도 잘못되었다고 내가 말하지 않는가?
5 종교 집단이요, 지도자들이 나의 사랑하는 백성을 뭐라 하고 이끌어 가는가?
6 나 여호와가 너희를 사랑하며 나 여호와가 너희를 알고 있기에 너희의 모든 죄를 다 용서해 주며 너희를 죄

악으로 이끌어 가지 아니하며 지옥으
로 보내지 아니한다면서,
7 어찌하여 너희는 죄가 없다 말하면서
그리 울고불고 대성통곡하는 그와 같
은 행위를 하는가?
8 종교 지도자가 말하느니라.
9 나 여호와는 나의 사랑하는 백성이
연약하고 나약하며 그리고 사악한 것
앞에 무너지며 쓰러지고 견디지 못하
며,
10 또한 인간 세상에서 역사하는 그 사
업이요, 인간이 살아가는 곳에서 너희
는 나약하기에 수없이 실패를 하며,
또한 거기에서 일어서지 못하며, 어린
아이와 같이 어리고 유한 마음이기 때
문에 너희는 항상 쓰러지고 넘어지게
되어 있다 하느니라.
11 그리하여 그와 같은 마음을 아는 나
여호와요, 창조주 아버지이기 때문에
그 마음을 아는 나 여호와가 너희에
게 절대 벌을 내리지 아니하며 벌로
다스리지 아니한다는 그와 같은 말을
하느니라.
12 그리하여 모두 용서해 주며 모두 거둬
들이는 것이라 하면서, 어찌하여 또
죄가 있어 그 죄를 사해야 한다며,
13 찬송 부르며 모든 악기를 동원하여 나
의 백성의 가슴에 자극을 일으켜 흥분
한 그들로 하여금 울지 아니하면 아니
하게 하여 울고불고 대성통곡하는 그
와 같은 추한 모습으로써 그들을 그리
이끌어 가는가?
14 이것이 오늘의 믿음이요, 너희가 가는
길이니, 나 여호와도 너희를 정리하며
다스리기가 혼란한 상태이니,
15 나의 일반 백성이요, 생각의 한계가
있는 그 백성, 깨달음이 각자 다른 그
백성이 어찌 따르겠는가?
16 종교 집단이요, 지도자들이 하는 그
행위요, 나의 백성의 생각이 천태만상
으로 다 다름이니, 그 속에서 천태만
상의 형태로 가르치는 너희의 말은
이곳에서 들으면 이렇고 저곳에다 들
으면 저러하니,
17 그 백성이 어찌 진리를 알며 한 길을
알며 하늘에 오르는 길을 알겠는가?
18 그리하여 내가 너희를 다스리고자 가
장 듣기 쉽고 가장 이해하기 쉽게 하
여 누구나 다 선생이 될 수 있는 나의
법전을 세상에 만듦이니라.
19 너희는 그리 나약한 나의 백성이 아님
이니라.
20 종교 지도자들이 너희는 나약한 백성
이요, 연약한 백성이요, 넘어지기 쉬
운 백성이요, 실패하기 쉬운 백성이
요, 유혹을 견디지 못하는 그와 같은
연약한 너희의 그 마음을 알기에,
21 그 심성을 아는 나 여호와가 너희의
그와 같은 마음을 알면서 벌하지 아니
하며 너희의 죄를 다스리지 아니한다
고 가르치는 자의 말에 현혹되지 말라.
22 너희는 강한 자이니라.
23 내가 나의 아들을 통하여 너희에게 전
하였느니라.
24 내가 너희에게 사탄과 싸울 수 있는
능력을 주지 아니하고, 너희에게 사탄
과 싸워 이겨서 오라 하는 것은 말이
되지 아니한다 하지 않았더냐?
25 그와 같이 너희는 강한 자요, 용기 있
는 자요, 능력이 있는 백성이니, 그들

의 말에 현혹되어 오늘의 삶에서 죄지
음을 모르며 두려움을 모르고 그러려
니 하고 살다,
26 막상 심판대에 섰을 때, 그 많고도 많
은 죄목 앞에 고개를 들지 못하며 너
희 스스로 지옥으로 가야 하는 운명
이 있어서는 아니 될 것이니라.
27 그리하여 내가 너희에게 이리 전함이
니라.
28 이 애통한 나 여호와의 뜻을 너희가
좀 깨우쳐 한번 들여다보도록 하라.
29 나의 법전을 읽으며 너희를 가르치는
자들의 강론이요, 설교를 들으면 어떠
한 것이 진리인지를 알 수 있는 그 은
혜로움을 내가 내리고 있거늘, 어찌하
여 너희는 그를 받아들이지 아니하며
거부하는 삶만을 산단 말이더냐?

7,851 번째 하나님 말씀

2003년 10월 10일 11시 43분

1 사랑하는 나의 아들아!
2 "네, 아버님! 말씀하옵소서."
3 내가 오늘 구원을 받았다 광분하는 신
도라는 그 백성에게 묻고자 하느니라.
4 감히 지도자라 하며 이중적이요, 추한
모습의 그들에게 묻고자 함이 아니요,
5 오로지 지금 구원을 받았다 하는 백
성 신도라는 백성 너희에게 물어보고
자 하며, 성도라는 너희에게 내가 묻
고자 하느니라.
6 너희는 나의 아들의 보혈로써 구원받
았다고 말하느니라.
7 그러면서 너희는 그 은혜를 받았다
말하며 그 은혜로써 영광을 받아 지옥
으로 가지 아니하며 천국에 가는 그
길을 간다고 말하느니라.
8 그러나 너희는 2천 년 동안 나의 아들
예수가 추구하고자 했던 나의 큰 사랑
의 의미를 과연 얼마나 이루었는가?
9 내가 나의 아들 예수를 세상에 보낸
것은 나 여호와의 큰 사랑을 실천함이
요, 만백성에게 심어 주고자 하였음이
니라.
10 그러니 내 뜻에 따라 너희가 과연 얼
마나 역사했으며, 그 뜻을 얼마나 이
루었는가?
11 예수가 그 고통 속에 죽어 가면서 이
루고자 했던 사랑의 실천함을 너희는
과연 얼마나 실천하고 이루고 사는가?
12 너희가 이 세상에 존재하는 것, 그리
고 너희가 나로부터 은혜를 받아 살아
가는 것, 모든 동식물의 제왕으로서
살아가는 그 모든 것이 나로부터 사랑
을 실천하기 위하여 존재하는 백성이
라는 것을 생각하고 사는 백성이 얼마
나 있는가?
13 너희가 이 세상에 존재하는 것은 나
여호와의 큰 사랑을 실천하기 위하여
네 부모 형제 이웃에게, 모든 백성에
게 사랑을 실천하며 사는 것이 근본이
요,
14 그를 위하여 나 여호와가 너희에게 생
명을 내려 주었다 생각하고 사는 백성
이 과연 얼마나 있는가?
15 그리 사는 자가 없음이니라.
16 그와 같은 생각을 하고 사는 자가 없
으니 정녕 실천하는 자가 있단 말이던
가?
17 실천하는 자가 없음이니라.

18 너희가 존재한다는 것을 얼마나 생각
하고 사는가?
19 일반 백성이 그렇게 이루고 살지 못했
다 해도 나는 그들을 이해할 수 있음
이니라.
20 나 여호와의 사랑으로써 모든 역사를
하는 것이요, 그를 위하여 존재하는
것이라는 것을, 너희가 말하는 이방인
들은 그를 모른다 해도 내가 그들은
이해할 수가 있을 것이니라.
21 그러나 만백성을 이끄는 종교 집단이
요, 지도자들이요, 은혜 속에 산다는
너희가 말로써는 울고불고하며 나 여
호와요, 나의 아들 예수를 구세주요,
만왕의 왕이라 울고불고 대성통곡하
고 광분하며 찾으나,
22 과연 생활 전부가 사랑을 실천하는
그와 같은 삶으로 살며, 너희가 그리
울고불고 광분하는 것처럼 가슴속에
사랑이라는 그 싹을 채워 놓고 있는가?
23 대성통곡하는 자의 그 속에 사랑이라
는 내 뜻은 하나도 찾아볼 수 없으며,
오로지 눈앞에 보이는 육의 욕심만 그
득히 채워진 자들이라 하니, 정녕 이
를 너희는 믿지 아니할 것이니라.
24 그러나 너희는 들어야 할 것이니라.
25 너희가 사랑을 실천하기 전에 정녕 작
은 거짓도 하지 아니하고 사는 세상을
만들었는가?
26 너희가 나누고 베푸는 그와 같은 세상
을 역사하지 못했다 해도 남에게 거
짓 하지 아니하고 남을 속이며 사람이
사람을 무서워하는 그와 같은 세상을
지금 만든 것이 너희가 아니더냐?
27 거짓 없는 세상 하나도 만들지 못한
것이 오늘의 종교 집단이요, 지도자
너희가 아니더냐?
28 그러니 내가 내려보낸 너희가 사람이
사람을 무서워하는 세상을 만든 그 사
악한 자들이 이 세상을 지금 지배하고
있음을 알아야 할 것이니라.
29 사랑을 실천하는 것이 너희의 전부며,
사랑을 실천하고 사는 것을 깨닫고 그
와 같은 삶을 사는 것이 아니요,
30 너희 가슴속에는 미움으로써 그득히
차 있으며, 해서는 아니 되는 시기와
질투로써 마음의 문을 닫는 것이 오늘
의 나의 백성이 살아가는 그 형국이니,
31 그를 바로 세우고 바로 다스리고자 하
여 내가 지금 나의 아들을 통하여 이
역사의 길고도 긴 길을 감을 너희는
알아야 할 것이며, 그리하여 너희가
선택된 백성이라는 그 소중함을 알라.

7,852 번째 하나님 말씀

2003년 10월 10일 11시 49분

1 사랑하는 나의 아들아!
2 "네, 아버님! 말씀하옵소서."
3 내가 너에게 깨우쳐 뭐라 전하였느냐?
4 너희가 지금까지 믿고 온 그것이 참
진리가 아니요, 나의 아들 예수가 죽
어 갔던 그 세상을 들여다보지도 못하
며 그를 감히 생각지도 못하며,
5 그저 겉에서만 맴돌다 나에게 와 심판
을 받는 그와 같은 운명으로 가는 것
이 너희라 내가 말하지 아니하였더냐?
6 내가 너희에게 참진리의 길을 가고자
한다면 너희 자신이 없어야 하며, 모
든 것을 봐서도 아니 되며 들어서도

안 되는 것이 이 세상에서 참진리의
길을 가는 백성이라 내가 그리 말하지
아니하였더냐?
7 그러나 오늘의 너희는 모두 잘못 깨
우치고 잘못 가고 있으며, 그는 종교
지도자들이 너희에게 잘못 가르치고
잘못 깨우쳐 주었기 때문이니라.
8 너희는 성서의 그 비유의 뜻을 알지
못함이니라.
9 ‘내가 세상에 평화를 주러 온 줄로 생
각하지 말라. 평화가 아니라 검을 주
러 왔다’는 나의 아들의 그 가르침이
무엇이더냐?
10 바로 그것은 나의 아들이 너희에게
무엇보다도 모든 악습을 하나하나 버
리고 바로 서는 것이 얼마나 힘든 것
인가를 전했음이니,
11 너희가 칼로 치는 그와 같은 고통이
있어야만 모든 게 이루어진다는 뜻임
을 알아야 할 것이니라.
12 나의 아들이 칼로써 너희를 치는 것
이 아니라, 너희가 칼로써 잘못된 것
을 잘라내는 그와 같은 아픔의 고통이
아니고는 너희가 바로 설 수 없다는
그 의미를 전한 것이니라.
13 나의 아들은 뭐라 말했느냐?
14 ‘아버지와 맞서고 딸은 어머니와 며느
리는 시어머니와 서로 맞서게 하러 왔
다.
15 집안 식구가 바로 자기 원수이니라.
16 아버지나 어머니를 나보다 더 사랑하
는 사람은 내 사람이 될 자격이 없다’
그리 가르치지 아니하였던가?
17 그리고 ‘아들이나 딸들을 나보다 더
사랑하는 사람도 내 사람이 될 자격이
없다’ 그리 말하였음이니, 이를 너희
는 어찌 깨우치는가?
18 이 또한 너희가 알아들어야 할 것이
니라.
19 세상에서 너희가 자식의 인연을 끊는
그것보다도 더 어려운 것이 믿음의 가
는 길이요, 서로 간에 헐뜯고 시기하
지 않는 것, 그리고 며느리와 시어머
니의 사이, 그리고 살아가면서 가족
간의 반목이 모두 하나로 이루어질 수
없는 것처럼,
20 너희가 하늘에 오르는 길이요, 나를
따르는 길이 그리 어렵고 힘들다는 것
을 비유의 뜻으로써 너희에게 가르쳐
주고 전한 그 의미를 알아야 할 것이
니라.
21 나의 아들이 또한 ‘자기 십자가를 지
고 따라오지 않는 사람은 자격이 없
다’ 그리 말하였음이니라.
22 ‘자기 목숨을 얻으려 하는 사람은 잃
을 것이요, 나를 위하여 자기 목숨을
잃는 사람은 얻을 것이라’ 나의 아들
예수가 그리 전하였음이니, 그 뜻 또
한 너희가 음미해야 할 것이니라.
23 그와 같이 어렵고 힘든 그 길이 성령
으로 임하는 길이요, 하늘에 오르는
길이니,
24 그 모두를 초월하는 삶을 살지 아니하
면 아니 된다 하여 하나하나 조목조목
너희에게 필요한 것을 기록하여 전하
였음이니,
25 그와 같은 뜻을 모르고 읽는다 하면
너희는 백날 천날 읽어도 성서를 천
번 만 번 읽어도 나의 뜻을 모름이니
라.

26 여기에 내가 나의 아들을 통하여 너희
에게 다시 한 번 기록하는 것은 그와
같이 어렵고 힘들다는 것을 알아야 할
것이니라.
27 불칼로 치는 그와 같은 고통이 아니면
성령으로 임할 수 없으며, 너희가 모
든 나의 뜻을 따르는 것은 그와 같이
힘들고 어려운 길이기에 그와 같은 마
음의 자세를 다스리지 아니한다면 아
니 된다는 의미의 가르침이요,
28 너희에게 그와 같이 행하라는 것이
아님을 알아야 할 것이니라.
29 너희는 여기에서 내가 명하여 자식에
게 부모를 거역하는 것을 행하라 했을
때 그 행동을 하라는 것이 아니요, 그
거역하는 것이 얼마나 힘들고 어렵겠
는가?
30 너희가 잘못 가는 것을 그만큼 어렵
고 힘들게 다 이겨 내고 참고 인내하
고 가는 것이 성령이 임하는 길이요,
나를 따르는 길이라는 것을 알아야 할
것이니라.
31 내가 너희에게 물에 떨어져 죽으라
했다 하여 그리 물에 떨어져 죽는 것
을 행하라는 것이 아니라,
32 너희가 하늘에 오르는 길이요, 성령이
임하는 길이요, 보내신 이의 뜻에 따
라 행하는 것은 죽음보다 더 어렵고
힘든 길이니,
33 그만큼 마음의 각오와 다짐의 지표로
삼아 너희에게 그리 행하라 함이 거
기에 있음을 알아야 할 것이니라.
34 노력하라고 써 놓는 자는 무엇때문이
던가?
35 그 노력하기 힘든 것을 이기고 견디
고 나가라는 것이거늘, 그저 노력하라
는 그 뜻이라 설명하는 것은 아무것
도 아님이니라.
36 그러니 내가 성서에 기록한 모든 것은
그와 같이 어떠한 의미인가를 알아야
할 것이니라.
37 나의 뜻으로 기록된 그 모든 내용은
너희가 그렇게 어렵고 힘든 것을 넘
고 넘어야 한다는 것을 예를 들어 가
르침이지, 너희에게 그리 행하라 함이
아님을 알아야 할 것이니라.

7,853 번째 하나님 말씀

2003년 10월 10일 11시 53분

1 사랑하는 나의 아들아!
2 "네, 아버님! 말씀하옵소서."
3 많은 세월 속에 그 많은 신도요, 그 백
성이요, 그리고 종교 집단의 지도자
요, 그들이 모두 내 옆에 온 자가 없다
면 너는 과연 이를 어찌 생각하는가?
4 너희는 감히 그를 생각하기도 싫으며
그와 같은 것을 기억에 두고 싶지도
아니할 것이니라.
5 그러나 그건 모두 엄연한 사실임을 너
희는 알아야 할 것이니라.
6 나 여호와가 너희에게 두 마음을 갖
는 자는 용서할 수 없으며 그를 내가
절대 용서하지 아니한다 하지 않았던
가?
7 그러나 지금의 종교 집단이요, 지도자
요, 또한 너를 따르는 제자들이요, 이
세상에 존재하는 모든 백성이 이중적
인 생활을 하고 있으며, 이중적인 마
음을 가진 것이 나의 백성 너희이니,

8 정녕 내가 내려다보는 너희는 그러하
니라.
9 너희는 그러하지 아니하며 절대 그런
것이 아니라 그리 말할 것이나,
10 나 여호와가 내려다보는 너희는 이중
적인 생활을 하고 있으며, 그러면서도
이중적인 생활을 하는 것을 저희가
모르며, 그것이 어떠한 문제를 일으키
는 것이며 어떠한 죄를 역사하는 것
인가를 알지 못하고 가는 것이 가장
큰 문제이니라.
11 가르치는 자도 그러하며 배우는 자도
그러하니, 너희의 모든 생활이요, 모
든 생각은 이중적인 생활이요, 생각을
하고 살아가는 것이 나의 백성의 오
늘의 삶이니,
12 그를 지운 자가 없다면 너희는 믿겠
는가?
13 그러니 너희가 나의 뜻을 가르치며
나의 뜻을 공부하는 백성이 아니라
함이 여기 있음이니라.
14 나 여호와의 참진리를 가르치고 깨우
치는 것이 아니라, 세상의 삶에 그저
이중적인 그 마음이 있기에,
15 앞에는 믿음이라는 것을 내세우며 성
령을 내세우며 나의 아들이요, 내 이
름을 내세우며,
16 적당히 인간 세상에 타협하고 적당히
협작하여 육의 삶에 역점을 두고 사
는 것이니, 바로 너희가 두 마음을 버
리지 못하는 자들이니라.
17 이는 지도자로서 나의 백성으로서도
너희가 다 잘못되었으며, 너희는 나로
부터 은혜를 받을 수 있는 백성이 아
니라는 그 의미를 알아야 할 것이니
라.
18 이제 나의 아들을 따르는 제자들이요,
나의 법전을 읽고 깨우친 만백성, 그
리고 나로부터 선택된 너희는 과연
이중적인 생활이요, 이중의 마음을 갖
고 살아가지 아니하는가, 너희 스스로
한번 되돌아보도록 하라.
19 그를 버리지 아니하며 그를 다스리지
못하면 정녕 너희는 어떠한 어렵고
힘든 길을 온다 해도, 마지막 인간의
승자로서 천국의 비단길을 걸어 나에
게 올 수 없다는 것을 알아야 할 것이
니 그리 알라, 사랑하는 나의 아들딸
들아!

7,854 번째 하나님 말씀

2003년 10월 10일 11시 57분

1 사랑하는 나의 아들아!
2 "네, 아버님! 말씀하옵소서."
3 생명이요, 영혼이요, 건전한 그 육신
의 생각 그리고 살아갈 수 있는 모두
를 나 여호와가 너희에게 내렸다 하
지 않던가?
4 그와 같이 베풀어 준 나 여호와의 가
장 크고 소중한 기쁨이 어떠한 것인
줄 알고 있느냐?
5 너희는 그것 자체라도 정녕 알고 있
는가?
6 나 여호와의 기쁨 중에 그 소중한 하
나의 일부는 너희가 회개하는 삶을
살아가는 것이니라.
7 너희가 죄를 고백하고 회개하며, 두
번 다시 번복하지 않는 그와 같은 삶
을 사는 것, 그리고 죄를 두려워하며

두 번 다시 그와 같은 행위를 나 여호
와가 보지 않도록 해 주는 것,
8 그것이 나에게 가장 큰 기쁨이요, 가
장 큰 선물이요, 또한 소중한 것을 너
희가 나에게 전하는 것이라는 것을 알
라.
9 나의 사랑하는 백성이 나를 위한 그
많은 기쁨이요, 소중함 중에서 이와
같은 것 하나가 얼마나 소중한 것인가
를 알아야 할 것이니라.
10 지금 이 세상의 종교 지도자요, 그리
고 광분하며 믿고 가는 신도들의 살
아가는 모습이 과연 어떠한지 알겠느
냐?
11 사랑하는 나의 아들아, 나는 너희가
살아가는 모습을 더 이상 기억하고
싶지 아니하며, 나의 법전에 기록하고
싶지 아니하며, 너를 통하여 그를 내
가 전하고 싶은 마음이 없는 이와 같
은 형국이니라.
12 그러나 그들이 얼마나 사악한 줄 알겠
느냐?
13 지금 그들은 의인인 척 행위를 하면
서 저희 자신이 죄의 선두 주자요, 죄
를 이끌어 가는 자로서 서 있다는 것
을 나 여호와는 그를 보고 알고 있음
이니라.
14 그러니 이를 어찌한단 말이던가?
15 의인인 척하면서 죄를 짓는 자요, 죄
를 지으면서도 의인의 행위를 하는 그
두렵고 무서움을 알면서도 의인의 생
활을 하는 백성이 세상에 있음이니
이렇게 뒤집혀 있는 형국이니라.
16 지금 모든 종교 지도자요, 광신도 그
들은 의인인 척하면서 내면에 이중적
인 수없는 죄를 짓고 있으나,
17 나의 아들을 따르는 선택된 너희는
과연 그것이 무엇인 줄 알겠느냐?
18 너희는 죄인이기에 죄인의 몸으로써
몸 둘 바를 모르며, 너희가 가진 그 죄
를 털어 내기 위하여 몸부림치며 바로
서려고 눈물의 그 기도를 드리는 삶이
니,
19 죄인이라 생각하면서 의인의 길에 들
어서는 백성이 너희이니라.
20 그것이 바로 차이점이니라.
21 진정한 참진리의 길에 들어서 훈련에
임하는 백성은 내면과 외면이 똑바로
서 있는 자들이니,
22 죄로써 뭉쳐진 너희라 하여 너 자신
을 저주하고 미워하며 스스로 몸부림
치는 그와 같은 삶이 죄를 짓는 것 같
으면서 의인의 길을 가는 백성이요,
23 지금의 잘못된 자들은 의인인 척하면
서 죄를 이끌어 가는 선두 주자요, 앞
장서서 이끌어 가는 그와 같은 자들이
니, 그것이 차이점이니라.
24 이를 너희 제자들은 바라보도록 하라.
25 그러니 너희는 죄 속에서 의인이 되는
그 길을 중단하지 말며, 계속 노력해
서 나에게 오르도록 그리 전하라.

7,855 번째 하나님 말씀

2003년 10월 10일 12시 04분

1 사랑하는 나의 아들아!
2 나의 아들 예수요, 모든 예언자요, 대
제사장이 만백성에게 전한 것은 바로
회개하라 함이 아니던가?
3 너희 자신보다도 믿음의 길을 잘못 가

는 자들에게 먼저 회개하는 것이 급선
무라 하여 그들에게 회개하라고 부르
짖고 전했음이니라.
4 그러니 회개는 무엇이더냐?
5 진심으로 너희가 지은 죄를 깨달음이
니라.
6 그를 깨달은 자는 나 여호와에게 너희
의 죄를 모두 다 하나도 숨김없이 고
백하는 그와 같은 마음의 자세요, 그
리 고백한 다음 그 죄를 짓지 않는 것
이 진정한 깨달음이요, 회개가 아니더
냐?
7 선택된 백성이 천사와 같은 백성이요,
의인의 길에 들어서고자 한다면 너희
의 모든 죄를 진실된 마음으로써 고
백하는 마음의 자세를 가져야 함을
잊지 말라.
8 너희 마음 한구석에 묻어 두고 숨겨
둔 그와 같은 악습이요, 그 죄를 도출
하여 나에게 고백하며,
9 두 번 다시 반복하지 않겠다는 굳은
회개의 약속을 하지 아니한다면 나 또
한 너희를 모른다고 대답할 수밖에
없지 않은가?
10 그와 같은 백성은 나와 관계없음을 너
희는 알아야 할 것이니라.
11 이제 사랑하는 나의 아들을 따르는 제
자 너희는 죄지은 것을 너희 스스로
자백하는 그와 같은 마음의 자세로써
다스려 나가지 아니하면 아니 되느니
라.
12 인간 세상에서 고의든 타의든 죄를 지
은 자가 그 대가를 받게 하는 것이 바
로 자백하게 하는 것이며, 그 모든 것
을 그대로 고백하게 하지 않더냐?
13 자백하고 고백하는 자는 인간 세상에
서도 당당한 자이니, 그 대가를 치르
고자 함이 아니던가?
14 그 대가를 치름으로써 그나마 면죄부
에 그 이름이 올라갈 수 있는 것이며
면죄 대상에 오른다는 것을 잊지 말라.
15 너희 죄를 모두 자백하는 마음으로 거
듭나는 삶을 살지 아니하면 정녕 결코
나에게 용서받지 못함을 알아야 할
것이니라.
16 네 죄를 고백하고 자백하는 백성이 되
도록 그리하라.
17 오늘부터 너희 제자들은 하나도 숨김
없이 너희 마음속에 숨겨 놓은 것을
모두 다 끄집어내고 모두 털어 내 나
에게 고백하는 그와 같은 마음 자세로
써 변하는 삶을 살아야 함을 절대 잊
지 말라 그리 말하라.
18 너희가 그를 고백하지 아니하며 자백
하지 아니하는 자는 회개할 수도 없는
자며 변화될 수 없는 자들이니라.
19 그러니 너희가 지은 죄요, 버리지 못
하는 그 악습을 모두 다 꺼내라.
20 그리고 말로써 나에게 기도하고 경배
하면서 고백하고 자백할 때, 그 모두
를 너희 가슴에서 다 끌어내도록 그리
하라.
21 그리고 두 번 다시 그를 거둬들이지
말며 두 번 다시 받아들여서는 아니
됨이니라.
22 너희가 나에게 고백하고 자백한 다음
에 그를 또 받아들이고 그리 역사한다
면, 너희는 나를 기만하는 이중적인
마음을 가진 자요, 행하지 못하는 약
속을 한 자이니,

23 너희 죄만 늘어난다는 것을 절대 잊지 말라, 사랑하는 나의 아들딸들아!
24 너희는 죄를 두려워하며 벌 받는 것을 두려워하지 말라.
25 오로지 깨끗한 백성이요, 흰 눈과 같이 아름다운 백성으로 거듭나지 아니하면 아니 되기에,
26 거듭나려고 고백하고 자백하며, 모두 다 끌어내 나에게 고백한 것은 두 번 다시 행하지 않는 그와 같은 마음의 자세로 서라.
27 그것은 너희가 하얀 눈과 같은 모습이 되어야 하기 때문이니라.
28 그와 같이 고백하고 자백했을 때, 나 여호와로부터 면죄부를 받고 안 받는 것은 너희와 관계없음이니라.
29 모든 것을 너희는 그리 행하면 되느니라.
30 그 후의 문제는 너희와 관계된 것이 아니요, 나 여호와의 뜻이요, 나 여호와가 역사하는 대로 모두 다스려 나갈 것이니, 너희는 그저 조용히 기다리면 될 것이니라.
31 그러니 너희가 그와 같이 무서운 고백이요, 무서운 자백이요, 무서운 회개를 이제는 너를 따르는 제자들이 할 때가 되었음을 알라.
32 그를 행하지 못하며 아직도 주저하며, 그를 하고 났을 때 바로 가지 못한다면 나 여호와가 너희를 얼마나 더 기다려야 한다는 말이던가?
33 기다리는 나 여호와의 마음을 안다면, 너희는 오늘 당장 그와 같은 역사를 이루도록 행하는 각오의 마음으로 변하는 삶을 살아야 하는 것이 나에게 은혜를 보답하는 길이요,
34 내가 너희에게 역사한 모든 것에 만사에 감사하는 마음을 가지고 사는 자들임을 알라.
35 천 가지 만 가지 너희 주변에 일어나는 모든 것에 대해 감사하는 마음을 가지고 그리 변해야 함을 너희는 알아야 할 것이니라.
36 범사에 감사하는 그 마음보다 더 깊고 깊은 뿌리의 마음으로 변하지 아니하면 아니 됨을 알라.

7,856 번째 하나님 말씀

2003년 10월 10일 12시 08분

1 사랑하는 나의 아들아!
2 **"네, 아버님! 말씀하옵소서."**
3 너희가 얼마만큼 잘못 가고 있는가?
4 너희는 진실을 찾는 것이 아니요, 비진리에만 매달림이니, 내면의 아름다운 변화의 역사는 관심이 없으며 외형의 치장에만 관심을 두고 살아가는 백성이기에 내가 나의 아들을 통하여 성경에 기록한 그 뜻을 모르느니라.
5 나의 아들이 뭐라 말하였느냐?
6 '내가 곧 길이요, 진리요, 생명이니, 나로 말미암지 않고는 아버지께 올라갈 수 없다'고 말하지 아니하였느냐?
7 그러나 모든 종교 집단이요, 지도자 너희는 이것이 예수를 통하며 예수를 따르며 예수를 부르기만 하면 되는 것처럼 그리 아느니라.
8 이 의미를 너희는 어찌 아는가?
9 예수를 찬양하며 그저 구세주라, 만왕의 왕이라 부르고 울부짖고 대성통곡

하며 눈물 흘리고 콧물 흘리며 애원하
면 모두 다 이루어지며 구원의 역사가
이루어진다고 생각하는 것이 아니던
가?
10 그것이 아님을 알라.
11 이 모든 뜻은 나의 아들 예수를 통하
여 내가 내려보낸 것, 예수 자신을 믿
고 예수를 찾는 것이 아니요, 내가 예
수를 통하여, 그 입을 통하여 내가 내
리는 나의 성령이요, 나의 뜻에 따라
행하고 살아가는 그것을 말하는 것이
요, 그를 의미하는 것이니라.
12 나 여호와의 뜻대로 사는 것, 그 의미
대로 사는 것, 그리 순종하며 사는 것
이 너희가 그리 올 수 있는 길이니라.
13 다만 그 예수를 통하여 전하는 것은
나 여호와의 뜻이니, 그 뜻대로 행하
라는 것이지,
14 예수를 찬양하고 예수를 부르며 울부
짖고 예수를 신처럼 나 여호와보다 더
받드는 그와 같은 행위요,
15 심지어 하다 하다 안 되니 내가 예수
요, 예수가 나라고 말하며,
16 창조주가 인간의 몸을 빌려 이 세상에
나왔다 함이니, 창조주 나 여호와가
세상에 나올 때 한 여인의 몸을 통해
내가 세상에 나왔다 그리 말하는 자
들이니,
17 그게 얼마나 욕되고 나를 능멸하는 행
위인지를 정녕 모르느냐?
18 이제 너희는 깨달아야 할 것이니라.
19 그 모두는 나의 아들 예수를 통하여
내리는 성령의 뜻이니라.
20 내가 너희에게 다시 한 번 묻노라.
21 나의 법전은 나의 성령의 뜻이요, 내
가 내리는 것이니라.
22 그러니 성령이요, 내가 내리는 이것을
읽지 아니하며, 오로지 성령의 그 책
이요, 법전의 책표지요, 책의 모형이
요, 그걸로 너희를 심판하는 기준이라
그리 믿는다면 과연 너희는 무엇을
알겠는가?
23 나의 법전은 나의 아들을 통하여 내리
는 나의 성령이니, 너희는 법전을 읽
고 깨우쳐 그를 행하는 것이 나에게
오르는 길이니라.
24 나의 아들이 나의 법전을 높이 들고
너희가 구원의 법전을 보지 아니하며
이 법전을 행하고 이 법전을 따르지
아니하면 구원을 받지 못한다는 것을,
책을 보고 안 보는 것으로써 구원받는
다는 어리석은 생각을 하지 말라.
25 그를 읽어 보고 뒤져 보고 그 속에서
깨우침을 얻는 그것이 바로 하늘에 오
르는 길이라는 그와 같은 의미로써 나
의 아들 예수가 그리 전한 성서의 내
용을 가지고, 나의 아들 예수만 울고
불고 신격화하면 구원을 받는 것이라
그리하니,
26 너희는 내용이 아니요, 그 외형만을
가지고 있는 것임을 알라.
27 너희는 예수가 아니고, 예수가 전하고
자 했던 나 여호와의 성령이요, 나의
뜻이요, 그를 따르고 그대로 행하는
것이 구원의 길이요, 나에게 오를 수
있는 것이라는 것을 절대 지워서는 아
니 되는 가장 소중한 대목임을 알라.

7,857 번째 하나님 말씀

2003년 10월 10일 12시 13분

1 사랑하는 나의 아들아!
2 "네, 아버님! 말씀하옵소서."
3 지금의 자칭 나의 명을 받은 목자라는
모든 종교 지도자 그들이 나 여호와는
과연 이 세상을 어찌 역사했으며 무
엇을 위하여 내가 존재하는지 그 뜻을
아는가?
4 그들은 전혀 아무것도 알지 못하는 자
들이니라.
5 너희가 나를 이 세상의 모든 사람보다
세상 어떠한 것보다도 더 사랑하며 나
를 위하여 기도하고 기원하는 자는 구
원을 받을 것이라 성서에 기록된 그
내용 자체도,
6 너희가 참진리의 뜻을 모르기 때문에
그를 알지 못한다고 하지 아니하였던
가?
7 너희가 모든 사람보다도 나 여호와를
더 사랑하며 나를 따르는 것만이 구원
의 길이라는 것은 나 여호와를 부르짖
고 찾는 것이 아니라 함을 이제 알지
않느냐?
8 나 여호와가 내린 성령이요, 내가 역
사하고자 하는 그것을 먼저 따르고 행
하여 모두 역사하라는 것이며, 그를
사랑하라는 것을 알아야 할 것이니라.
9 예수도 세상 어떠한 것보다도 예수를
사랑하는 것이 하늘에 오르는 길이라
말한 그 대목을 이제 고쳐야 할 것이
며, 너희가 그 뜻을 알아야 할 것이니
라.
10 예수를 따르고 사랑하는 것이 구원의
길이 아니요, 예수를 통하여 내가 전
하고자 했던 나의 성령을 사랑하며 그
를 따르지 아니하면 아니 되는 것이니,
11 너희가 구원의 길에 오고 못 옴이 거
기 있음이니라.
12 그 모두가 잘못되었으며 잘못 가르침
이니라.
13 그리하여 나 여호와의 성령의 뜻을 사
랑한다는 것을 모르니, 그 지키기 어
렵고 힘든 길을 가는 것이 구원의 길
이라는 것이 무엇이더냐?
14 성서만 들고 다니면 구원을 받으며 나
의 아들을 찾으며 나를 부르기만 하면
구원받는 것이 아니요,
15 그 내용을 깨닫고 충실히 행하는 것이
하늘에 오르는 길이요, 나에게 구원을
받는 길이라 함을 너희는 알아야 할
것이니라.
16 그러니 외형적인 것이 아니요, 내용이
중요하며 안에 있는 것이 가장 소중하
다는 것을 알라.
17 사랑하는 나의 아들아!
18 "네, 아버님! 말씀하옵소서."
19 너의 제자들의 마음 자세를 이제는 외
형이 아닌 내면으로써 모두 역사함을
알아야 할 것이니라.
20 너희가 나의 법전을 만드는 그 세월이
요, 삶의 기도하는 자세요, 너희가 법
전을 만백성에게 전하고자 그 역사를
하는 오늘의 마음가짐이 어떠해야 하
겠느냐?
21 너희가 마음속에 화려한 것, 좋은 것,
그리고 어떠한 재정이요, 능력 있을
때 남들보다 화려한 모습으로써 가꾸
고 보이고자 하는 그와 같은 생각을

과연 갖지 아니하는가?
22 이제 나의 아들을 따르는 제자들이요,
법전을 읽은 백성 너희는 들으라.
23 너희는 그와 같은 생각에서 벗어나지
아니하면 아니 되느니라.
24 너희에게 외형적이요, 그 호화로움은
아무런 관계도 없다 하였음이니,
25 너희는 보리죽에 냉수 한 컵을 마시면
서 나의 법전을 만들어 세상에 역사하
는 그것도 행복이며 그보다 더한 축복
이 없다고 생각해야 할 것이니라.
26 내가 나의 아들을 통하여 너희에게
뭐라 전하였느냐?
27 너희에게 가장 큰 은혜요, 영광이 무
엇이라 말하였느냐?
28 너희 육신이 썩어져 다 죽어 간다 해
도 마지막 정신이 있어 너희가 '하나
님 저의 죄를 용서하여 주옵소서.' 그
리 용서를 비는 기도를 할 수 있는 것,
29 그 기도를 할 수 있도록 숨을 쉴 수 있
는 것, 그 숨이 붙어 있는 것, 네 혀가
돌아갈 수 있는 것, 네 생각이 존재하
는 그와 같은 것보다 더 큰 은혜요, 영
광이 없다 하였으며, 그보다 더 큰 위
대한 것이 없다 하였거늘,
30 나의 법전을 따르며 나의 길을 가는
백성 너희가 어찌하여 보리죽이요, 냉
수 한 그릇을 마심으로써 나의 법전을
만드는 데 부끄럽지 아니하며 그와 같
은 역사를 이루는 데 너희 자신이 당
당한 그 모습으로써 바로 서지를 못하
는가?
31 너희는 그와 같은 마음으로써 법전을
만들어야 할 것이니라.
32 법전은 외형이 아니요, 들어 있는 내
용이 중요함이니, 나의 아들을 통하여
역사하는 모든 내용을 잘 다듬고 만들
어 기록하면 외부의 어떤 것도 외형의
어떠한 것도 관계없음이니 그리 알라.
33 너희가 그저 보리죽 한 그릇, 냉수 한
그릇에 모든 것을 걸고 살아가도 한
점의 부끄럼이 없음을 알라, 사랑하는
나의 아들딸들아!

7,858 번째 하나님 말씀

2003년 10월 10일 12시 17분

1 사랑하는 나의 아들아!
2 "네, 아버님! 말씀하옵소서."
3 너희가 좋은 환경이요, 좋은 여건이
요, 그 모두를 그리워하며 그를 위하
여 살아가는 삶은 없는가?
4 그리고 너희 가슴속에 아직도 그를 지
워 버리지 못하였는가 생각해 보라.
5 내가 너희에게 재물을 줄 때 너희는
무엇을 생각하며 무엇을 역사할 것을
먼저 생각하는가?
6 인간 세속에서 과시하고 보이고자 하
는 그와 같은 마음이 아직도 너희 가
슴에 남아 있다면, 너희는 나의 법전
100권을 세상에 만든 제자요, 그를 만
드는 자들로서 만질 자격도 없으며 다
스릴 자격도 없으며 같이 역사할 자격
도 없는 것이 너희임을 알라.
7 나는 너희를 사랑함이니라.
8 이제 나의 아들을 따르는 제자요, 나
의 법전을 만들기 위해 최선의 역사
를 다하는 너희는 이제 들으라.
9 너희 자신은 네 마음속에서 네 가슴속
에서 내보낼 것이 아무것도 없음이니

라.
10 네 생각을 내보낼 것도 없으며 너 자
신의 언행도 내보낼 것이 없으며, 어
떠한 것도 너 자신은 내보낼 것이 아
무것도 없음이니라.
11 그러니 너희가 아무것도 내보낼 것이
없는 그와 같은 자가 되었다면, 세상
사의 어떠한 것도 받아들여서는 아니
될 것이며 받아들일 것이 없는 것이니
라.
12 사랑하는 나의 아들딸들아!
13 너희가 세상에 내보낼 것이 없다면
너희 마음이 그리 아름다움이요, 지금
이 세상의 그 누구도 변하지 못하며
가지 못하는 그 길을 사랑하는 나의
아들을 따르는 제자요, 너희가 가고
있음이니, 그 그릇이 서서히 비워져
가며 하얀 눈처럼 성령이 채워지고 있
다는 뜻이 아니더냐?
14 그리고 너희에게 받아들이지 말라 함
은 또 무엇인지 알겠느냐?
15 그 아름답고 곱게 어렵고 어렵고 힘들
게 성장하는 내가 심어 주는 그 성령
이 아직 성장하지 못한 그 단계에서,
16 너희가 그를 무너트릴까 봐 그것을
쓰러트릴까 봐 그를 버릴까 봐 나 여
호와의 마음이 조마조마하며 내 가슴
이 아파, 너희에게 받아들일 것이 없
다 말함이니라.
17 지금 너희가 깨달아 가진 그 마음이
요, 그 성령의 한자리, 그것이 나 여호
와에게 얼마나 소중하며 귀한 것인지
알겠느냐?
18 수십억 그 많은 백성이요, 종교 지도
자요, 집단들이 오늘까지 내 뜻에 따
라 만백성을 구하는 길을 온다면서,
지금 비워져 있는 그 마음의 만분의
일도 자리를 잡지 못하는 그 삶을 살
아왔으니,
19 오늘의 너희 자신이 가진 그 마음자
리가 얼마나 귀하고 소중하면 나 여호
와가 너희에게 내보낼 것도 없으며 세
상 것을 더 받아들일 것도 없으며 받
아들이지 말라 하겠느냐?
20 하얀 옷에 물감이 튀어 오염되듯이,
지금 막 아름답게 변해 가는 그 마음
에, 다시 세상의 잘못된 것에 너희가
무너지고 쓰러지며 나를 버리고 떠날
것이 두렵고 무서워, 나 여호와가 세
상 것을 받아들일 것도 없다 함이니,
그리고 너희가 이제 더 내버릴 것도
없다는 나 여호와의 뜻이니,
21 이대로 변하는 그 길을 가고 있으면
되느니라.
22 너희가 다 버린 것이나 지금 버리고자
노력하는 것이나 다 같음이니,
23 나 여호와가 너희는 버릴 것도 없으
며 받아들일 것도 없는 백성이라 지금
애절하게 너희에게 전하는 뜻을 가슴
깊이 새겨, 나를 거역하지 말며 나를
슬프게 하지 말며 나 여호와를 울리지
말라, 사랑하는 나의 아들을 따르는
제자들아!
24 너희를 사랑함이니라.

7,859 번째 하나님 말씀

2003년 10월 10일 12시 22분

1 사랑하는 나의 아들아!
2 "네, 아버님! 말씀하옵소서."

3 이 세상을 살아가면서 부질없는 것,
그리고 내 앞에 가지고 올 수 없는 그
와 같은 것을 놓고 계산하지 말라 그
리하라.
4 세상 모든 것을 계산법을 버리고 살라
그리하라.
5 계산을 다 버려야 하는 것이 너희가
가는 길이며 나에게 오는 길이니라.
6 하늘에 올라오고자, 그리고 모든 백성
에게 더 위대하고자, 그리고 남들에게
보이고자, 그리고 살아가는 세상의 체
면을 유지하고자,
7 이리 가꾸고 저리 가꾸고, 이리 쌓아
놓고 저리 쌓아 놓고, 이리 다스리고
저리 다스려 놓고, 이것을 네 앞으로
하며 제 이름으로 해 놓는 그 모두가
무엇이더냐?
8 부질없는 것에 계산을 버리지 못한 것
이요, 그리고 부질없는 그 세상의 삶
에서 아무런 가치가 없는 그 인간의
육의 체면을 위하여 살아가고 그를 위
하여 역사하고자 하는 마음을 아직도
버리지 못했다면,
9 너희는 더 높고자 더 위대하고자 하
며 남에게 보이고자 하는 그 생각을
버리지 못한 자들이 아니더냐?
10 사랑하는 나의 아들을 따르는 제자들
이요, 그리고 곱고 예쁜 손으로 나의
법전을 만드는 백성, 너희는 들어야
할 것이니라.
11 너희가 나로부터 생명이요, 성령을 받
아 이 세상에 오니, 너희는 울고 온 백
성이 아니더냐?
12 그러니 내가 너희에게 부탁하고 간곡
히 애원하는 것이 무엇인 줄 알겠느
냐?
13 울고 온 너희가 울고 가는 삶을 살지
말라는 것이 나 여호와가 애절하게 너
희에게 바라는 간곡한 것이니라.
14 어찌하여 부모가 자식을 위해 자기는
못 먹어도 자식은 먹이고 싶고, 자기
는 죽어도 자식은 살리고 싶은 육의
세상의 그 마음보다 천배 만배 더한
나 여호와의 뜻을 모르느냐?
15 울고 왔다 울고 가는 그 삶에서 숨을
거두는 그 1초에 웃으면서 가는 그와
같은 삶을 살도록 하기 위해 나 여호
와가 너희에게 이와 같이 많은 역사
요, 160권의 법전에 끝없는 하늘의 뜻
을 다 내려보내는 것이 여기 있는 것
이니라.
16 너희는 육이 울고 왔다 웃으며 갈 수
있는 그 삶이요, 숨을 거두는 1초에
울고 가는 백성이 아니요, 웃으면서
갈 수 있는 그 백성이요, 그 길을 살라
함이 나의 뜻이니라.
17 그 길만이 하늘에 오르는 길이요, 천
사가 되는 것이요, 너희가 말하는 누
구도 역사할 수 없는 의인이 되는 길
이니, 어찌한단 말이더냐?
18 이것을 위하여 내가 너희에게 오늘의
이 역사를 함이니, 내가 너희를 얼마
나 사랑하며 내가 너희를 얼마나 귀
히 여기면 오늘의 이 역사를 이루겠느
냐?
19 사랑하는 나의 아들 너희는 들으라.
20 울고 왔다 울고 가는 삶을 살지 말라
그리하라.
21 육이 단 1초를 위해서 웃으며 살아갈
수 있으며, 울고 와서 웃으면서 숨을

거둘 수 있는 자,
22 그리고 '아버지! 제가 왔습니다.' 하고
당당하게 말할 수 있는 자, 그리고 심
판대에 서지 아니하고 나의 천국의 문
에 들어설 수 있는 너희가 되라 함이
니,
23 부질없는 세상의 계산법이요, 부질없
는 세상의 체면이요, 그 모두 때문에
너희 자신을 묶어 놓지 말며, 너희 자
신이 무너지지 말며, 쓰러지지 말라,
사랑하는 나의 아들딸들아!
24 간곡한 나 여호와의 뜻을 나의 아들을
통하여 전함이니, 이를 명심하고 또
명심하도록 그리하라.
25 내가 너희를 사랑함이니라.

7,860 번째 하나님 말씀

2003년 10월 10일 12시 27분

1 사랑하는 나의 아들아!
2 지금의 모든 백성의 그 믿음이 어떠
한 것인지 알겠느냐?
3 수천 년 동안 그들이 믿어 온 대표적
인 것이 그러하니라.
4 그들의 저희 여건에 따라서 오늘의 믿
음의 자세가 바뀌는 것이며, 저희의
환경에 따라서 그 믿음이 변덕스럽게
바뀌는 것이 그들이니라.
5 기분과 분위기와 감정에 따라서 또한
저희 자신도 모르게 변덕스러운 짓을
하는 것이 그들의 믿음이요, 환경이니
라.
6 저희가 악을 쓰고 소리 지르며 악기를
동원하여 흥분하며 은혜를 받았다 하
나, 밖에 나와 밝은 태양을 볼 때 아무
것도 남는 것이 없으니, 그러니 나와
서 행하는 것이 다르니라.
7 믿음의 길을 가는 백성이 참진리가
아니기 때문에 그러니라.
8 너희가 교회에서 강론을 들으며 설교
를 들으며 울고불고한 것이 다 옳은
것이며 그것이 진리인 듯하나,
9 그곳을 나와서 그것이 지워지며 그와
같이 행함을 하지 아니하고 사는 것은
그 두려움을 모르는 것이니,
10 그것이 비진리의 길을 가는 백성의
대표적인 것이며, 너희의 오늘의 믿음
이 비진리로 감이니라.
11 나의 아들을 따르는 제자 너희는 나의
법전을 읽고 강론을 듣고 나감이니,
12 밖의 태양을 보기가 두려우며, 너희가
잘못된 것이 무엇인가를 깨달아 두 번
다시 하지 아니하려는 그와 같이 무섭
게 변화되는 그것이 참진리임을 알아
야 할 것이니라.
13 참진리를 가지고 오늘의 믿음의 길을
가는 것이 너희이니라.
14 그러나 지금의 모든 종교 집단이요,
지도자들이 진리보다는 사람을 평가
함이니라.
15 너희가 진리를 놓고 따지는 것이 아니
요, 제 앞에 권력 있는 자, 능력 있는
자가 있다면 그 말에 '옳소, 맞습니다.'
손뼉을 치고 소리 지르니,
16 종교 집단이요, 지도자들이 그리 가르
쳤기 때문에 세상사에 너희가 인간관
계도 그리 살아감이니라.
17 남의 눈치를 보며 힘있는 자 앞에서
무조건 옳다 하는 자들이니, 거기에
평화가 어디 있으며, 정의가 어디 있

으며, 사랑이 어디 있으며, 진리가 어
찌 감히 존재할 수 있느냐?
18 인간 세상에 평화가 없으며 정의로움
도 없는 그 속에 하늘의 참진리가 어
찌 역사한단 말이더냐?
19 너희는 비가 오는 날에 믿음이 다르며
눈 오는 날에 믿음이 다르니, 그와 같
이 모두 뒤죽박죽인 것을 하는 것이
너희이니라.
20 덥고 추운 날씨에 따라 변화되며 변덕
스러운 것이 오늘의 너희의 대표적인
믿음이라는 걸 알라.
21 나 여호와가 너희를 내려다보니 무엇
이더냐?
22 모두를 다 내려 주고 영광의 은혜를
다 주었거늘, 너희는 세상 것보다 나
여호와를 더 사랑하며,
23 나의 뜻에 따라 순종하며 나의 성령에
따라 지키고 살고자 하여 천 길 낭떠
러지에 나뭇가지를 붙잡고 매달리는
그와 같은 심정으로 바로 선 백성이
하나도 없음이니, 내가 보는 너희가
그러하느니라.
24 그러한 자를 찾아볼 수 없느니라.
25 천 길 낭떠러지에서 나뭇가지에 매달
린 그와 같은 심정의 각오로써 나 여
호와의 뜻을 따르며 그를 행하고자 하
는 백성이 한 명도 없음이니라.
26 이는 인간 육의 생각을 참진리보다
먼저 앞에 놓고 있으며 먼저 생각하
며, 그와 같은 인간의 생각이요, 인간
의 삶을 더 의지하며 그를 위하여 살
아가는 것이니,
27 거기에서 이루어지는 것은 진리가 아
니요, 인간 세상의 교리에 따라서 역
사하고 변화되는 것이니,
28 내가 지금 나열한 것이 오늘의 너희가
가는 믿음의 대표적인 길임을 잊지 말
라.

부 록

【하나님께서 가르쳐 주신 운동】

천재지변이 일어날 때, 동물이나 미물들은 미리 알고 대피하지만, 인간은 알지 못하고 큰 화를 당합니다. 하나님께서 인간에게 가장 높은 지혜를 주시고 완벽하게 창조해 주셨기에 동물들보다 더 잘 알 수 있지만, 욕심으로 마음이 혼탁해져서 한 치 앞을 보지 못하는 것입니다.

마찬가지로, 인간은 누구나 스스로 필요한 운동을 해서 건강을 지킬 수 있도록 하나님께서 만들어 주셨습니다. 우리의 머리에서 우리 몸에 필요한 동작을 해 달라고 끊임없이 신호를 보내지만, 인간이 혼탁하게 살아서 그 신호를 알아채지 못합니다. 그러니 자연스럽게 자기 몸이 원하는 그 신호를 따라서 운동하는 것이 하나님께서 가르쳐 주신 운동 방법입니다. 바로, 우리의 영이 육을 이끄는 운동입니다.

▶ 하나님 운동법

1. 눈을 감고, 발을 어깨너비로 벌리고 바르게 선다.
2. 몸에 힘을 풀고, 허리를 숙이면서 손과 머리를 아래로 내린다.
3. 허리를 펴고 싶을 때, 천천히 펴면서 하고 싶은 동작을 하면 운동이 시작된다. (사람마다 다르다.)
4. 멈추지 말고, 어떤 동작이든지 자기 몸의 느낌대로 계속 이어서 한다.

▶ 참고 사항

① 눈을 감은 상태로 아무 생각 하지 않고, 자기 몸의 느낌대로 움직입니다.
② 마음을 비우고, 욕심을 버리고, 지난날의 잘못을 반성하면서 몇 차례 시도하다 보면, 자기도 모르게 하고 싶은 동작이 끊임없이 생깁니다.
③ 운동 장소는 방 안이든 운동장이든 관계없으며, 걷거나 달리고 싶을 때는 눈을 떠도 됩니다.
④ 매일 40분 이상, 주 4회 이상, 3개월 이상 하면 음식 조절에 들어갑니다.
- 음식으로 생긴 병은 음식으로 치료하게 되며, 어떤 음식을 먹어야 하는지 스스로 알게 됩니다.
(자기 몸에 필요한 음식만 먹고 싶어집니다.)
⑤ 사랑하는 사람과 함께 운동하면 서로 치료해 주기도 합니다.
⑥ 운동을 하다가 몸의 어느 한 부분을 계속 손으로 자극한다면 그쪽에 이상이 있는 것이니, 의사에게 상담을 받고 적절한 치료를 받으면 됩니다.
⑦ 다이어트 및 기타 건강관리에 효과적입니다.
⑧ 꾸준히 운동하여 영이 맑아지면, 자신의 과거와 미래를 스스로 보게 됩니다.

누구나 스스로 하실 수 있습니다.

간행사

《새로운 성경》은:

· 새로운 성경은, 하나님께서 선량하고 선한 자를 선택하여 십계명을 암송하도록 하시고, 십계명을 암송한 다음에 음성으로써 들려주시는 말씀을 듣고 그대로 카세트테이프에 녹음해서 받아쓴 책입니다.

· 90분짜리 녹음테이프 700여 개에 달하는 말씀으로, 1999년 8월부터 2004년 7월까지 총 160권(권당 288쪽)을 완성하였으며, 그 이후에도 현재까지 계속 말씀을 내려 주고 계십니다.

· 새로운 성경은 "하늘을 두루마리 삼고 바닷물을 먹물 삼아 쓰고 써도 다 못 쓴다"는, 끝없이 방대한 하나님의 말씀이 두루마리로 직접 내려오는 것입니다. 이러한 새로운 성경은 구약과 신약을 폐하려는 것이 아니라 "인봉된 성서의 비유의 뜻"을 상세히 설명하여 완성하고자 하나님께서 직접 내려 주신 말씀입니다.

《새로운 성경》의 구성:

· 제 목: 2013년, 160권 모음집을 발간하면서, 본 도서의 제목을 "하나님! 말씀하옵소서"에서 《새로운 성경》으로 명해 주셨습니다.

· 단행본: 각 권당 288쪽(신국판) 책이 160권까지 시리즈로 출판됩니다.
(모음집은 단행본을 16권씩 묶어서, 총 10부로 구성됩니다.)

《새로운 성경》의 성경적 근거:

· 신약 성경 [요한복음] 16장 13절에 "진리의 성령이 오시면 그가 너희를 모든 진리 가운데로 인도하시리니 그가 자의로 말하지 않고, 오직 듣는 것만을 말하며" 하신 말씀처럼 하나님의 음성을 들은 것만 기록하였으며,

· "장래 일을 너희에게 알리시리라" 하신 말씀과 같이 개인, 나라, 인류의 "장래"일을 하나님께서 알려 주시는 것만 기록하여 책으로 만들었습니다.

《새로운 성경》의 기록 방법:

· 1999년 8월부터 하나님께서 저에게 들려주시는 음성을 기록하였습니다. 처음에는 제가 들은 말씀을 불러 주면 저의 아내가 기록하여, 2000년 1월 29일에 1권 초판이 세상에 나왔습니다. 2000년 4월부터는 주시는 말씀을 받아 녹음기에 기록하여 시리즈로 출간하기 시작하였습니다.

· 녹음을 시작하면서 하나님의 말씀을 받는 데 가속도가 붙었고, 2001년 5월 3일에 1부(1~16권까지)를 인쇄하여 출판하였으며, 2004년 7월까지 총160권 분량의 말씀을 받아 기록하였습니다.

하나님께서 저에게 주신 것은:

· 첫째, 만백성을 상대로 내려 주시는 "기도", 둘째, 수시로 내려 주시는 "묵상", 셋째, 개인의 과거, 현재, 미래를 알려 주시는 "개인 기도", 넷째, 개인의 건강을 위해서 내려 주시는 "음식 처방", 다섯째, 하나님께서 가르쳐 주신 "운동"등이 있습니다. 이 중에 첫 번째, "기도"를 책으로 편찬하였습니다. 사람의 생사, 개인의 미래에 관한 천기는 수록하지 말라 하셨습니다.

강론 안내:

· 하나님께서는 지금도 매일 저에게 새로운 하늘의 비밀의 말씀을 내려 주고 계십니다. 수시로 내려 주시는 말씀을 정리해서 제자를 육성하라는 말씀에 따라 매주 강론을 하고 있습니다. 누구나 무료로 들으실 수 있습니다. (book160.com)

《새로운 성경》을 읽는 분들에게 드리는 선물:

· 개인 기도: 개인의 과거, 현재, 미래에 관하여 말씀을 내려 주십니다.

· 음식 처방: 사람은 음식을 먹고살다가 건강을 잃으니, 음식과 운동으로 건강을 되찾는 방법을 알려 드립니다. 단, 하나님이 계심을 믿고, 십계명을 지키겠다고 진실로 서약하는 분들께 알려드립니다.

《새로운 성경》의 은혜와 기적:

· 새로운 성경 전160권은 16권씩 묶어서 총 10부의 모음집으로 구성됩니다. 모음집 한 부를 읽고 깨우치는 자에게 하나님께서 다음과 같은 기적이 있다고 하셨습니다.

· "첫째, 그가 죽어 하늘에 갔을 때 그의 죄를 묻지 아니하며, 구원을 받는 위대한 은혜가 있으며, 둘째, 그의 소원과 소망이 이루어지고, 셋째, 죽은 자(부모, 형제, 자식, 사랑하고 은혜 입은 분)의 이름으로 구입한 책을 읽고 누군가 한 사람이 깨우칠 때, 그 죽은 자가 지옥에서 천국으로 구원을 받게 되며, 넷째, 유산, 중절 수술 등으로 태어나지 못한 아이를 위하여 구입한 책을 보고 한 명이 깨우쳤을 때, 그 아이가 사람으로 다시 한 번 태어나는 은혜를 받는다."

· "새로운 성경"을 3회 이상 정성을 다해 정독하는 자, 성서의 비밀을 알게 되고, 세상의 이치를 알게 되며, 세상을 지배하고 통제할 수 있는 지혜를 다 얻게 된다고 하셨습니다. 이 책은 만백성이 정독하고 이웃에게 전하여, 평생 가슴에 묻은 슬픔과 고통의 짐을 벗고 미래를 위한 힘찬 삶을 살아가도록 하는 책입니다.

끝으로

· 하나님께서는 흰 눈이 세상을 덮듯이 새로운 성경을 온 세상에 전하라고 하셨습니다. 《새로운 성경》을 각국어로 번역해서 온 인류에게 구원의 길을 깨우쳐 주고, 그 수익으로 가난하고 어려운 백성을 구제하여, 만백성의 영과 육을 함께 구원하는 선지자의 임무를 수행하라고 저에게 명하셨습니다.

· 하늘에서 내려 주신 말씀의 보화를 만백성에게 나누어 주는 것이 선지자의 임무라고 하셨습니다. 새로운 성경을 통해서 얻는 재물을 사용할 곳도 하나님께서 일일이 명해 주십니다. 모든 재물은 저의 자의로 쓸 수 없고, 하나님께서 명하시는 대로만 쓰여집니다.

· 어떤 명분으로든 십일조나 각종 헌금을 거두어들이지 말라 하셨으며, 국내뿐 아니라 각국에 성전과 단독 서점을 운영하며, 한국의 많은 젊은이들을 전 세계에 지도자로 내보내라고 하셨습니다.

· 우리는 세계적으로 새로운 성경을 보급하며 어려운 이들을 돕는 역사를 해 나갈 것입니다. 지금까지 비록 몇 명 안 되는 제자들과 함께 이러한 일을 역사했지만, 앞으로도 계속 하나님께서 기뻐하시는 일들을 해 나갈 것입니다. 부족한 저희에게 여러분들의 지혜와 성원을 보내 주시기를 바랍니다. 많은 분들의 참여와 도움을 간절히 기다립니다. 감사합니다.

한국어로 내려온 《새로운 성경》 단행본을 출간하며
2016년 4월 10일

발행인 **김 용 철**

한국어로 내려온

새로운 **성 경** · 7부 · 제108권

지은이 하나님 말씀
대역자 김용철

ⓒ 김용철, 2017. Printed in Korea
저자와의 협약으로 인지는 붙이지 않습니다.

초판인쇄 1쇄 2017년 4월 3일

펴낸 곳 도서출판 하얀마음
등록번호 제 10-2107호 (2001년 2월 14일)
주소 서울시 노원구 덕릉로86길5, 2층
전화번호 02) 313-1114
팩스 02) 393-5554
전자우편 book160@hanmail.net
편집위원 조나영 김미향 이석교
제작지원 김남태 이은미 김보라 조옥순

도서상담 1600-7527
ISBN 978-89-5875-208-0 (04230)
978-89-5875-100-7 (세 트)

값 10,000원
잘못된 책은 구입하신 곳에서 바꾸어 드립니다.

※이 책은 10부로 제작되며, 각 부 16권씩 총160권으로 구성됩니다.※

1부	2부	3부	4부	5부	6부	**7부**	8부	9부	10부
1권	17권	33권	49권	65권	81권	97권	113권	129권	145권
2권	18권	34권	50권	66권	82권	98권	114권	130권	146권
3권	19권	35권	51권	67권	83권	99권	115권	131권	147권
4권	20권	36권	52권	68권	84권	100권	116권	132권	148권
5권	21권	37권	53권	69권	85권	101권	117권	133권	149권
6권	22권	38권	54권	70권	86권	102권	118권	134권	150권
7권	23권	39권	55권	71권	87권	103권	119권	135권	151권
8권	24권	40권	56권	72권	88권	104권	120권	136권	152권
9권	25권	41권	57권	73권	89권	105권	121권	137권	153권
10권	26권	42권	58권	74권	90권	106권	122권	138권	154권
11권	27권	43권	59권	75권	91권	107권	123권	139권	155권
12권	28권	44권	60권	76권	92권	108권	124권	140권	156권
13권	29권	45권	61권	77권	93권	109권	125권	141권	157권
14권	30권	46권	62권	78권	94권	110권	126권	142권	158권
15권	31권	47권	63권	79권	95권	111권	127권	143권	159권
16권	32권	48권	64권	80권	96권	112권	128권	144권	160권